En la noche en que agoniza el viejo milenio…

En ese preciso instante de la media noche, empezaremos a tocar la divinidad. En esa noche, al cierre del viejo milenio y al comienzo del nuevo, cada planeta se alineará para mostrarnos una imagen de lo que viene en la Nueva Era, un vistazo a lo que nos depara el futuro— mostrándonos la silueta de la Nueva Era dorada, la etapa de luz y revelación, de la iluminación de toda la humanidad.

WALTER MERCADO

MAS ALLA DEL HORIZONTE

Visiones del nuevo milenio

WARNER BOOKS

A Time Warner Company

Warner Books, Inc., 1271 Avenue of the Americas, New York, NY 10020

W A Time Warner Company

Impreso en los Estados Unidos de América
Primera imprenta internacional de Warner Books: Julio 1997
10 9 8 7 6 5 4 3 2 1

Datos de Catalogación de la Biblioteca del Congreso

Mercado, Walter.
    [Beyond the horizon. Spanish]
    Más allá del horizonte : visiones del nuevo milenio / Walter Mercado.
    p.   cm.
    ISBN 0-446-67353-6
    1. Predictive astrology. 2. Twenty-first century—Forecasts.
I. Title
BF1720.5.M4718 1997
133.5—dc21   96-39351
                                                       CIP

UN LIBRO DE K&N BOOKWORKS INC.
DISEÑO DE PATRICE SHERIDAN

Con infinita gratitud dedico este libro a Carlos Harrison, quien ha sido el alquimista, el mago y el colaborador máximo en esta obra.

A toda mi familia y discípulos, quienes han sido mis inspiraciones.

A mis ángeles a través de muchas vidas: Aida y José María, Aida Victoria (Cuca), Henry, Betty, Karmen, Charo, Ivonne, Dannette, Bibi, Henrito, Aidita, Vivian, Miguel, Michelle, Beba, Héctor, Christian, Alejandro, Jeshua, Laura María y Michael Christopher.

A mi equipo maravilloso de trabajo: Willie, Vivian, Wilma, Melva, Mabel, Roberto, Alberto y Vicky.

A mis hermanas y hermanos en la Era de Acuario: Bill Bakula, Jamie Shoop, Jorge y Laura Concepción.

Y a mi gente bella de Warner Books: Diane Stockwell, Joann Davis y Maureen Egen.

Om Sri Ganeshaya Namah   Om Kali   Om Kali

Contenido

Más allá del horizonte

1

Más allá del horizonte

¡Ha comenzado el despertar!

Las fuerzas dormidas durante unos 25,000 años se están agitando y vibrando por todo el universo, afectándolo todo y a todos los que vivimos en él.

El simple hecho de que estés leyendo estas palabras significa que ya lo sabes, o que al menos ya estás percibiendo el cambio en el aire porque nada de lo que ocurre es por accidente. Has tomado este libro por alguna razón, estás leyendo estas palabras por una razón: ¡el cambio ha comenzado!

Lo has captado en ese instante del atardecer cuando te empezabas a preparar para tu sueño, cuando las cosas lucen tan claras, tan lúcidas, en ese momento en que los pensamientos que no pueden expresarse con palabras irrumpen en tu conciencia y te das cuenta que sabes algo.

Puede haber llegado hacia ti en pequeños fragmentos de un sueño que está comenzando a desvanecerse en el momento que te despiertas, en ese momento que ocurre antes que puedas atrapar ese sueño, y ese pensamiento que te había iluminado deja solamente un sentimiento, una sensación...

Puede haber ocurrido en aquel momento cuando te encontrabas leyendo los últimos titulares de una noticia en el periódico o cuando mirabas las últimas noticias en tu televisor y te preguntabas "¿qué está ocurriendo? ¿qué es lo que anda mal en el mundo?" En esa inquietud de malestar has captado la percepción de que la vieja era se está muriendo y que estamos en presencia del alba de una Nueva Era.

Este es el cambio de los tiempos, la víspera del Nuevo Milenio, el tránsito de una Nueva Era para toda la humanidad. Es un nuevo comenzar, un tiempo de transformación y de limpieza, un cambio colectivo entre todas las gentes.

Es el nacimiento de una era de paz, una Nueva Era que nos conducirá a todos nosotros a mirar dentro de nosotros mismos y que nos obligará a avanzar más allá de lo que hemos conocido, pero como ocurre en todo parto será un tiempo de retos y desafíos, de dolor y realización, pero también de éxtasis.

Las pruebas de este cambio están por todas partes. Lo que la gente habla del apocalipsis ya está aquí— y lo estamos viviendo. Estamos viviendo los momentos culminantes de la humanidad. En muchos aspectos estamos teniendo una visión similar a la que Dante describió como el infierno en *La Divina Comedia.* Todo el horror que fue profetizado —la muerte, la destrucción, hermano contra hermano— todo está sucediendo. Fíjate en Bosnia y los horrores de la guerra en ese país.

Sin embargo, este tiempo no se debe mirar como trágico. Es más, verdaderamente lo que estamos haciendo es atravesar un portal en el tiempo para entrar en una Era Dorada de Paz e Iluminación. Los acontecimientos terribles que conforman los grandes titulares de la prensa, los excesos, paroxismos y gritos de muerte de una era están terminando. En los años finales de este milenio y en el amanecer de la Nueva Era, estos paroxismos se convertirán en cataclismos. Habrá muerte y guerra, hambruna y sequía, terremotos y destrucción. La propia Tierra se rasgará con el potente puño de fuerzas celestiales mucho más poderosas que las que se han sentido en estos últimos 13,000 años, pero el tiempo de aflicción es breve y una vez que hayamos emergido en la Nueva Era, que hayamos avanzado a través de este portal, el dolor habrá quedado atrás desapareciendo en el pasado al igual que se esfuma la oscuridad de la noche con los primeros rayos del Sol al amanecer.

Este es el tiempo de la limpieza, del Tú, de la humanidad, del cosmos. A través de estos hechos de horror y violación y los que aún están por llegar, la madre cósmica está sangrando, tratando de decirle a la humanidad, de decirnos a todos nosotros, los que estamos vivos, que somos testigos del cambio de las eras. Parece terrible, pero debe ser así: lo que era debe ser purgado para que podamos ascender.

Este es el tiempo más atemorizante y maravilloso en la historia de la vida humana en este planeta. En ninguna otra era de la historia humana ha habido tanta miseria, tanto horror, tanto egocentrismo, tanto dolor, tanta muerte.

Las calles de nuestras ciudades están llenas de una violencia sin sentido. No transcurre un día en que no nos enteremos de otro brutal asesinato, o de la muerte de un niño por una bala perdida, o peor aún intencionalmente.

Son muchos los horrores que nos bombardean diariamente— muerte por violencia, hambre, virus horribles que se quedan fuera de control para consumirnos. Pero todo esto son los lamentos agónicos de la era de la violencia, de un tiempo en que los individuos trataban de dominar y controlar a sus vecinos, aun a sus hermanos. Este tiempo está llegando a un fin. Hacia donde nos dirigimos es hacia una era dorada de paz y luz y unidad. El dolor llega a su fin, junto con la era que termina. La humanidad se está enfrentando al momento de la destrucción total de la vieja era, y la única manera de sobrevivir es crecer, evolucionar... porque aquello que no crezca se pudrirá y desaparecerá.

No leas este libro si no estás dispuesto a cambiar tu vida para siempre. No leas más si no deseas prepararte para la Nueva Era, para la transformación total de la humanidad y del planeta en que vivimos.

Es como si se estuviera gestando una inmensa tormenta, un huracán de energía que sacuda a la humanidad, que ya nos está sacudiendo. La gente que no quiera cambiar, que no quiera transformarse, perecerá. Ahora es el tiempo para cambiar o para perdernos en el torbellino de cambio que nos afecta a todos nosotros, arrojados precariamente en la turbulencia, como un barco en un mar tormentoso.

¡Ya ha comenzado el despertar espiritual! Es un cuestionamiento, un anhelo— agita las almas de hombres y mujeres en tierras distantes, de formas diferentes en cada cual, pero todos impulsados hacia una meta común. Posiblemente ellos no se den cuenta de lo que está ocurriendo, pero con cada día que pasa más y más personas se acercan a esta meta. Inicialmente puede parecer una luz débil, distante y difusa en medio de una niebla densa que atrae las miradas de gente que ni siquiera sabía que estaba buscando algo, o que había algo que faltaba en sus vidas, pero que una vez contemplada es subyugante y nos atrae a todos, los verdaderos buscadores, los curiosos y aquellos que han vagado con un pequeño sentido de duda en sus vidas cotidianas. Y todos, no importa cuánto o cuán lejos hayan viajado en sus jornadas hacia este nuevo conocimiento del universo y de ellos mismos, se transformarán para siempre.

Las palabras de estas páginas servirán como una guía para una era de unidad, como un manual de instrucción para el tiempo de la paz, un manual de supervivencia para el tiempo de la transición, y como preparación para el proceso de transformación que nos afecta a todos nosotros. El momento supremo de la humanidad está encima de nosotros, pero llega en la forma del más doloroso parto cósmico. Todos los nacimientos ocurren con dolor, y ahora que la naturaleza misma está dando a luz, todo el mundo se encuentra en gestación.

La sociedad está enferma, buscando cura, pero la cura viene con un cambio en todos los aspectos, no solamente en nuestras personas sino en nuestras estructuras. La sanación del planeta, de nuestra Madre Tierra, comienza cuando nos unimos con la transformación que está llegando. Viene con la restructuración de nuestras instituciones políticas, nuestras cortes y leyes, todo lo que se ha corrompido e invalidado, que se ha usado mal y abusado. Los códigos y textos, las leyes, las palabras sagradas— todo se aplasta, se desecha, se elimina o se escribe nuevamente con las nuevas palabras de la Nueva Era de Acuario.

Debemos estar preparados y dispuestos a sumergirnos en este inmenso cambio del Orden Divino, un cambio al que estamos marchando con una velocidad cada vez mayor. Los vientos del cambio están soplando, pero su ritmo se está acelerando. Nos estamos aproximando al fin de un milenio y estamos a punto de convertirnos en testigos del próximo. Es el fin de los tiempos de las falsas jerarquías, de los mitos que nos aprisionan. Hemos vivido de mitos, prosperado con ídolos falsos y ahora es el tiempo del gran despertar, cuando nuestras preguntas nos conducirán al verdadero conocimiento. Es el momento de avanzar más allá de las simples creencias que nos han contado y en las que hemos sido enseñados, y de alcanzar nuestra propia sabiduría.

Ya ha comenzado.

La divinidad encima de nosotros, Dios, no importa con qué nombre le llamemos, ha echado a andar este movimiento. En estos momentos los seres que elevan nuestra conciencia, que nos guían hacia el mundo del mañana, ya están caminando entre nosotros. Ya se está agitando la conciencia cósmica dentro de cada uno de nosotros, inclusive dentro de aquellos que se sienten incómodos con este cambio y desean aferrarse al pasado, aquellos que se resisten al cambio. Ellos también ven que las cosas han ido misteriosamente, catastróficamente mal.

La Nueva Era no tiene por qué asustarnos aunque la naturaleza de la gente es siempre temer al cambio, sobre todo cuando se trata de un cambio tan profundo como el que tenemos frente a nosotros. Todos los cambios traen pánico e inseguridad ya que los seres humanos somos los hijos del pánico. Desde que somos muy pequeños se nos programa para tener miedo, ser inseguros, sufrir del pánico. Constantemente escuchamos las noticias: Un terremoto va a destruir a California, los Estados Unidos se van a hundir en el mar, Nueva York va a ser tragada por el océano. Nos bombardea la negatividad, pero ahora es tiempo de que todos nosotros reconozcamos nuestra inmortalidad, que dejemos escapar el miedo y abracemos la vida.

Debemos aceptar la vida, aceptar el Nuevo Milenio con un "¡Sí!" divino y glorioso. ¡Deja llegar la transformación! Es una afirmación que surge no de la mente sino del corazón. Acuario es una era de amor, de paz, de conocimiento y de descubrimiento espiritual. Quienes no acepten esta transformación no evolucionarán. Este es nuestro tiempo para reconocer nuestra inmortalidad, nuestra enorme divinidad, y una vez que lo hayamos hecho nunca más tendremos temor de nada ni de nadie. Las lecciones han sido tan duras— las guerras, las muertes, los campos de concentración. Ha habido mucho horror en el mundo... ¿qué más podemos temer? Venga lo que venga tenemos que estar abiertos para recibirlo.

La Tierra se ha corrompido, en su rostro y en los corazones de sus gentes. Hemos estado caminando dormidos, golpeando nuestras cabezas contra las paredes sin saber lo que ocurrirá después, pero llenos de temor ante el futuro. Ahora es nuestro tiempo para fortificarnos y pensar lo que existe en la mente divina y saber que sobreviviremos aun las cosas más negativas si nos fortalecemos a nosotros mismos.

Los chinos tienen un dicho: "¡Ojalá vivas en tiempos interesantes!" Estamos viviéndolos. Se aproxima el momento supremo de la humanidad. Es el renacimiento supremo, el supremo "renaissance" del universo y de nosotros mismos, pero como todo parto, será doloroso. El caos que ves a tu alrededor, los inexplicables horrores de la humanidad contra la humanidad, los crímenes sin sentido y las guerras inútiles, todas estas cosas son parte del dolor de este gran renacimiento cósmico. Es el espíritu moribundo de Piscis que se rebela contra la Nueva Era que está naciendo. No nos despertaremos una mañana amándonos unos a otros y dándonos besitos sin importarnos que seamos blancos o negros, feos o hermosos. El nacimiento de una Nueva Era no es algo que nos sorprenderá de repente. No diremos repentinamente: "Oh, estamos en la Era de Acuario. Es hora de eliminar todas las fronteras, romper nuestras visas y nuestros pasaportes y vivir como un solo pueblo amándonos unos a los otros." No es así. Se trata de una integración, de un proceso que va ocurriendo poco a poco.

A medida que vamos pasando por las eras del universo, sentimos que las influencias oscilan como un péndulo. Esta fase ha sido de materialismo, de mirar afuera de nosotros mismos para conseguir la satisfacción, el placer, el crecimiento y la iluminación. Esta ha sido la era del "Sueño Americano" y los países que no lucharon por ese sueño material, como la India, se hundieron en la pobreza. En los Estados Unidos se exageró el materialismo y se perdieron sus valores espirituales. Ahora el péndulo oscila en la dirección opuesta y miramos dentro de nosotros mismos para estas cosas y algo más. Acuario trae consigo el deseo compulsivo de renacer espiritualmente, pero en lugar de estar mirando constantemente fuera de nosotros mismos estaremos mirando hacia dentro de nosotros para descubrir que todos estamos eslabonados con el universo y con Dios.

Actualmente, ya, en este día, la gente sueña con un mundo de armonía, un mundo de paz. No quieren continuar atados, no desean más barreras ni cadenas. La era de la esclavitud, la Era de

Piscis, ha terminado. Los pueblos buscan ahora la unificación de todos y nos preocupamos más con la humanidad en general que con nosotros mismos, y al preocuparnos nosotros mismos por todos, nos preocupamos por cada uno. Buscamos ideales y no las limitaciones del sacrificio personal. Somos almas en busca de libertad, almas que sentimos como si estuviéramos solamente prestadas en este mundo ganando visión, antes de movernos a otros mundos.

Muchos han tratado de penetrar los misterios antiguos esperando encontrar en ellos el camino del futuro. Se han dedicado a leer los cristales, explorar vidas pasadas, aplicar la terapia de colores o cromoterapia y la terapia a través de la música. Todo esto es una manifestación de la resurgencia de los muy antiguos caminos de búsqueda de los shamanes que nos guían en un mundo que se ha torcido. A medida que nos acercamos a la Nueva Era, habrá una explosión de la antigua sabiduría y la utilizaremos en nuestra vida diaria. Encontraremos el camino de los antiguos místicos, de aquellos que vivieron cerca de la Tierra, cerca de la naturaleza— y nos daremos cuenta que *sabemos*.

En la Era de Acuario no hay misterios, no hay nada oculto. No hay secretos diseñados para mantenernos en la oscuridad. Frente a nosotros se abren todos los conocimientos y la sabiduría, y veremos lo que los antiguos veían cuando miraban las nubes, los árboles o los ríos. Aprenderemos de los animales y de las estrellas. Todo se nos abrirá. La Era de Acuario es la era de la iluminación humana, de la explosión total de la conciencia humana. Caminamos finalmente a paso seguro desde la oscuridad, la idolatría, la intolerancia, el fanatismo y la visión estrecha de la vida. Esta Nueva Era que nos está llegando impetuosamente nos trae la era de la luz, de la paz, de la humanidad, de la unidad. Es también la era de la tecnología y la exploración del espacio, del descubrimiento y la independencia. Si aprovechas sus recursos, surge una explosión de creatividad.

Ojalá que fuera un cambio que se pudiera señalar por un solo momento en el tiempo, en una fecha específica, en un tiempo dado, pero no es así. Podemos señalar exactamente el momento en que un planeta cruza de un signo a otro, los momentos de sus conjunciones y oposiciones. Podemos señalar el movimiento rítmico de las constelaciones en lo que es conocido como su precesión natural de modo tal que tanto los astrónomos como los astrólogos de igual manera, puedan registrar su marcha a través de los cielos. Las estrellas avanzan con un paso eterno y firme, pero el cambio de una era a otra, del tiempo que conocemos al tiempo del futuro, llega como una lluvia que se ha ido gestando, un cambio de estaciones, o lo que es verdaderamente, el alba de un nuevo día.

Antes que caiga la lluvia las nubes se agrupan, se vuelven más oscuras, grises, los vientos se agitan y empiezan a caer las primeras gotas. Después, llega la verdadera lluvia.

Piensa cómo ocurren los cambios de las estaciones, los cambios del año. A medida que vamos del solsticio de verano al solsticio de invierno que ocurren en puntos opuestos del planeta, tenemos que pasar por el otoño. Los largos días calientes del verano se van terminando gradualmente y las hojas comienzan a cambiar de color. Los días se vuelven más cortos... llegan los primeros vientos frescos que reducen el calor. Un día puede ser frío, al comenzar la estación, pero cuando ésta comienza antes que hayamos penetrado en el invierno, este día frío puede estar seguido por otro cálido. Cuando comienza la estación, el frío va llegando gradualmente, un día o dos, luego se va, pero poco a poco, con cada día que pasa, el invierno se vuelve más crudo, permanece más tiempo, se caen las hojas. Gradualmente, cada vez más gradualmente, las noches comienzan a ser más largas que los días, tomando cada día unos pocos minutos más sin que apenas nos demos cuenta. Luego cae la primera nevada, pero se derrite rápidamente porque el Sol aún está calentando fuertemente. Sin embargo, un buen día, en el momento más frío, la nieve llega —y se queda— hasta que nuevamente la Tierra continúa su trayecto alrededor del Sol y los días comienzan de nuevo a ser más largos y cálidos.

Levántate muy temprano y verás cómo se ilumina el cielo. La negrura de la noche se va disipando gradualmente abriéndole el camino a los tonos ligeros de gris. Entonces, en el horizonte, surgen los primeros rayos de rojo y naranja que rasgan la noche y señalan el próximo nacimiento del Sol. En pocos momentos irrumpe la brillante luz de la mañana que reinará durante todo el día.

Por un tiempo, ya bien sea que estemos hablando de un día, una estación o una era astrológica, lo que era y lo que será deben atravesar un período de transición que cruza de la fuerza dominante de uno a la influencia dominante del otro. Entre el día y la noche tenemos el crepúsculo, entre el solsticio de verano y el solsticio de invierno viene el otoño. Como dice la Biblia, "para cada estación hay un tiempo", así es también para las eras de la Tierra y para nosotros que vivimos en ella.

Pero el verano y el invierno son opuestos, como son la noche y el día, mientras que el cambio de las eras de la Tierra son como el tictac de un gran reloj cósmico en el que cada hora es muy distinta y totalmente diferente de la hora que ya pasó y la que está por transcurrir. En el largo tiempo transcurrido desde el nacimiento del universo hasta el presente, la Tierra ha estado atravesando por ese tictac a través de muchas eras. Sin embargo, como cada uno de nosotros solamente disponemos de un tiempo muy limitado en nuestras vidas, ninguno de nosotros ha vivido o vivirá lo suficiente como para ver una era completa. ¡Tenemos solamente unos pocos minutos en alguna de las grandes horas del universo!

No obstante, esos minutos son suficientes para permitirnos ver la gloria completa y el impacto de la Nueva Era que está llegando, la Era de Acuario, ya que estamos precisamente en los momentos finales del crepúsculo entre la terminación de la vieja era y el alba de la nueva.

El 12 de enero de 1996, Urano, el planeta de la revolución y la reforma, regresó a su trono celestial, Acuario… y esto ocurrió justamente dos meses después que el gran destructor, Plutón, había entrado en Sagitario, el signo de la expansión, lo cual magnifica su influencia. Todo esto puede significar una sola cosa: ¡ha llegado el tiempo de la destrucción de lo viejo, de las formas y pensamientos del pasado, y la apertura de un camino para la reconstrucción dentro de lo nuevo!

Unos dos días después que Urano efectuó su entrada triunfante en Acuario se quebraron las murallas del racismo en un país de América Central, Guatemala, donde por primera vez en la historia de esa nación se eligió a un nativo de origen maya como alcalde de una ciudad importante, con verdadero poder. Cien años atrás los alcaldes mayas habían ocupado posiciones junto a los alcaldes ladinos, o sea, los mestizos de antepasados españoles y nativos, pero esos funcionarios mayas solamente se nombraban para que mantuvieran en orden a los trabajadores mayas que eran considerados simplemente como algo más que esclavos. Lo que sucedió a comienzos de 1996, cuando se eligió a un alcalde maya como alcalde efectivo de una ciudad principal del país, fue tan importante en Guatemala como cualquier irrupción de movimientos por los derechos civiles en los Estados Unidos, y asimismo una señal inequívoca de que la Era de Acuario, verdaderamente, ya estaba despuntando. Se trató de un momento histórico ya que el racismo se había enraizado tan fuertemente en algunos sectores de Guatemala que en muchas formas se pudiera comparar con la política de separación racial surafricana conocida como el apartheid. Justamente doce años atrás, un candidato del mismo movimiento parecía haber ganado esa posición, pero el ejército le impidió tomar el poder y posteriormente fue asesinado. En esta ocasión siguiendo el espíritu de la Nueva Era, el cambio ocurrió pacíficamente, mediante una elección legal, abierta y libre.

Pero la influencia de Acuario no esperó a que Urano regresara a su signo. De la misma manera que los primeros rayos grises en el cielo aún oscuro de la madrugada van dando paso de la oscuridad de la noche a la claridad del día, los primeros rayos de la influencia de Acuario se extendieron hasta hace más de cien años, hacia la Revolución Industrial. Acuario ama la tecnología y no es sorprendente que la transición de la Era de Piscis a la de Acuario estuviera unida al surgimiento de las líneas de producción tecnológicas, y las grandes fábricas y el cambio de una sociedad agrícola a otra industrial.

Hay otra característica dominante en Acuario y es la humanidad... de ahí que no nos tome por sorpresa la influencia cada vez mayor que Acuario ejerce en las organizaciones sindicales de trabajadores y en el comunismo, o al menos en sus principios originales. Se suponía que el comunismo iba a ser un esfuerzo colectivo, un experimento en la vida comunal en el que todos compartirían sus beneficios "de cada cual según sus capacidades y a cada cual según sus necesidades" como escribiera Carlos Marx. El nacimiento de la Unión Soviética es claramente un suceso Acuariano, en su origen, independientemente de lo que se haya transformado posteriormente bajo la influencia de dirigentes ambiciosos y crueles.

¡Su caída debe ser aún más acuariana!

Cualesquiera que fuesen sus verdaderas intenciones en sus inicios, el experimento comunista se tornó amargo; sus dirigentes, que aún gobernaban bajo la influencia de Piscis, trataron de dominar y controlar. La Unión Soviética se convirtió en un símbolo de opresión aun sobre su propia gente. Se ejecutaron a los disidentes o los encerraron en horribles gulags, o sea, prisiones de las condiciones más deplorables en los ambientes más inhóspitos y crudos: Siberia. Los ladrillos y alambradas del Muro de Berlín se elevaron como testigos mudos de la represión, y la Cortina de Hierro, como fue llamada, estuvo alineada con guardias fuertemente armados dispuestos a disparar a cualquiera que tratara de escaparse.

Entonces, de repente, o al menos así pareció, la Unión Soviética empezó a desplomarse con Cortina de Hierro y todo lo demás... ¡Un crédito para la Era de Acuario que se caracteriza por su independencia y que nos da la prueba que la Era de Acuario nos traerá una era dorada de libertad para toda la humanidad!

La caída de la Unión Soviética comenzó cuando las repúblicas rebeldes empezaron a exigir su independencia conjuntamente con los satélites soviéticos. El movimiento de independencia barrió por toda la Europa Oriental como un fuego salvaje esparcido por el viento... y el 9 de noviembre de 1989 el mismo Muro de Berlín, ese símbolo de la represión, empezó a derrumbarse estrepitosamente, destruido por martillos blandidos en las manos de los berlinenses orientales. No se disparó un solo tiro, y al año siguiente, Berlín, dividido desde la Segunda Guerra Mundial, se reunificó.

De nuevo, un día lluvioso de 1991, en Moscú, un grupo de comunistas de la llamada línea dura, resentidos, enviaron sus ejércitos para tomar el control del gobierno. Insatisfechos por la dirección que estaba tomando Mikhail Gorbachev hacia la apertura del país, los generales decidieron dar un golpe de estado y tomar el poder. Gorbachev había lanzado al país en una carrera sin descanso hacia la reforma en esos tres años previos, y los generales anunciaban que el país estaba al borde de la crisis. Encerraron a Gorbachev en la dacha donde se encontraba pasando sus vacaciones en las afueras de la capital, y los tanques se pasearon frente al Kremlin, pero esta vez, como otro ejemplo

extraordinario de la influencia de Acuario, millares de encolerizados moscovitas se lanzaron frente a las armas, las
enfrentaron— y los soldados no dispararon. Fue una
demostración pasiva que se transformó en una revolución pacífica. Unas sesenta y tres horas después que había comenzado la
intentona golpista el movimiento fracasó. Al terminar, en medio
de los tanques estacionados en la Plaza Roja, una popular banda
de música llamada Metal Sucio comenzó a tocar en las orillas
del Río Moscova el mismo rock que una vez estuvo prohibido
en el país, en una escena descrita por un reportero como un
"Woodstock ruso". A los gritos de "Rusia es libre" se destruyó
el golpe de estado y en diciembre, cayó la propia Unión
Soviética.

Václav Havel, el escritor checo cuya obra fue prohibida por
denunciar la invasión soviética de Checoslovaquia en 1968, pero
que sirvió para inspirar las protestas públicas que a su vez
causaron el fin del comunismo en ese país, fue elegido presidente de su patria en 1989. También él destacó que de una
forma u otra había percibido el amanecer de una Nueva Era
cuando aceptó la Medalla de la Libertad de Filadelfia en 1994.
En esa ocasión dijo: "Es como si algo estuviera desmoronán-
dose, corrompiéndose y extinguiéndose en si mismo mientras
que algo diferente, aún poco definido estuviera surgiendo de
esos escombros."

El colapso del bloque soviético no es la única señal de la creciente influencia de Acuario. Esta también se demostró en el
Medio Oriente, un sitio que parecía condenado eternamente a
sufrir un baño de sangre entre facciones guerreras rivales de
palestinos y judíos. No pasaba un día sin que se reportara un
ataque terrorista, un coche-bomba. El Primer Ministro de Israel
Yitzhak Rabin y el jefe de la Organización para la Liberación de
Palestina Yasir Arafat eran enemigos jurados, algo que lucía sin
el menor indicio de arreglo o acercamiento. Los esfuerzos ini-

ciados por quienes se encontraban fuera del conflicto fracasaron una y otra vez mientras la violencia continuaba y aumentaba el número de muertos. Entonces, en lo que muchos pensaron que sería otro intento fallido de conciliación, otra ronda inútil de reuniones y encuentros, los Estados Unidos lograron que ambos enemigos se sentaran a conversar. Una brillante mañana de un día de septiembre de 1993, los enemigos jurados de toda la vida, Rabin y Arafat, caminaron junto al presidente de los Estados Unidos por los jardines de la Casa Blanca y se estrecharon las manos— y esto ocurría justamente dos cortos años después que el propio Arafat había apoyado los ataques de cohetes lanzados por Iraq contra Israel durante la guerra del Golfo Pérsico.

En las palabras de Rabin, había llegado el tiempo para que aun los enemigos dejaran atrás el pasado, depusieran las armas y pensaran en el futuro y terminaran la violencia. Era el tiempo, decía, de librar "la batalla más difícil de nuestras vidas— la batalla por la paz".

Dos años después, cuando los dos antiguos enemigos se encontraron nuevamente en Washington para firmar el Acuerdo de Transición Israelí-Palestino, Rabin declaró: "Aquí estamos de pie frente a ustedes, hombres cuyo destino e historia los han enviado en una misión de paz, para terminar de una vez y por todas cien años de derramamiento de sangre... la paz no tiene fronteras."

Era una paz estropeada por más violencia, una paz que muchos pensaron iba a fracasar, una paz que causaría una ola de rabia dentro del mismo Israel, una rabia que tomaría la vida de Rabin, quien fue asesinado por un miembro de un grupo marginal judío ultraderechista, justamente unos meses después de pronunciar esas palabras, pero aun con su muerte, la paz no moriría. La paz pareció fortificarse por la indignación que siguió al asesinato, con la determinación de los dirigentes del mundo que se unieron para votar por una paz permanente y determinados, al fin, a hacer el esfuerzo de Acuario de unir a la humanidad.

La influencia de Acuario también se demostró a sí misma en Africa del Sur, donde una multitud oprimida que superaba muchísimo en número a sus gobernantes logró finalmente su lugar, ganado con mucho esfuerzo, en el terreno político de su país. Se demostró también en los Estados Unidos un cuarto de siglo atrás con el movimiento por los derechos civiles cuando los afroamericanos se irguieron en un acto típicamente acuariano de resistencia pasiva para exigir igualdad. Y también se demostró hacia finales de 1995 en la Cuarta Conferencia Mundial de la Mujer en las Naciones Unidas, donde más de 25,000 mujeres de todo el mundo, reunidas en Beijing, China, adoptaron una Plataforma para la Acción a fin de promover el avance de los derechos humanos de las mujeres en todo el mundo.

Estos son ejemplos brillantes de la era que está surgiendo, y en la conferencia de las mujeres podemos ver algunos aspectos de lo que esta era nos traerá. La Era de Acuario será un tiempo para que tanto hombres como mujeres juntos se unan como una sola persona, pensando de ellos mismos como seres humanos y no como hombres o como mujeres. No existe tal cosa como un hombre o una mujer— todos somos seres humanos. En la Era de Acuario esta verdad se convierte en una realidad para todo el mundo. Es el tiempo de la integración, un tiempo para que ambos unamos estas energías dentro de nosotros, el yin y el yang. También es un tiempo para que reevaluemos nuestras ideas sobre la sexualidad, algo que previeron con una mentalidad de futuro las delegadas de la Conferencia de las Mujeres al incluir en su plataforma original el derecho a tener el control y decidir en asuntos de su propia sexualidad, incluso la salud sexual y reproductiva.

Pero como demostraron las mujeres aún existen islas que se resisten al cambio, lo cual es de esperar tanto por las influencias recíprocas de las estrellas en su interacción entre sí y por la naturaleza de los seres humanos. Una vez que entraron en el área de los derechos reproductivos atrajeron objeciones del Vaticano y de los países controlados por la Iglesia Católica o las fuerzas religiosas islámicas. Las sitiadas instituciones del pasado se irguieron defensivamente frente a ese desafío a sus dominios en ese campo— esta vez.

Pero la marea ha comenzado a subir, a barrer y absorber esas islas en el tiempo universal de paz y unidad, especialmente a medida que nos vamos acercando al Nuevo Milenio, y hasta aquellos que continúan resistiendo ciertos aspectos del cambio reconocen su necesidad e inevitabilidad.

El Papa Juan Pablo II, al pararse frente a la Cincuentenaria Asamblea General de las Naciones Unidas, como citado en el *New York Times*, el 6 de octubre de 1995, declaró: "Podemos construir en el próximo siglo y en el próximo milenio una civilización digna de la persona humana, una verdadera cultura de la libertad. Podemos y debemos hacerlo y al hacerlo veremos que las lágrimas de este siglo han preparado el terreno para una nueva primavera del espíritu humano."

Acuario es el tiempo para renunciar a las ambiciones materiales y al poder político. Observemos lo que está ocurriendo en el Congreso de los Estados Unidos. Senadores y representantes con muchos años de trabajo están abandonando sus posiciones y anunciando que no van a continuar postulándose para seguir en sus oficinas. Tanto para los Republicanos como para los Demócratas se les está dificultando más encontrar adherentes dentro de un electorado que está cada vez más buscando un cambio real, una verdadera opción. El surgimiento del movimiento de un partido independiente, el del populista H. Ross Perot, es solamente un ejemplo de los cambios revolucionarios que están teniendo lugar bajo la influencia de Acuario. Esto no quiere decir que Perot o cualquier otro candidato sea o no sea la respuesta. Las ofertas actuales que surgen dentro de la estructura política presente no demuestran que tienen que ser las necesarias, pero permanecen como un ejemplo del clamor de Acuario por el cambio.

Y esto mismo está ocurriendo en todo el mundo. Las democracias han sustituido a las dictaduras en la mayor parte de América Latina y el Caribe, los haitianos pudieron elegir democráticamente un presidente por primera vez en su historia. Tuvo que influir la amenaza de una invasión por una fuerza multinacional para que se desataran las fuerzas del viejo orden que se resistían al cambio, pero ocurrió. Entonces, tres semanas después que Urano regresó a Acuario, los haitianos, por primera vez en su historia, vieron a un presidente electo democráticamente traspasar el poder pacíficamente a otro presidente elegido libremente por el pueblo.

El crepúsculo ha durado mucho. La luz brillante del nuevo día está a punto de brillar con toda su fuerza.

Humanidad, unidad— éstas son las características claves de Acuario que están estallando prácticamente frente a nosotros para hacernos entender a todos que somos un solo pueblo y que merecemos vivir en paz, en libertad y en armonía.

La llegada de la era de la humanidad y unidad está presagiada en todas las religiones y en todas las formas diferentes de astrología— desde las leyendas de los americanos nativos a la Segunda Venida de Cristo anticipada por los cristianos en el mundo. Las señales de que esto ha comenzado ya están repercutiendo en todo el mundo.

En las leyendas de los americano nativos, s el nacimiento de un ternero de búfalo blanco es un augurio de significado universal. Los indios cheyenne, sioux y otras tribus indias de los grandes llanos creen que una Mujer Ternera de Búfalo Blanco trajo al mundo una vez una pipa de la paz sagrada. Su regreso, dicen, señalará un tiempo de unidad y bondad entre los pueblos de todas las naciones y de todos los colores.

Las posibilidades que esto ocurra son muy remotas. En el momento más feliz de su historia cuando había unos 80 millones de bisontes americanos, o búfalos, la posibilidad del nacimiento de un búfalo blanco, no albino, era de solamente uno entre 10 millones. Hoy solamente existen 130,000 búfalos.

Sin embargo, el 20 de agosto de 1994, nació un búfalo blanco en una granja de Janesville, Wisconsin. Esto fue visto por los norteamericanos nativos como el cumplimiento de su leyenda, un acontecimiento tan importante como la Segunda Venida de Cristo.

En sus leyendas también se dice que el búfalo cambiaría de color cuatro veces en el transcurso de su vida. Y así ha venido sucediendo: cuando este crío, llamado Milagro, cumplió un año de edad ya había cambiado una vez de color.

Floyd Hand, un médico nativo sioux de Pine Ridge, Dakota del Sur, dijo que el nacimiento afectaría no solamente a los americanos nativos sino también a todos los seres humanos. "Es un presagio, una señal de que está ocurriendo un cambio y un nuevo mundo. Este siglo XXI que se aproxima nos unirá a todos nosotros."

De la misma manera, mucho más al sur, las profecías mayas predijeron un cambio inminente. Usando los ciclos asombrosamente exactos de sus calendarios los mayas dijeron que el equinoccio de primavera de 1995 marcaba el fin de los ciclos de 260 años conocidos como *K'altun.* Según los mayas, al completarse los ciclos, llegaremos a un tiempo en que el conocimiento antiguo y oculto se va a despertar nuevamente. Llaman a ésta el "fin de la era de las creencias" y el amanecer de la Era Itzá o "era del conocimiento".

La profecía fue escrita por el Consejo Maya Supremo en 1475, antes de la llegada de los conquistadores. Casi como un anticipo de lo que iba a ocurrir cuando los barbudos conquistadores del oriente llegaran a sus tierras, el Consejo dijo que se acercaba un tiempo de oscuridad y que tendrían que pasar dos K'altunes antes que la Cultura Maya Solar volviera a florecer. Una vez transcurrido este tiempo, según predijo el Consejo, Hunab K'u —o sea Dios en lengua maya— aparecería como un relámpago e iluminaría las sombras que envuelven a la raza humana. El Consejo dijo que comenzaríamos entonces a recordar el conocimiento antiguo del universo. Esta inundación de conocimientos traería el renacimiento de la espiritualidad a la humanidad, y una unificación de los pueblos de la Tierra en una Era de Paz.

En otra parte del mundo, desde el hogar natural de los mayas, esta misma creencia —que estamos terminando una era de oscuridad y entrando en una era de luz y de sabiduría— se manifiesta en las profecías de la astrología de India. Las eras en estas creencias antiguas se extienden por millones de años y por tanto son muy difíciles de precisar exactamente, pero según varios astrólogos indios, hemos llegado al final de la Era de la Oscuridad, el fin del descenso del espíritu en la materia y el fin de la última de las seis épocas de la Kali Yuga. Ahora debemos pasar por una etapa final de limpieza antes que el espíritu se eleve nuevamente en la Satva Yuga o "Era de la Luz".

Ya podemos ver los puntos luminosos brillando, uno aquí y otro allá. Están encendidos en aquellos que llevarán el mensaje. Quizás ahora no brillen todos en el mismo momento, pero esto no quiere decir que se vayan a apagar o se vayan a debilitar porque cerremos los ojos y no querramos verlos. Las luces ya están allí, brillando en la oscuridad, iluminando nuestro camino hacia un nuevo mañana y a medida que más y más luces brillen, iluminarán nuestros caminos, iluminarán nuestro mundo.

Entonces, toma este libro y léelo. Si has tomado este libro en tus manos es porque el mandato cósmico te está llamando al cambio. Nada llega a tus manos a menos que deba llegar. No creo en el fatalismo. No creo que no tengamos control sobre nuestros destinos, pero creo en una afinación. Hay una vibración que toca una cuerda dentro de ti, llamándote, despertándote al sentido de que éste es el primer paso hacia lo que quieres, hacia lo que estás buscando en tu vida.

Así pues, aun tocar este libro significa mucho— aun mirarlo significa mucho para ti. La jornada comienza aquí y adonde vamos es hacia algo totalmente nuevo, hacia algo nunca antes visto en la historia de la humanidad.

2

La ciencia del nuevo milenio

Algunas personas refutan la astrología debido a que los primeros astrólogos colocaban a la Tierra como el centro del universo y situaban a los planetas, las estrellas y el Sol girando alrededor de ella. Debido a este error en la astronomía tanto el científico puro como el escéptico más racionalista la atacan constantemente, pero la Tierra es nuestro hogar, y aunque bien sabemos que gira alrededor del Sol como el resto de los planetas, es la posición del Sol, la Luna y los planetas con respecto a la Tierra lo que es verdaderamente importante.

Como bien hiciera notar el famoso sicólogo Carl Jung, nosotros aceptamos sin chistar el hecho que los vinos sean diferentes según sea el tiempo de la vendimia y la localización de los viñedos, y por supuesto tenemos una buena razón para esto. *Sabemos* que un Chablis es diferente de un chardonnay y que a su vez un chardonnay de 1989 es diferente de sus hermanos de cosechas anteriores y posteriores. ¿Por qué ocurre esto? Tanto el suelo como la viñeda son las mismas, y también suponemos que el proceso de elaboración de vinos de una viñera específica sea también el mismo año tras año y generación tras generación. Precisamente en esto se basa la reputación de una casa productora de vinos. Sin embargo, cada año, los vinos de cierta región son similares a los de otra y diferentes de todos los demás, y cada año el vino de cierto campo es diferente del que se produjo el año anterior y del que se producirá el año siguiente. Los vinos se afectan por el momento y el lugar de su nacimiento.

Cualquier escéptico aceptará esta realidad y se burlará de cualquier otro argumento diferente, y tienen razón porque habría que estar loco para pensar de otra manera. Sin embargo, las personas también nacen en campos diferentes en momentos diferentes. También ellas deben sentir la influencia de estas diferencias, o de las similitudes, y con esto, como dijo Jung, aunque no haya nada más, se estaría dando crédito a las teorías de la astrología, o sea, que cada uno de nosotros es diferente, o parecido, debido a nuestro lugar y momento de nacimiento.

Pero la astrología no es fija e inmutable. Cada uno de nosotros es diferente, también debido a nuestro propio Ser interno y a nuestras circunstancias. No creo que la astrología sea un factor determinante invariable de lo que ocurrirá en nuestras vidas. La astrología es un indicador, una concentración de energías sobre nosotros que nos influye y afecta, y nuevamente, en las palabras de Jung "nada ocurre fuera de este contexto".

Todos y todo lo que ha nacido bajo ciertas formaciones planetarias lleva consigo lo que se formó en los cielos, en los planetas, en el momento de su nacimiento. Existe una sincronización entre lo que sucede arriba de nosotros y lo que ocurre debajo, en la Tierra, bajo la luz de los cielos. No ocurre nada arriba que no tenga su efecto debajo. Es un reloj perfecto, un reloj cósmico que refleja en sí mismo y dentro de sí mismo todo lo que ocurre en la Tierra. Es el plan de trabajo perfecto de Dios para la Tierra. Y como eres de la Tierra, todo lo que ocurre en el cosmos, todo lo astral te toca, te afecta y te sirve para aprender, crecer, evolucionar, mejorar y lograr tus objetivos y metas.

Sin embargo, no puedes esperar que un niño que haya nacido en Calcuta o en Bangladesh o en Sarajevo tenga el mismo tipo de vida que un niño que le haya nacido a la familia Kennedy, aunque ambos hayan nacido en el mismo momento. Estamos funcionando con energías que fluyen y con influencias que no son fijas e inmutables. El niño de Calcuta y el nuevo hijo de los Kennedy van a compartir ciertos picos y ciertos valles en sus vidas, pero no serán, no pueden ser, iguales. Por eso la astrología debe ser analizada en el contexto de las circunstancias individuales. Debe pasar a través de un filtro, como un tamiz, a fin de conocer lo que es la realidad de cada vida individual.

Existe una gran cantidad de evidencia sobre los gemelos cósmicos —personas que nacen en el mismo momento en la misma área general— y como sus vidas permanecen similares desde el nacimiento hasta la muerte aun cuando sus circunstancias les hayan colocados en planos diferentes.

Uno de estos casos, muy bien conocido, es el de Samuel Hemmings, un plebeyo, y el Rey Jorge III. Ambos nacieron el 4 de junio de 1738, casi en el mismo momento y en el mismo lugar en Saint-Martin-in-the-Fields, Inglaterra.

Hemmings se convirtió en herrero e inició su propio negocio el mismo día de octubre de 1760 en que Jorge III fue proclamado Rey de Inglaterra. Ambos se casaron el 8 de septiembre de 1761, y el 29 de enero de 1820 ambos murieron, al mismo tiempo y por la misma causa.

De manera similar, Donald Chapman y Donald Brazill nacieron al mismo tiempo exacto en dos ciudades vecinas de California el 5 de septiembre de 1933. Ambos tuvieron trabajos similares y anduvieron con las mismas muchachas en cada una de sus ciudades respectivas. Veintitrés años y cinco días después de sus nacimientos, el 10 de septiembre de 1956, se encontraron y murieron en un accidente automovilístico. Chocaron de frente en la carretera US 101 al sur de Eureka, en California.

Lo que pudiera tomarse como extrañas coincidencias adquiere un nuevo significado a la luz de la astrología. Pero la astrología no determina que todos los mismos eventos deben ocurrir a todos los que han nacido en el mismo momento, sólo que existe una probabilidad de que así sea.

Ese niño hipotético nacido en Calcuta al mismo tiempo que nuestro niño hipotético de los Kennedy puede o no puede nacer en una familia de cierta riqueza comparativa dentro del status social de Calcuta, pero independientemente que sus padres sean ricos o pobres vamos a encontrar que ese niño va a perder a uno de sus padres en un momento de trágica violencia, y que aquél que sobreviva va a casarse con una persona de más edad— o tal vez no, ya que la astrología no dice que tal cosa va a ocurrir en un momento específico en un día específico. La astrología nos dice que debemos estar abiertos al amor en cierto momento de nuestras vidas y que si lo hacemos vamos a unirnos con una pareja que nos ayudará a ser felices por el resto de nuestras vidas. La astrología nos dice que en cierto día debemos tener cuidado porque estamos predispuestos a sufrir accidentes o estamos rodeados de peligros, posiblemente devastadores.

A partir de aquí queda por nuestra parte el decidir lo que debemos hacer con ese conocimiento. Si nos cerramos al amor en ese momento específico eventualmente nos uniremos a otra pareja, con resultados menos afortunados. Si decidimos ir a nadar lejos de la costa después de comer una comida pesada un día en que las estrellas nos avisan que debemos evitar los peligros del agua, es posible que nos salven de ahogarnos, pero es muy poco probable. O si decidimos no entrar en el agua y quedarnos en la costa, una ola gigantesca pudiera llegar y envolvernos, aunque pienso que esto tampoco no es muy probable, pero si nos damos cuenta que hemos resbalado en la bañadera y nos hemos golpeado en el codo posiblemente pensemos "esto era lo que me estaba advirtiendo mi horóscopo".

Muchos astrólogos buscan la justificación de todo en las estrellas, después que ha ocurrido el hecho. Dicen que un matrimonio terminó en divorcio porque Venus estaba retrógrado el día de la boda, y esto puede justificarse porque cada planeta tiene dos caras, dos facetas, dos aspectos: el positivo y el negativo, y ambos tocan el mundo.

Lo mismo ocurre con cada uno de nosotros. Tenemos dos facetas, dos caras. Somos luz y sombra, y el día que podemos aceptar ambas cosas, cuando podamos reconciliarnos con nuestro lado oscuro en lugar de condenarlo, nos integramos verdaderamente y nos volvemos completos. Somos tanto demonios y ángeles en cualquier momento, pero no tenemos que ver a esos demonios como algo feo. Tenemos que volvernos sus amigos, conocerlos. Cuando les conocemos, podemos controlarlos, aplacarlos y estar en paz con ellos. Al lograr la paz con nuestros demonios internos logramos la paz en la vida. Conociendo las dos facetas de los planetas podemos saber lo que esperamos, tanto lo bueno como lo malo, y prepararnos para conseguirlo.

En el Nuevo Milenio estaremos en paz con nuestros demonios y con las pluralidades de los planetas. Las dos facetas estarán integradas. Inclusive aprenderemos a usar la energía más negativa a nuestro favor. Al saber que hoy Marte está entrando en Escorpión, algunos podrían decir "hoy no voy a trabajar" porque para muchas personas Marte representa violencia, pero yo digo "¡No! ¡Es una energía hermosa, positiva!" En Escorpión, mi casa de transformación, significa que va a ocurrir un salto de mucha importancia, como un salto de fe en mi carrera o en mi vida si la utilizo de esa manera. Es una energía que me confiere poder para inventar, para crear. Mi personalidad se elevará por la fuerza de Marte en el proceso de tomar decisiones debido a su ímpetu y agresividad. ¡Y es maravilloso si sé cómo canalizar esta energía!

La astrología científica será la ciencia del Nuevo Milenio. La astrología antigua muchas veces encadenaba a la gente, o las asustaba, pero en esta Nueva Era que ya está amaneciendo a nuestro alrededor, la astrología se convertirá en una herramienta que nos guiará y ayudará a canalizar las energías de los cielos en nuestras vidas cotidianas. Se convierte en un mapa que nos guiará en nuestros viajes. Si conduzco de noche mi vehículo sin las luces delanteras puedo chocar contra un muro o atropellar alguna persona, pero si tengo mis luces funcionando puedo ver lo que hay frente a mí y evitar cualquier accidente. Lo mismo ocurre en la vida, con la astrología. Estaré capacitado para orientarme mejor, encontrar mi camino pasando las trampas y poder sacarle el mejor partido a mi viaje haciéndolo más liviano y fácil.

Desde este punto de vista, la astrología viene a ser como la meteorología, tanto una ciencia como un arte. Ninguna de las dos es una ciencia tan pura como las matemáticas en la que cada ecuación va a tener un resultado predecible específico. Las masas oscilantes de aire, las zonas de presión, mezcladas con calor del agua caliente *pueden* convertirse en un huracán y un meteorólogo experto *puede* predecirlo, pero solamente al leer las combinaciones de las condiciones atmosféricas y al considerar las *probabilidades* de que continúen tomando fuerza y eventualmente se transformen en un huracán. Se necesita cierta cantidad de conocimiento, cierta cantidad de experiencia y cierta cantidad de talento, de arte, para poder predecir con exactitud tanto las condiciones del tiempo como un horóscopo. Algunos de nosotros nacemos con mayores capacidades que otros a las cuales les añadimos el conocimiento y las transformamos en una destreza, de la misma manera que un arquitecto nace con cierto talento que tanto él como ella, pueden aprender a expresar al aplicar tanto la ciencia de la ingeniería constructiva como el arte del diseño. Pero no todo el mundo es un Frank Lloyd Wright, ni tampoco un Nostradamus.

Inclusive, a aquellos que están confundidos o perplejos, la astrología puede servirles como un mapa que les ayude a orientarse mejor en la vida por ellos mismos al comprender qué es lo que está sucediendo y por qué. Para aquellos que no están perdidos del todo, la astrología puede servir como una guía que les ayude a utilizar mucho mejor sus vidas al conocer exactamente cuándo es el momento preciso de tomar la acción que están proyectando. La astrología nos muestra el por qué hemos venido a esta Tierra, por qué estamos aquí ahora y lo que podemos hacer para mejorarnos a nosotros mismos. Es un potencial dinámico, nunca un hecho estático. Es un mapa en el tiempo que nos señala dónde se encuentran las energías. Nuestro horóscopo es, simplemente, como una radiografía de nuestra persona a través de la cual podemos conocer nuestras limitaciones, potencialidades y aquello que debe ser enmendado o eliminado. Nuestra carta natal, nuestra carta de nacimiento es una brújula maravillosa que nos guía en el mar de la vida.

Tomemos un niño que haya nacido ahora mismo. Las configuraciones de los planetas en el instante del nacimiento no dicen que esto o aquello es una realidad sin posibilidades de cambio, sino que nos muestran el potencial del niño. Se ha sembrado la semilla, pero no ha crecido. Si ese niño alimenta el potencial predicho en las estrellas, la vida no será una serie de caídas y esfuerzos fallidos sino un viaje fructífero hacia la cumbre de sus capacidades. Un niño que nace con todos los planetas alineados en la parte más alta de su carta natal está listo para alcanzar la cima, pero entonces surge la pregunta— ¿la cima de qué? Regresemos nuevamente a ese niño de Calcuta, él o ella nunca va a ser presidente de los Estados Unidos, pero puede convertirse en el alcalde de un pueblo e inclusive hasta primer ministro de la India.

Sin embargo, no importa lo que predigan nuestros horóscopos. Cada uno de nosotros tenemos que tomar responsabilidad por nuestras acciones y nuestra vida. Muchas personas culpan al Karma, la ley de la causa y el efecto, por todas las desgracias que le ocurren. Otros culpan al destino, otros a la voluntad de Dios. Otros culpan a un planeta maléfico, una estrella de nefastos intentos que les llovió sobre ellos fracasos y mala voluntad, pero no existen planetas malvados ni aspectos incondicionalmente negativos. Existen solamente aspectos educacionales que nos enseñan lo que debemos conocer, debemos cambiar o debemos corregir. El Destino se puede cambiar una vez que se aprende la lección.

En mi propio caso, yo nací con Mercurio retrógrado mal aspectado, lo cual afectaba mi dicción. Yo tartamudeaba. Según algunos astrólogos eso era lo que era. No podía hablar y nunca podría, por tanto debía escribir, pero yo odiaba escribir. Yo triunfé por encima de las estrellas. Yo sabía que ésta era mi área de dificultad, el área a la que tendría que dedicar la mayor parte de mi tiempo y de mi energía si quería superar esa deficiencia. Es lo mismo que sucede con un atleta que puede correr más rápido que cualquier otro, pero que desea convertirse en un jugador de pelota. La capacidad natural de correr rápidamente le puede volver un gran robador de bases, pero para convertirse en un gran jugador de pelota, él o ella también tiene que ser capaz de golpear y capturar muy bien la pelota. Con la práctica, el bateo y la captura se mejora a un punto tal que esta persona puede jugar bien el béisbol. De no ser así, esta misma persona debiera considerar un deporte diferente. Por eso es que puedo decirles a partir de mi propia experiencia, que las estrellas son indicadores, pero que su energía no está fija, inscripta en piedra. No importa lo que diga tu carta natal, eres tú quien tiene la palabra final sobre la manera en que las estrellas te van a afectar, pero sólo si sabes lo que ellas dicen. De lo contrario eres igual que los tres hombres ciegos que estaban caminando alrededor de un elefante. Uno de ellos, el que sostenía la cola, decía que el elefante era largo y delgado, como una serpiente. El segundo, que estaba tocando la parte voluminosa del animal, decía, "No, es grande y sólido, como un muro." Y el tercero, que estaba sosteniendo la trompa del elefante, insistía que era como una manguera. Si tú conoces tu carta natal puedes ver que es un elefante. No tienes que preguntarte constantemente por qué ciertas cosas pasaron de la manera que pasaron; las puedes ver cuando están llegando a tu vida y decidir si debes treparte encima del lomo del elefante para darte un viajecito o quitarte de su camino para evitar que te aplaste.

Es nuestra responsabilidad individual escoger sabiamente nuestro curso de vida. Sin embargo, por alguna razón, muchas personas, que nunca imaginarían siquiera abrir una nueva rama de sus negocios sin estudiar la competencia ni saber cuántos clientes potenciales tendrían, o que nunca pensarían realizar un largo viaje por carretera sin primero estudiar un mapa de los caminos, se lanzan a través de la vida sin tan siquiera considerar las configuraciones de los planetas. Otros quedan atrapados por el miedo. En lugar de ver que es la responsabilidad de cada uno de nosotros el canalizar la energía de los planetas para nuestro beneficio, se quedan congelados, incapaces de moverse sin consultar primeramente sus horóscopos, e incapaces de moverse si tan siquiera existe el más mínimo indicio de que algo puede salir mal. Se convierten en esclavos de las estrellas. Pero no se supone que la astrología sea una trampa. No se supone que te impida moverte hacia adelante con tu vida. Se supone que te ayude para que puedas aprovecharla al máximo.

Puede ser que tengas un día terrible frente a ti, y que lo conviertas en algo muy hermoso. O a la inversa, que tengas un día hermoso y que lo hayas convertido en algo miserable. El día puede ser magnífico, pero tú eres el dueño de tu día, libre para arruinarlo o disfrutarlo en todo su potencial. De la misma manera, eres el dueño de tu propia vida y de tu propio destino. Nada ni nadie puede dirigir o manipular tu vida —ni siquiera las estrellas— si estás consciente y alerta a las posibilidades. Cuando sabes lo que está sucediendo en los cielos, encima de ti, también puedes saber cuándo se van a presentar ciertos peligros en tu vida. También puedes saber cuándo hay una energía que te apoya, te eleva, abre el camino para ti. Y ahora mismo existe una tremenda energía positiva que está fluyendo dentro de las vidas de cada uno de nosotros. Ahora mismo está penetrando dentro de nosotros la energía de Acuario, despertándonos a las posibilidades de la Nueva Era, trayendo cambios sorprendentes en nuestras formas de vivir.

El gran profeta Nostradamus predijo un período de dos mil años de paz que comenzarían después de una época de gran revuelta hacia el final del milenio. Para él resultaba muy peligroso hacer esto en la época que le tocó vivir. Los inquisidores estaban siempre dispuestos alegremente a quemar inmediatamente en una hoguera a cualquier persona que siquiera se atreviera a insinuar que tenía la habilidad de poder ver el futuro. Para las autoridades de la época de Nostradamus estas capacidades solamente les pertenecían a las brujas, y según ellos, las brujas eran malvadas. Por eso, para ocultar la naturaleza de sus profecías Nostradamus las encerró en estrofas crípticas, cuartetas, poemas de cuatro líneas agrupados en bloques de cien que llamó centurias que debían ser descifradas por las generaciones futuras. En sus poemas predijo la llegada de Hitler, los aeroplanos y los cohetes que volarían por el cielo.

¿Cómo pudo lograr una exactitud tan asombrosa? Nostradamus describió sus métodos en un prefacio a sus profecías en una carta que envió a su hijo César. En esa carta escribió que sus predicciones eran algo que "el espíritu divino le había permitido conocer por medio de la astronomía... junto con varios secretos del futuro implícitos en la astrología ortodoxa". Continuó diciendo que "las cosas se revelan por los movimientos planetarios".

Estos mismos movimientos planetarios nos trae la Era de Acuario avanzando inexorablemente hacia nosotros, ejerciendo cada vez más influencia sobre nosotros con cada día que pasa. Podemos mirar momentos específicos a lo largo de esa marcha, atisbar lo que vendrá y lo que las estrellas nos están deparando, pero la marcha continúa en sí misma, independientemente de lo que estudiemos y aprendamos o no de las estrellas, o que nos molestemos y miremos hacia arriba para ver ese gran drama cósmico que está desarrollándose en los cielos. Es parte del gran diseño cósmico, del gran plan universal, del avance constante de los Grandes Meses del Gran Año.

Las edades astrológicas de la Tierra, conocidas como los Grandes Meses, se mueven hacia atrás a través del zodíaco, opuestamente a la marcha del zodíaco regular. Nuestro almanaque se mueve desde Acuario hacia Piscis y de ahí a Aries. La Tierra se mueve de Aries a Piscis y de ahí a Acuario.

Esto ocurre porque aun cuando las estrellas parecen ser un campo inmóvil de puntos fijos contra el cielo nocturno, en realidad se están moviendo. El zodíaco está fijo por la posición del primer punto de Aries en el día del equinoccio vernal. A través del tiempo, el primer punto de Aries se mueve a lo largo de la eclíptica donde intersecta el ecuador celestial avanzando a través de lo signos del zodíaco.

Hiparco de Nicea (c. 190–c. 120 A. de C.) fue quien primero descubrió este principio conocido como la Precesión de los Equinoccios. Nosotros ahora sabemos que se debe a una ligera oscilación o tambaleo de la rotación de la Tierra, lo que origina que la constelación situada detrás del Sol en el momento del equinoccio vernal cambie a través del tiempo.

Cuando los primeros astrólogos miraron las estrellas y empezaron a trazar los mapas que indicaban el significado de sus influencias sobre la vida en este planeta, el signo de Aries reinaba en Aries. En el momento del nacimiento de Cristo el primer punto de Aries se había cambiado y continuaba su marcha constante a través del cosmos para asentarse en Piscis. Ahora, como sabemos, ha cruzado a la Era de Acuario y cada día esta nueva posición celestial nos trae una influencia cada vez mayor del signo dominante del Aguador.

Cada tictac de este gran reloj cósmico, el avance de Aries a través de los signos del zodíaco, toma aproximadamente unos dos mil años. El circuito completo hasta que Aries vuelva nuevamente a Aries toma unos 25,868 años. Evidentemente, Aries ha completado esta jornada muchas veces desde que se formó el universo y las estrellas comenzaron a derramar su luz, muchas veces desde que se formaron los planetas y empezaran sus órbitas alrededor del Sol. Y, obviamente, no sabemos exactamente cuándo nacieron la Tierra y los otros planetas ni cuándo comenzaron su marcha celestial. Del mismo modo ignoramos el tiempo y el día exacto en que surgieron los seres humanos. Por tanto, no podemos trazar una carta natal para la Tierra o sus habitantes, ni tampoco trazar la influencia de las estrellas en este caso. Estamos limitados a la historia de la humanidad, y nuestro conocimiento es calibrar el impacto de las estrellas y marcar el Gran Año.

Ahora bien, de la misma manera que cada uno de nosotros está influido tanto por los aspectos positivos como los aspectos negativos de cualquier signo, así también ocurre con la Tierra. El signo opuesto a nuestro signo natal, el signo en polaridad, también nos influye, algunas veces dramáticamente, otras sólo ligeramente. De nuevo, lo mismo ocurre con la Tierra.

También, al igual que los planetas comienzan a ejercer sus influencias sobre los asuntos de la Tierra cuando entran en un signo y continúan ejerciéndola a medida que salen, así también empezamos a ver las influencias tanto de la Vieja como de la

Nueva Era del Gran Año que se están superponiendo. Las personas que nacen en esa región del tiempo conocida como la cúspide de dos signos pueden tener las características de ambos. La Tierra es exactamente la misma, con la excepción que como las eras del Gran Año son tan largos, los períodos cúspides también son largos, pero cada Gran Era que abre camino a la próxima está marcada por un evento revolucionario, explosivo, inclusive cataclísmico. Este evento dramático no tiene por qué ocurrir exactamente al inicio o fin de una era, pero de todas formas ocurre.

Debido a estas influencias superpuestas, es imposible decir con exactitud cuándo una era termina totalmente y comienza la otra, pero es fácil ver la influencia de cada era astrológica y cómo ha ido actuando en nuestra historia si observamos muy atentamente el desarrollo humano— político, social, cultural y tecnológico.

El tiempo más antiguo del cual tenemos conocimiento es el de la Era de Leo, alrededor de 10,000 a 8,000 años antes de Cristo cuando los seres humanos se reunieron en grupos primitivos y miraron hacia el Sol, el regente de Leo, buscando la guía y el sustento. El Sol es fuego, y para los primeros humanos ganar el control sobre este poder divino fue un avance tecnológico revolucionario. Con el fuego pudieron alejar la noche tenebrosa y las criaturas que merodeaban en la oscuridad; pudieron cocinar sus alimentos, moverse a las cuevas y buscar abrigo de los elementos. En esas cuevas los primeros humanos demostraron una de las características claves de Leo, la creatividad, a través de las pinturas rupestres que trazaron usando pigmentos primitivos y que dejaron tras de sí para que nosotros las descubriésemos. Ahora creemos que muchas de esas pinturas representan los deseos de los artistas, visualizaciones de lo que ellos querían o esperaban— un mastodonte rodeado por un grupo temeroso de cazadores que le llevaban a su gente comida para alimentarlos a todos. El pensamiento detrás de esta pintura indica claramente la polaridad de Leo, Acuario, ya que agruparse de por sí es una de sus características, pues Acuario es unidad y humanidad.

En la Era Canceriana, desde el año 8000 al 6000 antes de Cristo aproximadamente, los pueblos primitivos de la tierra emergieron de las cavernas y se asentaron en las tierras fértiles que les rodeaban. Es el tiempo de las habitaciones fijas, de echar raíces, de manera tanto literal como figurativa. En China, India, Egipto y Mesopotamia los humanos se construyeron albergues para ellos mismos y poco a poco fueron cambiando la existencia a veces de abundancia, o a veces de hambruna, de los cazadores/recolectores por el estilo de vida típicamente canceriano del granjero. Se asentaron en tierras y aprendieron a labrar el suelo comenzando la revolución agrícola que constituyó el avance social y tecnológico de esta era. Como su vida dependía tanto del éxito de la cosecha —de la fertilidad de la tierra— no es para asombrarnos que durante esta época abundasen los ritos de la fertilidad así como figuras femeninas redondas, fecundas. Juntos representan la fuerte influencia de Cáncer, el signo del hogar y la maternidad, así como su planeta regente la Luna.

Alrededor del año 6000 antes de Cristo, entramos en la era de Géminis y el cambiante zodíaco ejerció su influencia nuevamente sobre la Tierra, en esa ocasión de la manera vivaz, intelectual, móvil y comunicativa de este signo. El Nuevo Gran Mes vio el desarrollo de la escritura— desde los primeros símbolos rústicos grabados en la cerámica del período a los símbolos cuneiformes y pictográficos de China y Egipto. Al poner por escrito los pensamientos y creencias de sus pueblos para que las generaciones posteriores pudieran encontrarlos y aprender de ellos, se demostró nuestra necesidad intelectual de registrar y almacenar información. Este fue el gran desarrollo social y cultural de la era que, agrupado con la influencia intelectual y comunicativa de Géminis, dio lugar a los primeros grupos de personas que se juntaban para aprender en lo que equivale a los primeros sistemas universitarios y la fundación de las primeras bibliotecas. La tendencia de Géminis hacia el movimiento y la comunicación física se demostró en el desarrollo tecnológico del período, el primer uso extendido de la rueda.

Tauro es práctico, confiable y paciente, lleno de grandes poderes de resistencia, bueno en los negocios y poseído de un sentido firme de valores. Ama el lujo y la buena mesa, es persistente, de fuerte voluntad y determinado. Todas estas características se demuestran en la Era de Tauro, alrededor del año 4000 antes de Cristo. Los egipcios tardaron generaciones para construir sus grandes pirámides, sólidas, de larga vida que también se yerguen como un testamento a la fuerte influencia de la polaridad de Tauro, Escorpión, ya que las pirámides vienen a ser poco menos que sarcófagos, templos de la muerte masivamente impresionantes construidos por una sociedad preocupada con la muerte y la vida después de la muerte.

Hacia el año 2000 antes de Cristo aproximadamente la Tierra se movió inevitablemente hacia Aries y comenzó a ejercer su influencia guerrera conjuntamente con su polaridad librana. Las tribus errantes y guerreras de Israel adoraron al carnero ariano. La civilización griega dominó en todo el mundo occidental llevando la guerra y aplastando cualquier oposición con su fuerza militar. Pero al mismo tiempo que hacían la guerra a todo a su alrededor, los griegos demostraron la influencia polar de Libra en su casa, en la gracia y belleza de sus templos delicados, abiertos, en su arte. El símbolo de Libra es la balanza que representa equilibrio, y el equilibrio de la arquitectura griega es insuperable. El Caballo de Troya sirve como un ejemplo claro del desarrollo tecnológico de la era, en las artes de guerra, reforzada aún más por el planeta regente de Aries, Marte.

Piscis puede ser el claro ejemplo quintaesencial de una era dominada por su signo regente. Piscis es el pez, y el pez es también el símbolo del movimiento más significativo del período, la Cristiandad. La era se inicia en el tiempo del nacimiento de Cristo, quien hablaba de sus apóstoles como "pescadores de hombres". Las características de Piscis son la humildad, compasión, simpatía, sensibilidad, bondad, lo mismo que las características positivas que expone su signo polar, Virgo, la Virgen, que refuerza las filosofías cristianas de delicadeza, humildad y caridad.

Pero Piscis también es la batalla entre el bien y el mal, entre lo negro y lo blanco, entre los europeos y los americanos nativos. Piscis domina el mar y la Era de Piscis nos da conquistas por mar, los conquistadores que siguieron a Colón para saquear el Nuevo Mundo. Al igual que ocurre con todas las eras de la Tierra, Piscis tampoco puede cerrarse sin una revolución especialmente a medida que la Tierra se acerca cada vez más a la influencia tecnológica de Acuario. Es bien natural que los días finales de la Era de Piscis hayan dado nacimiento a la Revolución Industrial y que la batalla entre el bien y el mal se haya vuelto más sangrienta, culminando con la eficiencia mecánica y calculadora de los Nazis que excedieron en cohetes y ciencia pura y crearon una maquinaria de guerra que no tenía precedentes. Las guerras mundiales exhibieron todo el impacto negativo de adorar la tecnología por su propio cabal poder, epitomizado en el centellazo destructivo de la bomba atómica que se yergue como el evento cataclísmico que señala la transición entre ambas eras.

Durante los años 60 sentimos el impacto de Acuario aún más poderosamente con los movimientos de "amor libre" de la juventud. La necesidad acuariana de un renacer espiritual trajo también el renacer de las religiones orientales en el Occidente, y se puede atisbar en los intentos mal encaminados de la juventud de tratar de encontrar a Dios a través de las drogas.

Pero nosotros ahora solamente es que estamos entrando completamente en la Era de Acuario para ser dominados cada vez más por nuestra dependencia en la ciencia racional, la tecnología y nuestro amor a la exploración del espacio. Mientras la vivas, sé testigo de la dualidad de la era porque Acuario nos compele con su humanidad y con su amor a la ciencia y la tecnología, con su deseo por la unidad y con su independencia. Acuario nos impulsa a mirar bien adentro dentro de nosotros mismos y mirar hacia las estrellas también. Esta es la era en la que el hombre se lanza al espacio mientras se une entre sí para proteger la Tierra. Acuario es el signo de la reforma y de la rebelión, de los inventos y la individualidad, de la unidad y la falta de convencionalismo, e influirá en cada aspecto de nuestras vidas —de la misma manera que los signos de otras épocas han influido en las de ellos— desde el sexo hasta el romance, desde la religión hasta el arte. A medida que vayamos entrando en los años finales de este milenio y nos acerquemos al nuevo, se amplifica la influencia de Acuario, y los planetas se alinean para intensificar tanto el ritmo como la dimensión del cambio.

Hacia finales de 1995 Plutón comenzó su estancia de trece años en el signo de Sagitario, el signo que rige la religión, la mente superior, las leyes, las publicaciones. Sagitario significa la expansión total— de nuestras mentes, de nosotros mismos y de nuestra sociedad. Plutón es el gran destructor, pero destruye para reedificar. Por ese motivo, con Plutón en Sagitario vemos la destrucción de leyes y reglas anticuadas abriendo el camino para una nueva sociedad basada en la libertad individual, en la libertad responsable. Plutón viene para destruir las leyes que nos encadenaban y traer las leyes que nos liberan. Y con cada día que pase veremos que más leyes se vuelven obsoletas, y que cada vez se hacen menos necesarias muchas regulaciones. A medida que cambiamos a la persona de la Nueva Era, una persona que sabemos debe respetar nuestro propio Ser, nuestro prójimo y nuestro planeta, las regulaciones se van haciendo innecesarias. Ahora parece imposible, pero estamos en el umbral de un tiempo en que no habrá necesidad de emitir leyes contra la contaminación ambiental ni la forma de disponer los desechos tóxicos ya que cada uno de nosotros considerará que esas cosas son inherentemente dañinas y prácticamente impensables. También nos parece imposible pensar que un día vayamos a terminar con las ejecuciones y las penas de muerte, pero a medida que nos vamos armonizando con nosotros mismos también nos vamos armonizando con los demás. De la individualidad surge la unidad. Lo que no es consciente ni adecuado para nosotros se convierte también en inconsciente e inadecuado para los demás, y con ese concepto viene la paz. Así también, las otras leyes de una era pasada o bien se desvanecen o se destruyen.

Sagitario es el signo de las leyes. El esqueleto de todas las leyes universales cae dentro de su dominio, pero debido a la dualidad del zodíaco, de las dos caras de cada signo, Sagitario es también el signo de la expansión y de la libertad. Es la naturaleza equilibrante del zodíaco lo que lo hace ser así. La libertad y expansión desenfrenadas traen caos y desorden. La infinita divinidad del diseño celestial, por tanto, suministra el contrabalance dentro del mismo signo, convirtiéndole en el regente de las leyes que limitan, que marcan el territorio de la libertad para que no se desplome en caos y trae orden a lo que de otra manera fuera un desorden total.

Sagitario, el centauro, mitad hombre y mitad caballo, también rige los deportes, naturalmente. Ahora, a medida que nos movemos hacia la Era de Acuario, el alineamiento de Plutón en Sagitario nos recuerda que aquél viejo refrán es bien cierto, "mente sana en cuerpo sano". Para equilibrar toda esa energía física también tiene que haber un regreso a lo espiritual. En la India, los místicos vivieron en un mundo que estaba totalmente consumido por lo espiritual: Se sentaban maravillosamente, eran muy delgados y famélicos y buscaban la divinidad. En América la gente vive en el otro extremo y prácticamente no se sientan. Corren para todo, corren al trabajo, a sus negocios, y pierden la visión de lo espiritual. Ahora ambos hemisferios se juntan. Ahora, en el Nuevo Milenio los dos se integran, de la misma manera que los hemisferios derecho e izquierdo del cerebro están integrados, de la misma manera que nuestra mano izquierda y nuestra mano derecha trabajan juntas.

Y como si no fuera suficiente que Plutón haya entrado en Sagitario para eliminar lo viejo y abrir el camino para la entrada de lo nuevo, el 12 de enero de 1996, Urano regresó a su trono celestial, Acuario, donde permanecerá por siete años completos. Después de años y años de transitar por los cielos, Urano regresa a su casa señalando el comienzo del cambio.

Urano es el planeta de lo extravagante, de lo extraño, lo impredecible, en todo. Es el bufón cósmico y en su aspecto negativo es el pervertido cósmico. Su propio descubrimiento ocurrió durante la época de la Revolución Francesa, y es adecuado, ya que Urano es el regente de la revolución, de romper con todo lo establecido, con todo lo viejo. Todo, desde la moda hasta la conducta cambia bajo la influencia de Urano, especialmente ahora que está entrando en pleno movimiento y que está muy bien aspectado astrológicamente en un sextil con Plutón en Sagitario. Este sextil promete un gran potencial de rectitud renovada para el corazón humano, reforzando la tendencia acuariana hacia la espiritualidad y la humanidad. Juntos, Plutón y Urano son los heraldos de la Nueva Era, las fuerzas poderosas que cambian nuestra propia percepción de nuestro mundo. Lo más extraño e insólito parecerá ordinario y común en estos tiempos cambiantes. La energía de Urano, en aspecto excelente con la energía poderosa y transformadora de Plutón, libera a la humanidad de las cadenas que nos han sido impuestas. Habrá mucho menos dependencia de lo externo, ya bien sea gobierno, sociedad o religión. Cada ser humano tendrá que ser responsable de sus acciones y decisiones. Las leyes del pasado que no tienen efecto sobre la gente de hoy serán cambiadas. Habrá una revisión y restructuración de nuestros sistemas judiciales.

A medida que nos movamos más cerca al Nuevo Milenio, la influencia de Plutón en Sagitario se vuelve aún más poderosa y mística, y se intensifica en 1998 cuando Neptuno también se mueva dentro de Acuario añadiendo su potencia a la mezcla en una combinación de planetas exteriores que no tiene precedente en la historia humana. Estamos cruzando hacia un territorio de toda la humanidad del cual no se ha hecho mapa alguno. Neptuno, el planeta de las prisiones, instituciones, hospitales e inspiración artística y religiosa cae bajo el vaivén de Acuario, al igual que Plutón y Urano, ambos, están señalando un momento de gran revolución. Pero Neptuno también tiene las características de idealismo, espiritualidad, imaginación, sensibilidad y creación artística, todas ampliadas y magnificadas por la fuerza de Acuario.

Estas fuerzas juntas continúan creciendo en influencia hasta la noche en que termine el viejo milenio; en el momento de la medianoche, precisamente, se mueve a once grados de Sagitario y comenzamos a tocar la divinidad. En esa noche al final del viejo milenio y el alba del nuevo, cada planeta se alinea para mostrarnos una imagen de lo que va a suceder en la Nueva Era, una visión de lo que nos depara el futuro, mostrándonos el perfil de una era dorada, el período de luz e iluminación de conocimiento para toda la humanidad.

Para hacer aún más bello el momento en que se encuentren los milenios, Júpiter, el planeta de la suerte y la expansión, estará directamente en Aries indicando un nuevo comenzar, una nueva primavera, una nueva forma de vida. Saturno estará en Tauro, un signo de Tierra, en su propio elemento, trayendo estabilidad a la Tierra. La Luna habrá acabado de entrar en Escorpión, que rige la serpiente de la sabiduría así como el águila que se remonta a las mayores alturas. La Luna llega como un síquico, un visionario, un shaman en lo alto de una montaña que está mirando al futuro. Mercurio, nuestra mente, estará entrando en Capricornio, donde encuentra estabilidad, y Venus, planeta del amor, entra en ese día a cero grados de Sagitario, abriendo la puerta para la Nueva Era del amor sin cadenas, del amor que establece sus propias leyes, que está libre de dominación y control y manipulación. Marte, el planeta de la acción, de la energía y del poder, de la fuerza y del fuego, también estará en Acuario al mismo tiempo que Neptuno, planeta de la ilusión, del glamour, de la fantasía de los caprichos.

Júpiter está en un signo de fuego, Plutón está en fuego. Todas las energías se inclinan hacia Acuario tocando la Nueva Era que está amaneciendo.

Hasta ahora hemos vivido como autómatas, sonámbulos, creyendo en ídolos falsos y obedeciendo ciegamente los mandatos decrépitos. Ahora estamos en el inicio de un despertar dramático de la conciencia en toda la humanidad. El fuego de Sagitario y Aries nos convierten más conscientes del sueño que hemos estado viviendo. Nada ni nadie permanecerá igual.

Pero no todos estarán preparados para el cambio. Algunos resistirán. Si toda la gente estuviera en el mismo nivel y deseosa de progresar no habría resistencia y el cambio sería indoloro, pero la gente teme a los cambios, teme a soltar— ya bien sea a la muerte o al amor. Todo el mundo se aferra a lo que conocen porque piensa que dejar en libertad significa morir, desaparecer. Pero el cambio está llegando querámoslo o no, y va a barrerlo todo y poner la tabla rasa, completamente limpia. Habrá una desaparición, de lo que pensamos, de lo que sabemos y de lo que pensamos que sabemos.

3

El ensayo se ha terminado: es el momento de actuar

Cada uno de nosotros nace bajo cierto signo y cada uno está influido por ese signo. Si naciste bajo el signo de Sagitario lo más probable es que seas jovial, optimista, versátil, de mentalidad abierta y amante de la libertad. Lamentablemente también tienes una gran tendencia a la exageración, la falta de tacto social, la inquietud y los caprichos. Un Tauro es práctico, confiable, paciente, amante del lujo y la buena mesa, pero también es posesivo, autoindulgente y terco. Las estrellas dejan su huella indeleble sobre cada uno de nosotros, aunque como ya he señalado anteriormente, también estamos influidos por nuestro propio ser interno y nuestras circunstancias, y cada uno de nosotros podemos trabajar nuestros puntos fuertes y nuestras debilidades, según escojamos. Sin embargo, a pesar del hecho que nosotros podemos escoger lo que hagamos con nuestras vidas en el futuro, a pesar de lo que podamos haber escogido hacer una vez, rehusamos estar dominados por las estrellas, nuestro signo natal aún conforma su marca sobre nosotros. Este signo marca la pauta de las fortalezas y debilidades sobre las cuales tenemos que trabajar, marca nuestras características positivas y negativas.

De la misma manera las edades de la Tierra imprimen su marca sobre la Tierra y sobre la humanidad. Pero mientras el signo es individual en su influencia, la era es para todos. La era es para todos en la misma manera; nada queda sin tocarse. Nadie escapa a su influencia. Todo el que camine por la faz de la Tierra durante cualquier era dada verá, percibirá, sentirá o conocerá el impacto de esa influencia. La verá en las personas que le rodean, o en ellos mismos. Inclusive cuando no la reconozcan como la influencia de una era astrológica conocerán su carácter. Sentirán el *Zeitgeist*, el espíritu de los tiempos, como lo llaman los alemanes.

La esencia de la era es la esencia de su signo. La entrante Era de Acuario está permeada, saturada y tocada por la esencia, el simbolismo y todo lo que representa el signo de Acuario. Las palabras claves para Acuario son la independencia y la humanidad, pero también es el signo de la ciencia, el signo de la reforma, y no es por accidente que Urano, el regente de la excentricidad y de la capacidad inventiva, independencia y originalidad, gobierne este signo.

Como bien dijera el gran astrólogo Alan Leo, "Acuario es responsable por más inventos en beneficio de la humanidad que cualesquiera de los otros signos."

Acuario es el aguador, el que vierte el conocimiento sobre la Tierra. Su símbolo se puede ver como agua que fluye, o como la electricidad. O como el aire, que está en todas partes porque Acuario es un signo de aire.

La Era de Piscis fue la era del mar y de la tierra, pero Acuario, el signo de aire con el amor, tanto de la tecnología como de la libertad, significa exploración espacial, viajes a través de las galaxias, lanzarse afuera de nuestro pequeño planeta dentro del vasto universo. Los acuarianos están llenos de curiosidad intelectual y la era no es diferente. Estaremos conminados a descubrir, buscar conocimiento en nosotros mismos, en el hogar, en la Tierra, en el espacio, en todas partes.

Como el aire, que es libre para moverse a donde quiera, Acuario es un signo que ama la libertad "tan libre como el viento". La Nueva Era, el Nuevo Milenio, trae consigo una era de luz y una era de libertad. Por muchos años la gente ha sido "libre" entre comillas, "libre" sólo nominalmente, "libre" dentro de ciertas restricciones, lo cual quiere decir no ser libre en nada. Somos "libres" si mostramos los documentos adecuados. Hemos estado, en verdad, en libertad, lo cual es muy diferente de ser verdaderamente libres. Hemos estado sueltos mientras hayamos obedecido ciertas reglas, nos hayamos adherido a ciertas regulaciones o mantenido ciertas conductas aceptables socialmente.

Estas reglas y regulaciones nos han sido impuestas a nosotros y nos hemos vuelto dependiente de ellas. Esperamos que otros nos indiquen cómo comportarnos, cómo actuar, y en muchos casos, cómo pensar. Nos hemos vuelto dependientes para que otros nos señalen que eso que estamos usando luce bien, que lo que dijimos es, en efecto, una buena idea. Pero ser libre significa no depender de nada o de nadie. Ser libre significa ser independiente. Ser verdaderamente libre quiere decir ser como un animal en la selva, que no depende de nadie, que obedece solamente las leyes de la naturaleza para sobrevivir y prosperar.

En la era entrante las gentes se unirán con la naturaleza y con sus propias naturalezas. No estaremos mirando a otros para que nos dicten lo que es "correcto". Los demás no decidirán lo que está "a la moda" para que lo usemos ni tampoco querrán hacerlo. Cada uno de nosotros se sentirá confiado en sus propias elecciones y confiados en las capacidades de los demás para elegir por ellos mismos. Estaremos libres de nuestra dependencia para ganar la aprobación de los demás. Hemos gastado nuestras vidas ensayando para vivir, probándonos diferentes disfraces y asumiendo diferentes papeles, todos ellos mientras buscábamos la aprobación de nuestros congéneres, esperando que los "directores" de nuestras vidas nos digan que hemos desempeñado bien nuestro papel. Ahora vamos a despojarnos de nuestras máscaras y disfraces, vamos a vivir, a sentir y conocer. El ensayo se ha terminado… ¡es el tiempo de actuar!

Esto será un reto para nosotros en muchos niveles. Es difícil dejar nuestras dependencias. Es difícil tomar una decisión sin mirar a los demás para que nos digan que es la correcta. Y será difícil para los demás aceptar que podemos, y deseamos, tomar esas decisiones por nosotros mismos. La verdadera libertad reta todas nuestras instituciones, nuestras leyes, nuestras proclamas religiosas. Todas ellas existen solamente para marcar los límites de nuestra libertad. Existen para decirnos lo que está bien y lo que está mal. Pero en la Era de Acuario no necesitaremos que los demás nos definan nuestros límites. Cada uno de nosotros sabrá individual y colectivamente lo correcto de lo equivocado.

Esto no significa un descenso a la ilegalidad y al libertinaje, pero a medida que nos movamos dentro de una era de aumentada individualidad, espiritualidad y un respeto humano sincero por los derechos de todos, responderemos en efecto a una autoridad superior, la de nosotros mismos. Las que se desecharán serán las leyes que infringen sobre esa autoridad, que quiebran nuestro sentido individual y universal de moralidad, de lo correcto y lo equivocado. Todos sabemos que es equivocado imponer nuestra voluntad sobre otra persona o que ellos nos la impongan sobre nosotros. Ninguna ley puede lograr que esto sea correcto, pero en la era entrante cualquier ley diseñada para controlar, para dominar, será destruida, reescrita, cambiada. Las leyes que permiten que un grupo de personas por virtud de la raza, religión o cualquier otra razón impongan su voluntad sobre otro grupo serán igualmente destruidas.

En la Era de Piscis teníamos amos y esclavos, negros y blancos, izquierda y derecha. Piscis es dos lados, dos pies firmemente plantados. Acuario es el aire fluyente, la circulación de nuestra sangre que va por todas partes de igual manera.

La Nueva Era es una era de esperanza, de felicidad, de optimismo, de revolución constructiva. Es un tiempo para el no conformismo, para no conformarnos con lo que ha sido y para comenzar a inventar o reinventar la nueva vida. La originalidad es una palabra sagrada de la Nueva Era. Estamos obligados a la originalidad. Es el tiempo de la individualidad positiva, no del egoísmo, pero de reconocer y respetar la individualidad en ti mismo y en otros. Es el tiempo del antirracionalismo y la innovación de la amistad y el Amor, con una "A" mayúscula.

Nuestras uniones, personales y globales, cambiarán. Los hombres y las mujeres no se unirán ya más en un lazo puramente físico. Cada uno de nosotros buscará su gemelo espiritual y se enlazará a una unión que va mucho más allá de la carne. La integración, la unidad, son las palabras claves de la Nueva Era, un tiempo para unirnos juntos en el nivel individual y en el nivel global. El tiempo ha llegado en que pongamos a un lado los conceptos tradicionales de unión, de "esposo" y de "esposa" y los sustituyamos por asociaciones verdaderas basadas en una amistad que lo comprenda todo y en el amor verdadero. Nos encontraremos a nosotros mismos mirando cada vez más allá, mucho más lejos de nuestras nociones físicas de belleza, mientras éstas se hacen pedazos también bajo la influencia de Acuario, para acercarnos cada vez más a asociaciones basadas en la unión compatible de espíritus afines. Los conceptos anticuados de dominación y sometimiento se estrellan contra la característica acuariana de humanidad e independencia. No estaremos unidos unos a otros por pedazos de papel, por documentos legales ni por la bendición de extraños, sino por nuestro propio deseo de estar juntos. Las viejas cadenas desaparecen y nos mantenemos juntos porque es donde queremos estar, por verdadero amor. Nada puede sostenerse contra su voluntad y en última instancia se marchita y muere. Esto es verdadero también respecto al amor. El amor no se puede hacer existir porque hay un documento o un anillo de oro que así lo determina. El amor existe desde dentro de nuestros corazones y nos mantiene unidos porque es mutuo e incondicional. Amaremos tanto nuestra individualidad como al individuo con quien la compartimos.

Seremos libres para amar y ser amados. Nos amaremos a nosotros mismos y a todo alrededor de nosotros y seremos libres para disfrutar por nosotros mismos, verdaderamente libres, sin sentirnos culpables. Muchos de nosotros creen que no nos merecemos el derecho de divertirnos, de tener placer. Por tanto, cuando encontramos el placer no lo podemos disfrutar porque estamos demasiado ocupados sintiéndonos culpables por estar disfrutando el momento. Esto es ridículo. Plutón ha regresado a Sagitario y permanece allí a través del cambio del siglo, dentro del Nuevo Milenio. Es el tiempo para encontrar la alegría en ti mismo y en todo a tu alrededor.

Sagitario es el signo de la alegría espontánea de la vida, de encontrar placer en lo que tenemos, no en lo que no tenemos, de tomar tiempo para disfrutar la abundancia a nuestro alrededor, ya bien sea del azul particular del cielo en un momento específico, o el calmante sonido de la lluvia cayendo sobre nosotros, o el placer apacible de compartir un momento de paz sin palabras con quienes amamos. En la Era de Acuario queremos disfrutar el viaje tanto como el destino. Hoy día nunca parece haber tiempo suficiente para hacer todo lo que tenemos que hacer, pero en la era entrante haremos el tiempo, controlaremos el tiempo y tendremos el tiempo para disfrutar la vida. No nos sentiremos que todo es una carrera y que estamos compitiendo constantemente. Si estás siempre compitiendo terminas más amargado porque siempre estás tratando de superar algo, de ser mejor que otros, y siempre parece que hay alguien mejor que nosotros. En esa carrera pierdes. Lo que es importante es llegar allí, pero llegar allí felizmente, en armonía, en paz.

El Nuevo Milenio será una época de abundancia porque nadie merece ser pobre, nadie está destinado a ser pobre. Este es un concepto que procede de la Era de Piscis, que algunos están destinados a ser pobres en la vida porque son pobres en espíritu. La Nueva Era es una época de prosperidad en la vida, prosperidad en el amor, prosperidad en todo. Es la primavera eterna del espíritu y trae un florecimiento exuberante de nuevas ideas. La Nueva Persona de la Nueva Era debe ser verdaderamente rica, no solamente rica en cosas materiales, pero también en salud, rica en conocimiento, rica en espíritu, rica en sexo.

En la Era de Acuario lo que es importante no es tener, sino ser. Nos hemos concentrado demasiado en las cosas externas, hemos olvidado que tenemos almas. Nos hemos vuelto totalmente inconscientes de lo que hay en la vida interna. Pero la proliferación de la ambición material, del poder político y la discriminación racial ahora se hace añicos frente al renacimiento espiritual que nos obliga a mirar hacia adentro en busca de los principios que nos fuerzan a mantener los ideales renovados de amor, honor y verdad. Los niños que están naciendo ahora en la época de Acuario ya no quieren más *creer*— quieren *saber*. Saber por nosotros mismos, un conocimiento personal que va más allá de una mera creencia en las palabras de otros, es un principio sagrado de la Era de Acuario. Vamos más allá de la Fe para encontrar la Verdad.

Las reglas y las instituciones se derrumbarán bajo el peso de este escrutinio. Las leyes, la política, inclusive las religiones serán puestas a prueba, alteradas o devastadas por el profundo examen que ya ha comenzado. Desecharemos los textos sagrados de ayer y los reescribiremos nuevamente con nuevo conocimiento y nueva visión. Esto no significa un fin a la religión, esto significa que tanto los tabúes como los dogmas serán eliminados y desechados. Encontraremos que la Segunda Venida de Cristo procede de dentro de nosotros y no necesariamente en una llegada material del único Hijo de Dios. Es el despertar del Cristo dentro de ti mismo y en cada uno de nosotros. Los Mandamientos son reglas excelentes de bondad, pero debemos llevarlos a nuestros corazones y convertirlos en parte de nosotros. Cuando tienes paz interior no violarás ninguno de los mandamientos. Bajo Acuario entenderemos nuestro Libro interno. Entenderemos la Biblia y el Corán y todas las escrituras sagradas porque llegaremos a tocar nuestra propia fuente interior de conocimiento. Nosotros *sabremos* lo que está bien sin tener que estar buscando fuera de nosotros una lista de reglas que nos indiquen cómo comportarnos.

Las doctrinas y dogmas del pasado serán destruidas pero no así nuestra creencia en Dios. Las doctrinas y los dogmas serán sustituidos por la verdadera fe, en nosotros mismos y en nuestro conocimiento. No diremos que tenemos fe porque alguien nos lo dice, tendremos fe porque sabemos por nosotros mismos, lo que es real, lo que es verdadero y lo que no lo es.

Estamos acercándonos cada vez más a ese pueblo global tan anunciado, a una sociedad unida que no estará dividida por *ismos*— comunismo, socialismo o capitalismo.

El Nuevo Milenio es la época para que nosotros toquemos y seamos tocados por las estrellas. Es el tiempo para que nosotros nos lancemos dentro de nosotros mismos y más allá de nosotros mismos. Es la época para una nueva forma de pensar que vaya mano a mano con la Nueva Era, y es inevitable. Es un tiempo para respetarnos uno al otro porque nos conocemos mejor a nosotros mismos. Es la época para zafarnos de la parcialidad y el odio, el tiempo para denunciar el sexismo y el chauvinismo, el tiempo para renunciar a la ambición material y al poder político.

Proteger el ambiente aquí en el planeta Tierra cobra un énfasis e importancia incrementados a medida que nos movemos más profundamente en la Era de Acuario. Los científicos estiman que a los promedios actuales de destrucción los humanos impulsarán a la extinción un promedio de cien especies de plantas y animales *cada día.* ¡Esto es casi mil veces más rápido que el promedio que ha existido desde la historia hasta el presente!

La selva tropical en Brasil en el estado de Rondônia una vez se erguía majestuosamente y sin estropearse en la lujuriosa región sur de las Amazonas, sus árboles de doscientos pies de alto se extendían espesos como una alfombra ininterrumpida de esmeraldas, llenos de los sonidos de la vida salvaje en proliferación. Entonces, en la década de los años 70, los colonizadores barrieron con todo esto, destrozando y quemando enormes áreas en la selva en una carrera desenfrenada por la tierra que trinchó regiones masivas para dar paso a caminos y ciudades. Ahora ha desaparecido una quinta parte de la selva tropical de Rondônia y a ese ritmo presente, toda la selva estará destruida en poco menos de veinticinco años.

En Madagascar se ha extinguido más del 90 por ciento de la vida vegetal original. Los aldeanos en busca de leña y de materiales de construcción en las laderas de los Himalayas y en Haití prácticamente han eliminado los árboles y las selvas que una vez prosperaron allí. Algunos científicos estiman que, independientemente de cualesquiera medidas preventivas que se tomen para evitarlo, por lo menos el 12 por ciento de las aves en la cuenca de las Amazonas y el 15 por ciento de las plantas en América Central y América del Sur morirán.

Y en muchos casos ni siquiera tenemos idea de lo que estamos perdiendo. Las plantas que aún existen están desapareciendo más rápido de lo que pueden descubrirlas los científicos. Como bien dijera el biólogo Daniel Janzen de la Universidad de Pennsylvania en una entrevista concedida a la revista *Time*: "Es como si las naciones del mundo decidieran quemar sus bibliotecas sin siquiera molestarse en saber lo que hay en ellas."

Lo que él quiere decir es que de un estimado de 5 a 30 millones de formas diferentes de vida sobre la Tierra, los científicos solamente han podido clasificar unos 1.7 millones. Sin embargo, aun esa cantidad tan relativamente pequeña ha producido tremendos beneficios. Un aproximado de la cuarta parte de las drogas y medicamentos farmacéuticos que se usan en los Estados Unidos contienen ingredientes que procedieron originalmente de las plantas silvestres. ¿Qué cura queda aún en las selvas esperando ser descubierta, o destruida antes que la conozcamos? Es una literal carrera por la vida, una carrera a la cual se han unido algunos que han sentido la influencia cada vez mayor de una Nueva Era.

Los ya existentes movimientos "verdes" ambientales están proliferando, y la preocupación por las selvas y bosques tropicales continúa creciendo. Ellos saben que la selva tropical sirve como los pulmones de la Tierra, limpiando el dióxido de carbono que tanto los animales como los humanos lanzamos a la atmósfera y espirando constantemente hacia afuera el oxígeno dador de vida que todos nosotros necesitamos tan desesperadamente. Destruir los bosques tropicales significa destruirnos a nosotros mismos, y las personas que han sido tocadas por el espíritu del Nuevo Milenio ya lo han visto así y como médicos ansiosos que se lanzaran para contrarrestar una epidemia mortal igualmente están corriendo para detener la destrucción que está aniquilando los bosques tropicales como un cáncer de rápido crecimiento. Estas personas son verdaderamente los médicos del planeta Tierra en busca de una cura para la destrucción que ya se ha hecho al mismo tiempo que comparten su conocimiento con el resto de nosotros, tratando de enseñarnos cómo evitar una mayor extensión de la enfermedad, procurando enseñarnos cómo evitar el matarnos a nosotros mismos.

Estos son todos los elementos de la influencia de Acuario. De nuevo es una función de la dualidad del aguador. A medida que nos lanzamos para alcanzar los planetas y las estrellas, nos preocupamos más del planeta de nuestro nacimiento. Acuario es un signo de aire y por tanto lo más natural es que nos lancemos al cielo, pero el agua es el sustento de toda la vida en la Tierra y Acuario exigirá que protejamos nuestro planeta natal.

En la mitología griega, Urano era tanto el hijo como el esposo de Gaia, la diosa de la Tierra, o sea, tanto su progenie como su pareja. A medida que Urano, el planeta, vuelva a entrar en Acuario casi al principio del Nuevo Milenio, se renacerá este sentimiento de ser tanto hijos como parejas de nuestro planeta, y también de manera similar renacerá un nuevo espíritu para cuidar la Madre Tierra y trabajar en unión con ella sin destruirla.

Los hijos de la Nueva Era, los que ya han nacido y los que nacerán, tomarán en sus manos estos movimientos ambientales con renovado vigor. Ya se han plantado las semillas de esta revolución, pero a medida que nos movamos más profundamente dentro de la Nueva Era, esta inclinación se convertirá en pasión y la juventud desdeñará la cultura del consumismo para regresar a lo natural y a descubrir el espacio.

Ya existe un precursor de esta tendencia de Acuario. La Fundación Findhorn surgió en 1962 a poco más de un kilómetro del poblado pesquero de Findhorn en Morayshire, al noreste de Escocia. Allí, Peter y Eileen Caddy y Dorothy Maclean establecieron una comunidad dedicada al avance de la religión y a la conservación y preservación del mundo natural. Sus técnicas están fundadas en la necesidad de aplicar los principios espirituales a la vida diaria de mantener comunión con la naturaleza en un nivel espiritual y práctico destinado a preservarla y en aplicar aquellos principios en la construcción de viviendas que sean sanas ecológicamente hablando, desarrollando fuentes renovables de energía, recirculando o reciclando, y aplicando la jardinería orgánica. Al mostrarse exitosas, las técnicas se han adoptado por otras comunidades e individuos alrededor del mundo. Ahora las ciudades principales, desde Seattle hasta Miami, han desarrollado programas de reciclaje destinados a reducir las montañas de desperdicios reusándolos o encontrando nuevos usos para lo que previamente se había descartado como inservible.

A medida que nos pongamos más a tono con nuestro planeta y nuestro lugar en su complejo sistema ecológico, aprenderemos no solamente nuevas formas de cuidar la Tierra sino también nuevas maneras de cuidarnos a nosotros mismos. Al reconocer íntegramente que todos nosotros estamos interconectados con los demás y con nuestro planeta, reconoceremos que cuidar la Tierra requiere también que nosotros no la recarguemos. El dictado religioso de "creced y multiplicaos" ha tenido efectos desastrosos en el ecosistema.

La sobrepoblación es una enfermedad devastadora para la naturaleza y para nosotros. En la vida salvaje, la naturaleza tiene sus propios mecanismos de equilibrios —a veces drásticos— que impiden un crecimiento de población descontrolado. La sobrepoblación de una manada de venados causa su muerte por hambre al faltar los alimentos debido a que esa cantidad excesiva de animales acaba con las plantas que les sirven de sustento. Cuando hay demasiados leones en un lugar aumenta la matanza de otros animales. En estos momentos se altera la delicada cadena de alimentación. Los leones deben separarse, irse a otro lado o morir por falta de comida. Ahora bien, el dilema al moverse es que llega un momento más tarde o más temprano en que no hay donde ir. Este es el problema que enfrenta la humanidad. Hemos usado nuestra inteligencia para derrotar la mayor parte de los equilibrios y controles que ocurren naturalmente sólo para encontrarnos a nosotros mismos destruyendo el mismo corazón del sistema— ¡nuestro propio planeta!

La única respuesta es utilizar nuestra inteligencia para derrotar este resultado final controlando nuestro crecimiento de población. Las prohibiciones religiosas sobre el control de la natalidad se deben considerar a la luz de una nueva realidad. Impedir la concepción mediante medios artificiales no se debe considerar más como algo sacrílego, sino sagrado. El freno y control en cuestiones de procreación es en este sentido la más profunda expresión de amor fraternal y compasión por toda la humanidad porque es un empeño personal para proteger nuestro planeta y sus habitantes. Controlar el crecimiento de la población humana asegura abundancia para todos y garantiza la supervivencia de la Tierra. Es moralmente equivocado actuar como si nosotros estuviéramos separados de la naturaleza y de la Tierra, y nuestros líderes religiosos también tendrán que reconocer que el mandato bíblico de fructificar y multiplicarnos está encaminado a ser aplicado en su sentido espiritual, no físico, y que el mandamiento "No matarás" también se aplica a nuestro planeta, la Tierra y a todo lo que vive en ella.

A medida que nuestra conexión e interconexión con la naturaleza y con los demás se vuelva cada vez más clara en el Nuevo Milenio, la medicina también cambiará. Desecharemos las formas anticuadas de medicinas descubriendo que primero nos enfermamos en nuestras almas, entonces en nuestras mentes y después en nuestros cuerpos. En nuestra nueva comunión con la naturaleza, encontraremos curas para las enfermedades en plantas y hierbas hasta ahora desconocidas. Nos volveremos socios con nuestros médicos en el cuidado de nuestra propia salud, llevando a nuestros corazones los conceptos globales de preservación, de impedir la destrucción antes que ocurra, de curarnos a nosotros cada día antes de que nos enfermemos.

En la Era de Piscis, la era de esto o lo otro, exaltábamos la ciencia por su propia esencia, como la salvadora de la raza y del planeta. Al abrazar solamente la ciencia intentamos matar a "Dios" o al menos el concepto de Dios. La ciencia tenía una explicación para todo y retaba nuestras creencias religiosas más básicas a medida que un descubrimiento iba reemplazando a otro, y los científicos daban explicaciones cada vez más completas de todos los fenómenos naturales. La ciencia, sin embargo, es un arma de dos filos que se esgrime tanto para aprobar como para desaprobar, o para exigir un nivel de prueba más alto para las cuestiones del espíritu que para lo puramente físico. Recordamos a Sir Isaac Newton como el padre del cálculo diferencial, el descubridor de la ley de la gravedad y el fundador de la física newtoniana, pero ningún científico puro de hoy día quiere que le recuerden que Newton era un ferviente creyente en la astrología basada en los principios de Johannes Kepler, y cuando se lo menciona inmediatamente lo descartan como una excentricidad de un genio, de la misma manera que Albert Einstein nunca se preocupaba por peinarse.

Sin embargo, hoy día, los científicos están regresando a un sentido de fuerza que está más allá de nuestra capacidad para medirla, más allá de sus experimentos. Debe ser así en este momento específico porque Acuario es tanto el signo de la tecnología como de la espiritualidad. La Era de Acuario es el tiempo para la integración de la ciencia y la espiritualidad, para la reconciliación de la ciencia y de la religión.

Por ejemplo, la mayoría de los astrónomos y físicos de hoy día aceptan que el universo nació en un instante explosivo único a partir de un punto infinitesimal pequeño de energía. Lo llaman la teoría del "big bang". Después de la explosión inicial tomó cientos de miles de años para que los primeros átomos se formaran y entonces el universo se enfriara lo suficiente hasta que los fotones lograran escapar radiándose por todo el universo y bañándolo con luz. Ese es el momento en que la Biblia se refiere al Creador diciendo "Hágase la Luz". Miles de millones de años después, los científicos dicen que la primera generación de estrellas agotaron la mayor parte de su combustible de hidrógeno. Algunas de ellas se destruyeron y explotaron creando los elementos más pesados como el carbono, oxígeno, hierro y uranio, la materia de la cual está hecha la vida. Estos elementos básicos conforman cada forma conocida de vida en el universo, incluyéndonos a nosotros mismos. Somos una parte viviente, respirante, del universo conectados con el mismo en formas que aún no entendemos.

"Estamos hechos literalmente de polvo de estrellas," dijo el astrónomo George Smoot del Laboratorio de Ciencia del Espacio de la Universidad de California y autor de *Arrugas en el Tiempo*.

Esto es lo que sabemos, pero de dónde surgió ese primer punto de intensa energía— qué desató su fuerza para que hiciera explosión hacia afuera sobre billones de años luz de espacio, qué liberó su fuerza para que evolucionara a través de billones de años hasta que se convirtiera en un sistema intrincado interconectado de planetas y estrellas, qué brillante diseño pudo prever los patrones de desarrollo que produjeran una estructura tan compleja como la de los seres humanos. Los científicos no pueden explicar o no se sienten cómodos explicándolo porque requiere que lleven sus teorías y sus hechos a la posibilidad de que una fuerza suprema más allá de sus explicaciones haya echado todo a andar— para un objetivo, un propósito.

En su libro *Arrugas en el Tiempo* Smoot escribió, "Al enfrentarnos a esto, la pregunta final reta nuestra fe en el poder de la ciencia para encontrar explicaciones de la naturaleza ¿Es aquí entonces donde termina la explicación científica y Dios toma la palabra?"

En esta síntesis de ciencia y espiritualidad en la Era de
Acuario la tecnología hace explosión. Acuario y los acuarianos,
aman la tecnología. No es nada sorprendente pues que las computadoras se hayan convertido en la influencia dominante hacia
finales del siglo XX, acentuando nuestra capacidad para el
conocimiento y conectándonos en el sentido acuariano de
unidad que reduce las fronteras y nos lleva cada vez más cerca al
concepto de Marshall McLuhan de un pueblo global. Estamos
interconectados mediante computadoras en una red que se
extiende por el mundo y nos acelera dentro de la Revolución de
la Información, facilitando nuestro acceso al conocimiento y
empujándonos a redefinir nuestras estructuras sociales, políticas
y económicas. Estas mismas máquinas que hicieron posible que
los hombres caminaran sobre la Luna y tomaran sus primeros
pasos tentativos en la exploración de las estrellas están abriendo
su camino más allá de nuestros negocios, en nuestras escuelas y
nuestros hogares.

Hoy día tanto las personas mayores como los pequeñuelos
hablan de "meterse dentro del Internet" dejando que sus computadoras les lleven a dondequiera que sus imaginaciones
deseen ir.

A medida que crezcan las conexiones y aumente el acceso a las
computadoras hasta que virtualmente cada mujer, hombre y niño
las utilice, estaremos cruzando el planeta tan fácilmente —más
fácilmente— de lo que ahora cruzamos una calle. Conoceremos
a nuestros vecinos en Bangladesh así como conocemos nuestro
vecindario inmediato. Y descubriremos que nuestras diferencias
se reducen a medida que crezca nuestra conciencia global. Este es
el enlace natural de la tecnología y la humanidad, el de traer una
unidad cada vez más en aumento. La Revolución de la
Información entonces es solamente eso: una manera revolucionaria de obtener información, una manera revolucionaria de
utilizarla. Se nos ha dicho que el conocimiento es poder, y la

búsqueda del conocimiento en la Era de Acuario nos dirigirá a concentrar el poder dentro de nosotros mismos y ayudarnos a creer en nosotros mismos.

Mientras los niños se acostumbran a las computadoras en el aula, los métodos anticuados de educación serán descartados. Los conceptos que se consideraban fundamentales enseñar en años pasados, se vuelven arcaicos, obsoletos, y se derrumban. El verdadero conocimiento no se le da a nadie por ninguna otra persona sino que cada cual lo gana por sí mismo. El conocimiento verdadero implica pensar acerca de lo que sabemos, más que una simple acumulación de hechos. Por ejemplo, qué es más importante— ¿saber que la Inquisición duró oficialmente desde el 1283 hasta finales del siglo XVI y de manera no oficial unos cuantos años después, o saber que pervirtió a la filosofía cristiana como una forma de ejercer poder?

El avance de la tecnología y el acceso a la información ayudarán que el verdadero conocimiento sea más posible para todos. Y el paso acelerado de los avances tecnológicos nos liberará para que podamos buscar aún un conocimiento superior. Nuestras aulas se moverán hacia afuera, a los jardines donde se considerarán y aplicarán los conceptos, y las paredes asfixiantes de las escuelas darán lugar a un regreso a los institutos al aire libre de Aristóteles. Dedicaremos más tiempo a encontrar los talentos naturales de cada individuo en vez de obligarles a retener millares de fechas que nunca más usarán y descubriremos la alegría de aprender una vez más.

Pero nuestras mentes no solamente se expandirán con lo que ahora consideramos ser el conocimiento. En el Nuevo Milenio, la Era de Acuario, nuestros poderes mentales se expanden en formas que solamente hemos atisbado en el pasado. Neptuno reina sobre el tálamo y los procesos mentales y nerviosos. Plutón está asociado con las fuerzas creadoras y regeneradoras del cuerpo así como el inconsciente. Sagitario significa la expansión y la "mente superior" de los seres humanos. Acuario y su regente, Urano, están asociados con los cambios físicos y el intelecto. Las percepciones extrasensoriales, las proyecciones astrales, la telepatía y la clarividencia —todas formas de parapsicología— se desarrollan felizmente con nuestras capacidades expandidas. Lo que parecía maravilloso o imposible antes, ahora se posibilita en la Nueva Era. Los no creyentes se ven obligados a creer a medida que sean testigos de lo que antes parecía increíble. Las conoceremos como leyes naturales, que hoy día, debido a que áun no las entendemos, las llamamos poderes ocultos, místicos, o las atribuimos a fuerzas fuera de nosotros mismos.

Si todo esto parece demasiado lejano piensa cuantos "milagros" ya han ocurrido. ¿Quién, hace poco menos de un siglo, pudiera haber siquiera imaginado que los seres humanos íbamos a caminar sobre la cara de la Luna o pasar períodos extendidos de tiempo flotando por encima de nuestra atmósfera, orbitando la Tierra en estaciones espaciales? ¿Quién en tiempos de Abraham Lincoln hubiera imaginado que pudiéramos sustituir un corazón humano enfermo con uno mecánico, extendiendo así la vida de una persona previamente condenada a muerte? ¿Y quién, tan recientemente como en la época del la Prohibición, hubiera imaginado que íbamos a dominar el poder del átomo para producir la bomba más destructiva y devastadora de la historia humana? ¿O usando esta misma fuerza como combustible encender metrópolis enteras de millones de habitantes? ¿O usando un rayo de luz —el láser— efectuar operaciones de cirugía microscópica?

Todo esto habría parecido imposible a un ser humano hace unas pocas décadas. Tomemos una persona de esa época y transportémosla al presente y va a gritar miles de veces al ver cosas que consideramos mundanas: "¡Es un milagro!" Por supuesto, todos estos son avances tecnológicos, pero los humanos han evolucionado igualmente más allá de las capacidades de sus antecesores. Nuestra expectativa de vida hoy día es casi dos veces lo que era hace un siglo o dos. Los seres humanos corremos más rápidos y saltamos más lejos que lo que antes hacíamos, lo que queda comprobado cada vez que una marca olímpica es superada por otra, y así continuará. La suma del conocimiento promedio individual de cualquier niño de hoy en una sociedad desarrollada es mucho más amplia de lo que podría considerarse el de un adulto promedio en sociedades avanzadas hace 150 años.

¿Es entonces demasiado visionario creer que nuestra evolución va a continuar y que nuestros poderes mentales se expandirán en formas que ni siquiera hoy podemos imaginar? No ciertamente.

La expansión explosiva de lo que hoy se conoce como nuestra capacidad paranormal se evidencia en la disposición de las estrellas para la era entrante, e inclusive en la Biblia en Joel 2:28 está escrito que "sucederá después que derramaré mi espíritu sobre toda carne, tus hijos y tus hijas profetizarán, tus viejos tendrán sueños, tus jóvenes verán visiones".

El tiempo ha llegado.

El católico devoto, médico experto, e inigualado profeta Nostradamus también previó un desarrollo increíble de nuestras capacidades en el Nuevo Milenio. Aplicando lo que él llamó la ciencia celestial, Nostradamus predijo una era de iluminación, en que la ciencia y la religión se unen y la gente es capaz de liberar su Ser interno y abrirse para los poderes superiores y los niveles más altos del universo.

En su francés nativo, Nostradamus escribió que "la palabra divina dará a la sustancia lo que contiene el cielo y la tierra, el oro oculto en el hecho místico. El cuerpo, el alma y el espíritu son todos poderosos. Todo está debajo de sus pies como el asiento del cielo."

Aunque oscurecidas para evitar las persecuciones de los Inquisidores durante su vida, sus palabras se interpretan ya hoy día como una insinuación de que la fuerza divina derrama conocimiento e iluminación hacia abajo, hacia la Tierra y su gente. Los descubrimientos que se han puesto a la disposición de todos estimulan el desarrollo de los poderes mentales. Todo parecerá posible en el clima de una mayor unidad de la mente, alma, cuerpo y emociones. La gente estará en condiciones de manipular las fuerzas básicas del universo en una forma que parecerá más que fantástica para quienes no estén envueltos en ellas.

Nostradamus también predijo un gran "Tiempo de Tribulación" hacia el final del milenio, un tiempo de destrucción y de gran guerra. Que todo esto vaya a pasar es probable no solamente por la exactitud de sus profecías sino también por el alineamiento de los planetas en ese momento. Las fuerzas destructivas de Plutón, que ahora hace el lugar para la renovación destruyendo todo lo que ha existido, se magnifica en Sagitario y continuará haciéndolo a medida que crucemos al Nuevo Milenio. En la visión de Nostradamus, de lo que habría de ocurrir, habría grandes terremotos que henderían la Tierra en seis o diez horas, y el océano se levantaría para tragar ciudades enteras y convertir a naciones en islas. Pero independientemente que el peor de los eventos ocurra o no, Nostradamus también vio que habría un gran renacimiento espiritual en todo el mundo.

Los individuos renunciarán a las falsedades del materialismo y buscarán más dentro de ellos mismos. Después que se restaure la comunicación, la gente llegará junta a este conocimiento y habrá un gran renacimiento de la filosofía que une las religiones occidentales y orientales. Habrá un movimiento mundial que mantenga en alto la Verdad como todos la percibimos, tal y como se espera en la Era de Acuario. Esta época de sanación introducirá una edad espiritual más madura y la gente será capaz de sanarse a ellos mismos, y al mundo.

También, ateniéndonos a lo que presagia el alineamiento de los planetas para el Nuevo Milenio, Nostradamus predice que se destruyen las instituciones del pasado, incluyendo las poderosas religiones de la Era de Piscis. "Los templos consagrados a la antigua moda romana," escribió, "expulsarán las fundaciones quebradas, tomarán las leyes humanas primarias, arrojarán fuera de sí casi todos los cultos de los santos."

Algunos también interpretan sus palabras como una insinuación de que los aspectos femeninos de Dios que hemos ignorado, descartado y envilecido durante toda la Era de Piscis, ahora volverán a ser nuevamente reconocidos y reverenciados. Esto también es un regreso a las eras primarias de la humanidad, y las sociedades antiguas en las que se rendía culto y se adoraba el aspecto femenino de Dios.

Durante la era patriarcal de Piscis el aspecto femenino fue suprimido y reprimido. Ahora la sociedad se pondrá en paz con la divinidad de los aspectos tanto masculinos como femeninos de la Madre Tierra y del Padre Cielo, del yin y del yang y de la síntesis de las energías para una concepción más balanceada del mundo.

Siguiendo al tiempo de la tribulación también habrá una "revolución verde", en parte para reclamar las tierras dañadas hacia el final del siglo y como continuación de los movimientos ecológicos actuales. La gente vivirá en familias extendidas más allá de las familias nucleares de hoy día, y sus comunidades serán conscientes de la Tierra y de la ecología.

Unos momentos antes de su muerte, al entrar en una especie de trance, el gran escritor ruso Liev Tolstói también habló de un tremendo cambio que llegaría en algún momento en el futuro. "Veo el espectáculo cambiante del drama mundial en su forma presente, como se desvanece como el resplandor de la tarde en las montañas," dijo. Habló de una "guerra de clases en América", seguida por "un tiempo cuando el mundo no tendrá uso para los ejércitos, las religiones hipócritas y el arte degenerado".

Pero tiempo de la tribulación en sí misma, un tiempo apocalíptico, ya está aquí. Nostradamus era más específico, hasta un grado. Dijo que "habría plagas, hambrunas, muerte a manos de militares (a medida que) el siglo se acerque a su renovación." Y después inclusive insinuó que el tiempo en el que "vendrá un hombre para hacer la guerra" sería cuando Marte y Mercurio estuvieran en conjunción con Piscis, lo cual ocurrió el 23 de marzo de 1996. ¿Habrá llegado ya el creador de la guerra? ¿O se habrá escondido en algún lugar secreto, oculto de nuestras miradas, justamente para haber comenzado las acciones que nos conducirán a la guerra en el futuro próximo?

Independientemente o no que todos los horrores predichos por Nostradamus vayan a ocurrir, estamos ciertamente en el tiempo de la destrucción total de lo viejo, antes del tiempo del renacimiento. Es una época de terremotos causados por las conjunciones catárticas de los planetas que ejercen su atracción poderosa sobre la Tierra. Si la pequeña Luna, el único satélite de la Tierra, con su minúscula fuerza gravitacional, puede mover océanos para hacer que las mareas suban y bajen alrededor del mundo, imaginemos la fuerza de estos planetas sobre la Tierra combinando la fuerza magnética de sus campos gravitacionales.

Pero el tiempo de tribulación no llega solamente por el puro efecto de la gravedad. En términos astrológicos vivimos en el momento en que Plutón, el inaplacable dios romano de la muerte, el gran destructor, el planeta que rige sobre el crimen y el submundo, se combina con la influencia expansiva de Sagitario, y Urano, el planeta de los levantamientos y la revolución, entra en su lugar celestial de soberanía, en Acuario. Así, se vaticina el potencial para que aumente el crimen y la violencia en las calles, los suicidios colectivos por seguidores de cultos fatalistas y apocalípticos, la rebelión, revolución y hasta la guerra por la increíble orientación celestial de los planetas.

Habrá sangre y es necesario que la haya para que comience el renacimiento, pero no necesitamos temer. No hay nada que podamos hacer para impedirlo, pero de la misma manera que aprendemos a utilizar las estrellas en nuestros horóscopos como mapas, guías para que iluminen nuestro camino y podamos evitar el peligro y extraer el máximo de nuestras vidas, así también podemos aprender a reconocer los lamentos mortales de la vieja era por lo que son, verlos venir y prepararnos a nosotros mismos para ir más allá de ellos hacia la era dorada de paz duradera que sigue.

4

La muerte de la vieja era

Los caminos equivocados, las ideas torcidas, todas las energías negativas se exageran en los años finales de un milenio y el comienzo de otro nuevo. Son como los estertores agónicos de un animal moribundo que se retuerce sobre sí mismo, contorsionándose contra el dolor, rehusándose a morir pacíficamente, liberando en su rabia todo lo grotesco. Al igual que con el animal, todo lo peor de la era se magnifica en un relámpago final de furia. Lo despreciable, lo reprensible, lo aborrecible y toda la vileza hierven emergiendo hacia la superficie para concentrarse en lagunas venenosas antes que se sequen por la llamarada de la era entrante.

Cada era de la Tierra comienza con un evento revolucionario, evolutivo y termina con un cataclismo, un evento apocalíptico. Cristo nació, señalando el inicio de la Era de Piscis; a Cristo lo mataron mientras que los defensores de la era previa, la Era de Aries, rabiaban contra su muerte. El Imperio Romano se hundió en el libertinaje y en espectáculos violentos. Los nuevos cristianos fueron enfrentados con los leones en el Coliseo, y Nerón, quien instituyó la persecución de los cristianos, tocaba el violín mientras la Era de Aries se quemaba.

El evento que señala el fin de la Era de Piscis, los últimos días del Sol de la Era de Piscis, ocurrió el 6 de agosto de 1945 en

Hiroshima, Japón. Se había gestado unas tres semanas antes, cuando la primera bomba atómica se detonó en una explosión experimental en el desierto de Nuevo México. Al mirar su poder destructivo el científico Robert Oppenheimer citó estos versos del Bhagavad-Gita: "He llegado y soy la Muerte." Pero el usar la bomba contra los japoneses —en un impacto explosivo que mató o hirió a más de cien mil personas— fue el peor acto aislado de violencia en la historia humana, el momento supremo de destrucción de hermano contra hermano, y chilló ruidosamente con un alarido la muerte de la Era de Piscis. Fue el suceso culminante que señaló el cierre de la era, lo peor que la era podía desatar, pero de la misma manera que el clímax de una película ocurre poco tiempo antes de su fin, así también ocurre con el clímax y el final de la era de Piscis. La violencia y el sufrimiento que vemos alrededor de nosotros es lo que queda de la era, antes que penetremos en la Era Dorada de Paz y Unidad.

La totalidad de la Era de Piscis se yergue como una era de contrastes, del contraste entre las fuerzas opuestas, de la batalla entre el bien y el mal, lo negro y lo blanco, la izquierda y la derecha. Comenzó aproximadamente por la época del nacimiento de Cristo y, al igual que con cualquier otra era, la esencia de su signo modeló la esencia de la era.

Piscis es el signo del pez gemelo del zodíaco. Las características de Piscis son la humildad, la compasión, la simpatía, la espiritualidad y la sensibilidad. Pero tiene dos lados, dos pies plantados firmemente. Divide entre lo feo y lo bonito, lo bueno y lo malo, los negros y los blancos, los romanos y los cristianos. Piscis, naturalmente, es un signo de agua, y la era fue la era del mar cuando los europeos enviaron sus barcos a través del océano embarcando sus velas hacia el Nuevo Mundo en viajes de descubrimiento y conquista. Así, se convirtió en la era de la conquista por el mar, de los conquistadores dominando a los nativos del Nuevo Mundo.

Sin embargo, no existe un movimiento más importante en la era que la fundación y el desarrollo de la cristiandad. El símbolo del pez se convirtió en el símbolo de la nueva religión, pintado en las catacumbas de los primeros cristianos. Cristo era llamado "pescador de almas" y se reveló a sí mismo a sus discípulos con el milagro de los peces. Y, a través de sus enseñanzas, Cristo exhibió los rasgos más positivos de Piscis, la humildad, la compasión, la simpatía. Pero Piscis también es el símbolo del martirio y del dolor, como se puede ver en el mito que existe detrás de la constelación. Según la mitología romana, Venus y Cupido, aterrados por el gigante Tifón, se arrojaron ellos mismos dentro del río Eufrates y se convirtieron en peces.

Cristo por supuesto se convirtió también en un mártir haciendo el sacrificio final de la humanidad, o sea, dar su vida en la cruz. Sin embargo, aunque el nacimiento de Cristo y la religión que se fundó en su nombre era pisciana, el mismo Cristo era acuariano por naturaleza. Los acuarianos por naturaleza son iconoclastas, rompedores de reglas, rebeldes, idealistas independientes que sin pensarlo mucho van en contra de los códigos de las culturas conformistas. Cristo, quizás más que cualquier otro en nuestra historia fue obviamente un rebelde que transgredió las reglas de su tiempo en nombre del idealismo, la humanidad y la compasión. Escogió bien el día de su entrada en la ciudad de Jerusalem, el día de la Fiesta de la Pascua Judía, produciendo la reacción que iba a conducir a su crucifixión.

El signo real del nacimiento de Cristo todavía se debate mucho. Nadie sabe exactamente el año en que nació, y mucho menos el día. Aunque celebramos su nacimiento el 25 de diciembre, nadie sabe verdaderamente el día de su celebración. La Navidad parece haber sido escogida para que coincidiera con los antiguos festivales de las bacanales romanas, o con celebraciones aún más antiguas, las de la celebración del solsticio de invierno, el cambio de la estación del otoño al invierno. Es más aún, basados en nuestros conocimientos de los eventos astronómicos que pudieran explicar la brillante Estrella de Belén, se han esgrimido argumentos en los que se sostiene que Cristo pudo haber nacido los primeros días de abril, lo cual lo haría un ariano. Aunque algunos pudieran argüir que el carácter fuerte, a veces belicoso de Aries no encaje bien con su carácter humilde y pacífico, también se pudiera alegar que su espíritu de pionero y su coraje emanan del los rasgos más positivos de Aries. Aries es el portador de la antorcha de las nuevas ideas, dispuesto a correr riesgos, a nuevas empresas, a dirigir.

De igual manera, Siddharta Gautama, el Buddha, era ariano por nacimiento, pero con un alma acuariana, cuya misión de traer paz e iluminación al mundo antecedió a la llegada de Cristo unos quinientos años antes. Buddha o Buda, que en idioma sánscrito significa "el iluminado", era el hijo de un gobernante de un pequeño reinado. Se crió en un lujo protegido, pero a la edad de 29 años se dio cuenta de lo vacío de la vida que le había sido dada a conocer y se lanzó en una jornada, una búsqueda para encontrar la iluminación. Su descubrimiento y sus subsiguientes enseñanzas le pusieron en conflicto con la religión dominante de su tiempo, el hinduísmo, ya que el Buda creía que todos podían ser admitidos independientemente de su casta.

Después de su muerte, las diferentes interpretaciones de sus enseñanzas hicieron surgir diferentes escuelas de pensamiento contradictorias. Por el momento aproximado del nacimiento de Cristo y el inicio de la Era de Piscis, la doctrina del budismo mahayana ya se había desarrollado y aunque nadie conoce los nombres de sus fundadores, se convirtió en una de las más potentes filosofías. En ella, el Buda humano que caminó por la Tierra reuniendo seguidores y fundó la religión era la encarnación corpórea de la naturaleza del Buda, similar al "Hijo de Dios" en la cristiandad. Y a medida que el budismo comenzó a expanderse en el mundo, sus seguidores se convirtieron en sujetos de persecución al igual que los cristianos, una y otra vez.

Mucho más tarde, en la segunda mitad de este siglo final del milenio, Bhagwan Shree Rajneesh se presentó como un transgresor de lo que existía entonces para iluminar el camino al Nuevo Milenio. Bhagwan, quien en los últimos años fue llamado Osho, nació en Kuchwada, Madhya Pradesh, India, el 11 de diciembre de 1931. A la edad de 21 recibió la iluminación y comenzó a desarrollar sus técnicas de meditación dinámica que conducirían a un "Nuevo Hombre". Su mensaje, decía, era "una ciencia de transformación", su propósito "fundir todos los sistemas de pensamientos... de modo tal que una nueva clase de calidez rodeara a la Tierra". Retó abiertamente a los líderes religiosos a debates públicos y fue objeto constante de amenazas de muerte. Su intento de construir una comuna en el desierto de los Estados Unidos, un oasis en el medio de la esterilidad, trajo antagonismo de otros grupos y tuvo que retirarse después de cuatro años. Sus seguidores dicen que él nunca murió sino que "dejó su cuerpo" el 19 de enero de 1990.

Buda puede bien haber sido un acuariano en naturaleza enviado a iluminar el camino para las futuras generaciones y Osho llegó mucho después, pero es el nacimiento de Cristo el que señala el inicio de la Era de Piscis. Las enseñanzas de Cristo manifiestan las características piscianas de humildad y compasión, pero tanto sus enseñanzas como su sacrificio fueron pervertidos repetidamente convirtiéndolos en armas para la extorsión y la intimidación, a medida que la Era de Piscis mostraba su lado oscuro. Los Cruzados pelearon "Guerras Santas" en el nombre de la Iglesia. Los americanos nativos que no quisieron convertirse a la nueva fe o adoptar la religión del Viejo Mundo fueron quemados en hogueras por los sacerdotes españoles. Estos fanáticos llamaban evangelización a esto que hacían, pero era en efecto un intento para destruir una religión que estaba fundada en un contacto auténtico entre la gente y Dios, entre la gente y la naturaleza. Aquellos que vivían en aquella pureza, en aquel contacto, en aquella fraternidad, fueron atacados por los recién llegados, esclavizados y forzados a abandonar sus tradiciones y creencias.

A los conquistadores les motivaba la codicia y buscaban la aventura en las tierras recientemente descubiertas en occidente. Para ellos, la búsqueda del oro justificaba sus atrocidades, su crueldad y sus traiciones. Su patria estaba relativamente fresca de las guerras con los moros, las guerras por la Tierra Santa, en una pelea bien definida de blancos contra negros, ambos peleando en el nombre de Dios. En lugar de ver sus costumbres como los dos lados de la misma moneda y en vez de escuchar los mismos preceptos de su propia religión y sus amonestaciones en contra del asesinato, tanto los moros como los cristianos pelearon en cruzada tras cruzada por el control de Jerusalén y sus tierras adyacentes. Dos siglos después cuando los conquistadores lanzaron al mar sus embarcaciones, estábamos en los últimos días de la Inquisición, aún llenos de un fervor religioso que permitía grandes abusos del mensaje de Cristo, que permitía grandes inhumanidades en el nombre de Dios.

A medida que ponían sus pies en las tierras frescas, y para ellos vírgenes, del Nuevo Mundo, se enfrentaban cara a cara con una cultura que tenía sus deidades en la naturaleza y en los cielos. Los reyes mayas eran los representantes terrestres de los dioses gobernando con gracia divina. La astrología maya era una ciencia y arte muy avanzada con un calendario mucho más preciso que el que traían aquellos que venían a conquistarles.

En efecto, la mitología maya hablaba de la llegada de hombres por el mar, pero erróneamente les confería la condición de dioses. Y a pesar de los esfuerzos de los mayas para extender toda su hospitalidad y cortesía a los recién llegados, los conquistadores mostraron muy pronto su codicia bestial por las riquezas y su inclinación a la violencia al agredir a sus anfitriones y abrir el camino para la ola de brutalidad que les seguiría.

Cada signo tiene dos caras: la positiva y la negativa. Piscis se caracteriza por la humildad y la espiritualidad, el desapego de las cosas mundanas. Los conquistadores ejemplificaron arrogancia y avaricia. Siguiendo esta ola los Peregrinos y Puritanos, ambos, mostraron los excesos de la Era de Piscis al expulsar a los americanos nativos de sus tierras y después lanzar la infame cacería de brujas.

Esto último es una extensión natural del concepto pisciano del bien y del mal, de la dominación y la subyugación— ya bien sea de un pueblo o de una pasión. Cristo habló de amor eterno, las iglesias hablaron de pecado eterno. Cristo habló de salvación, las iglesias hablaron de condenación. El énfasis pasó de hacer el bien por el bien, a hacerlo para evitar quemarse por toda la eternidad en las llamas del infierno. Se nos enseñó que podíamos purificar nuestras almas castigando nuestros cuerpos. En su momento más frenético, se le dio menos importancia al bien, que a evitar el mal a toda costa.

Esto no es para condenar a las iglesias ni a las religiones organizadas, pues todas han hecho su parte buena. Si no fuera por la religión ya nos hubiéramos volado a nosotros mismos en una guerra nada más que por la codicia. La religión moderna despertó nuestra espiritualidad, nos dio para que consideráramos conceptos universales del bien y del mal en lugar de una panoplia de deidades para escogerlas como nos guste justificando así nuestras acciones.

Pero el concepto de culpa, de pecado, se convirtió en muchos casos en un instrumento para el poder personal. Los inquisidores lo utilizaron para silenciar aquellos que llamaban herejes, un término que se podía aplicar libremente a cualquiera que quisiera saber algo o cuestionara algo. En 1633 un Tribunal de la Inquisición sentenció al gran astrónomo Galileo a cadena perpetua por defender la teoría de Copérnico que era la Tierra la que giraba alrededor del Sol y no el Sol el que giraba alrededor de la Tierra. Innumerables otros fueron ejecutados o arrojados en prisiones por el "crimen" de diferir con la Iglesia.

Cualquier era tiene sus excesos. Piscis no fue diferente. Cualquier era tiene sus lados buenos, y de nuevo Piscis no fue diferente. Pero es lo malo de la era pasada lo que se va a destruir. Lo bueno se va a transformar en una nueva filosofía de bondad que va a imperar en la Nueva Era.

En la Era de Piscis, las mujeres se vendían como si fueran bienes, se cambiaban por oro, vacas o chivos. Se convertían en esclavas de sus esposos. Se concertaban matrimonios para ganancias políticas para asegurar la paz entre las naciones. Los niños se comprometían desde pequeños, unos con otros desde el momento que nacían, para que sellaran las alianzas de sus padres. Se obligaba a las mujeres a utilizar cinturones de castidad para mantenerlas "puras" mientras sus maridos peleaban en las cruzadas en el nombre del Señor. Algunas culturas inclusive prohibían a las mujeres tener propiedad alguna. Y no fue hasta este siglo que se les concedió a las mujeres el derecho a votar por sus dirigentes en los Estados Unidos, uno de los países más progresistas del planeta.

Piscis fue una era patriarcal en la que los hombres mantenían un dominio absoluto sobre las mujeres. Los votos del matrimonio hasta hace muy poco contenían las palabras "hombre y esposa" en lugar de un término que hubiera conferido algún sentido de igualdad o de sociedad. Las mujeres llevaban la culpa del Pecado Original, porque de acuerdo con la Biblia, fue Eva, seducida primero por la serpiente en el Jardín del Edén, quien sedujo a su vez a Adán, causando con esto su expulsión del Paraíso.

En la Era de Piscis los hombres tomaban las decisiones y las mujeres obedecían. Hasta hace muy pocos años en los Estados Unidos, la ley obligaba a las mujeres a ejecutar "sus deberes de esposa" de complacer a sus maridos, lo que quería decir que ellas tenían que estar disponibles para proporcionarle placer a su esposo cada vez que el hombre del matrimonio quisiera satisfacer sus deseos sexuales. Pero al mismo tiempo, una mujer que demostraba mucho placer en el acto sexual, en culturas más estrictas, era considerada una prostituta. En la mayor parte de la Era de Piscis a las mujeres ni siquiera se les había dado control sobre sus propios cuerpos.

También, bajo la influencia de Piscis, las viejas religiones que reverenciaban a la diosa Madre de la Tierra, que producía frutos y acunaba a la humanidad en sus tierras fértiles, fueron aplastadas bajo la presión patriarcal de las religiones modernas y sus conceptos de "Padre Nuestro que estás en los cielos." No se hablaba de la Madre Cósmica. Los pintores pintaban a Dios como un viejo sabio y anciano con una barba tupida y la iluminación santa brillando en sus ojos.

Esta filosofía de la superioridad masculina se convirtió en la justificación para subyugar a las mujeres, para convertirlas en ciudadanas de segunda o tercera clase en lugar de socios iguales en la vida. Los católicos continúan impidiendo que las mujeres entren al sacerdocio. Se les permite, cuando más, convertirse en monjas, esposas espirituales de Jesucristo, sirvientes del hombre en la sotana. La Inquisición ha desaparecido, pero su sentido asfixiante de control del ser permanece y las mujeres son sus víctimas.

Pero Dios no es ni hombre ni mujer. Las limitaciones del idioma nos obligan a describir este ser supremo en términos genéricos, pero su esencia se extiende mucho más allá, abrazándolo todo. Dios es la unión de toda la energía en el universo, femenina y masculina, yin y yang.

La Era de Piscis también tuvo su efecto positivo. Trajo un despertar de la espiritualidad. Trajo religiones basadas en los conceptos de fraternidad y compasión. Nos dio los trabajos de arte magnífico y de arquitectura majestuosa. Nos dio arte inventivo, arte creador, arte sublime. La misma iglesia que trató de controlar tan rígidamente cada aspecto de la vida de las personas abrió el camino para el gran arte del Renacimiento, para que Miguel Angel pintara el techo de la Capilla Sistina.

Las religiones de la Era de Piscis también promovieron grandes actos de caridad. Los sacerdotes trabajaron entre los leprosos cuando nadie lo hacía. La Madre Teresa trabaja entre los hambrientos y enfermos más pobres de la India.

Y ahora, a medida que pisamos la Era de Acuario, los buenos principios de todas las religiones serán preservados y expandidos en esta era dorada de espiritualidad. Los mensajes hermosos y profundos del pasado florecerán en la nueva conciencia de la humanidad. Las mujeres tomarán su lugar al lado de los hombres como iguales, la discriminación, ya bien sea por causa de raza o de clase social, será eliminada.

Pero el desafío para que las religiones se adapten a los cambios en la gente, a que reconozcan que el significado de los libros sagrados está abierto para todos nosotros, aplastará la mayor parte de las iglesias más poderosas del mundo y las obligará a cambiarlo todo para siempre.

Según Nostradamus, el Papado Católico en sí mismo no va a sobrevivir la transición. Una razón pudiera ser lo que él describe en una carta a su hijo César, en el inicio de su ahora famosa colección de profecías. En esa carta, Nostradamus escribió que "llega un tiempo para la eliminación de la ignorancia", una referencia obvia al Nuevo Milenio al cual Nostradamus se refería como una era dorada de paz que duraría unos dos mil años.

Aunque Nostradamus era un devoto católico sus profecías no auguran nada bueno para el Vaticano. En su carta al Rey

Enrique II de Francia el 27 de junio de 1558, Nostradamus escribió que "el gran Vicario de la Capa (El Papa) será devuelto a su estado prístino, pero desolado y abandonado por todos regresará al santuario destruido por el paganismo cuando tanto el Antiguo como el Nuevo Testamento hayan sido arrojados fuera y quemados".

Nostradamus no es el único profeta que prevee el derrumbamiento del Papado. Las profecías de San Malaquías sobre la sucesión de los papas desde 1143 hasta el presente han probado ser correctas, aunque él murió en 1148. Nacido como Maelmhaedhoc o Morgair en 1094, Malaquías llegó a ser Arzobispo de Armagh en 1132. En sus profecías Malaquías usó una frase descriptiva para referirse a cada papa, evocando algo sobre el nombre siguiente del papa, sus antecedentes familiares o escudo de armas o sobre el aspecto del período papal como cabeza de la iglesia. El Papa Pio XI (1922–39), por ejemplo, fue señalado con el nombre de *Fides Intrepida* que significa "fe inquebrantable". Visto hoy la forma en que habló tanto en contra de Hitler como de Mussolini y denunció el comunismo, este nombre ciertamente le viene bien. El Papa Juan Pablo II, que había sido Arzobispo de Cracovia, nació el día de un eclipse solar y trabajó una vez en una cantera en Polonia. Malaquías se refiere a él como "De Labor Solis" o el trabajador del Sol.

Se supone que las profecías de Malaquías se extiendan desde el 1143 hasta el "Fin del Mundo", y según ellas solamente quedan dos papas. Malaquías llamó al último "Petrus Romanus", o Pedro de Roma y dijo que "alimentará a su rebaño en medio de grandes tribulaciones después de lo cual la ciudad de las siete colinas será destruida y el Juez juzgará a la gente".

Se cree también que existen aún más evidencias de la inminente caída de la Iglesia Católica predichas nada menos que por la Virgen de Fátima. Tres niños cuyas edades oscilaban entre siete a diez años vieron la aparición de la Virgen María el 13 de mayo de 1917 en las afueras de Fátima a unos 128 kilómetros al norte de Lisboa. La Señora les dijo a los niños que no temieran y que regresaran al mismo día durante los siguientes seis meses. La voz corrió rápidamente y cuando llegó el momento de su tercera aparición había cinco mil personas. En esa visita, la Virgen dijo que la Primera Guerra Mundial iba a terminar pronto, pero que "otra guerra más terrible" iba a ocurrir durante el reinado del Papa Pio XI y que sería precedida por una extraña luz en el cielo. Pio XI no se sentó en la silla papal hasta cinco años después de la profecía, y no fue hasta más de veinte años después que se supo el significado de la extraña luz.

El 25 de enero de 1938 el cielo sobre el hemisferio norte se llenó con una extraña luz carmesí. El *New York Times* dedicó casi una página completa a cubrir el evento. La Segunda Guerra Mundial, por supuesto, se declaró al año siguiente, un poco después de la muerte de Pio XI.

Esta tercera profecía se mantuvo oculta hasta 1942. Los niños no quisieron revelar lo que se les había dicho, pero uno de ellos lo dijo al Vaticano donde se mantuvo en secreto. Aún hoy día, solamente se ha revelado la parte que corresponde a la guerra a pesar de las instrucciones de la Señora que todo debía revelarse en 1960. Existen razones para creer que el resto de la revelación tiene que ver con la destrucción de la Iglesia en algún momento alrededor del año 2000. El 15 de octubre de 1963, un periódico alemán imprimió lo que se dijo era el texto de la profecía: "Para la Iglesia también ha llegado el momento de su gran tribulación. Los cardenales se opondrán a los cardenales y los obispos a los obispos. Satán marchará en su medio y habrá grandes cambios en Roma. Lo que está podrido se caerá para nunca levantarse nuevamente, la Iglesia se oscurecerá y el mundo temblará con terror."

Pudiera ser exacta. En 1909 antes que la Virgen hablara a los tres niños, el Papa Pio X vio la destrucción de la Iglesia en una visión. Cayó en una especie de semitrance durante una audiencia con el Capítulo General de los Franciscanos con su cabeza hundida sobre su pecho por varios minutos. Cuando abrió sus ojos había una expresión de horror en sus ojos.

"¡Lo que he visto es terrible!" dijo. "¿Será conmigo? ¿Será con mi sucesor? ¿Qué hay de cierto en que el Papa dejará Roma y que al huir del Vaticano tendrá que caminar sobre los cadáveres de sus sacerdotes? No le digan a nadie mientras esté vivo."

Que para el Vaticano se aproximan tiempos terribles parece estar predicho muy claramente. Pero todas las religiones estarán forzadas a cambiar o perecer ahora que "llega el tiempo para la eliminación de la ignorancia", como escribiera Nostradamus. Acuario es la era de la sabiduría, en la que no se aceptan las cosas simplemente como artículos de fe, la era de la libertad cuando rehusamos permitir que los dictados que huyen a la luz de la razón nos encadenen.

Hay indicaciones que esto ya está sucediendo.

En un reducido vecindario de Biscayne Park, el sur de la Florida, el Reverendo David R. Simpson indujo a doscientos miembros de su congregación a separarse de la Iglesia Episcopal y unirse a una red nacional de congregaciones carismáticas en febrero de 1996.

Era justamente un ejemplo de una tendencia en aumento en los Estados Unidos, especialmente entre la generación conocida como la de los "baby boomers", la generación cuyos números alimentaron el movimiento en contra de la guerra de la década de los años 60. Más y más protestantes norteamericanos están rompiendo con sus denominaciones tradicionales para unirse con otros de ideas similares en movimientos descritos como evangélicos, carismáticos, fundamentalistas o liberales. Según parece, al decir de los estudiosos de las cuestiones eclesiásticas, muchos entre esta generación encuentran tener menos en común con otros bautistas o presbiterianos, que lo que tienen con otros de cualquier otra religión que comparta valores similares.

La insatisfacción que condujo a lo que Simpson describió como su rebelión y que conduce a muchos más a buscar una iglesia afuera de las agrupaciones más comunes ocurre en un momento cuando varias de estas denominaciones eclesiásticas tradicionales se están sacudiendo con cuestiones de doctrinas muy profundas dentro de sus propias paredes. En el momento de la defección de Simpson, por ejemplo, la Iglesia Episcopal estaba aún considerando si debía o no debía ordenar homosexuales como sacerdotes. Otros estaban debatiendo el lugar de las mujeres dentro de la jerarquía de la Iglesia. La Iglesia de Inglaterra estaba enfrentando el problema de aceptar o no la creencia en la reencarnación.

El hecho que las principales religiones estén enfrentando semejantes desafíos a sus estructuras y doctrinas básicas es un reflejo de la energía en aumento de la Nueva Era que está afectando a sus rebaños. El Nuevo Milenio abre una era de espiritualidad renovada, individual, en la que no estaremos ya más buscando que otros nos interpreten las escrituras, sino que nos conectaremos directamente con el Espíritu Universal y entenderemos el significado de las obras divinas por nosotros mismos.

Pero primero debemos atravesar los días finales de la era moribunda, que al igual que como ocurriera en todas las eras anteriores hará explosión en una concentración de energía negativa, de la cual ya somos testigos.

La Biblia, en el Libro de la Revelación o Apocalipsis, habla en términos apocalípticos, de sangre y pestilencia, de sufrimiento y violencia, de todos los horrores que lloverán sobre la humanidad antes de que los escogidos se puedan colocar junto a Dios en un milenio de paz que reinará después. Muchos interpretan esto como si se estuviera señalando el fin del mundo. Pero no es el fin del mundo sino el fin del pasado. Estos no son conceptos contradictorios. En el simbolismo de los versículos bíblicos, el mundo que conocemos llega a un fin y toda la humanidad se une en paz para traer el *camino* del Cristo a toda la Tierra, trayendo el espíritu del cristianismo fuera del libro y dentro de nuestras vidas. Este es el verdadero espíritu de la Nueva Era, de compasión y cuidado para nuestros hermanos en la Tierra, de fraternidad y unidad y paz, pero antes que llegue se debe purgar lo viejo. La única manera de que puede purgarse es mediante una limpieza de los pecados del pasado y del pensamiento del pasado para abrir el camino a lo que va a ser. Y como afirman muchos creyentes en las escrituras, estos tiempos ya están sobre nosotros.

A medida que el milenio llegue a su fin, a medida que se acorte el camino hacia el nuevo milenio, todo esto se magnificará. El encuentro con un milenio siempre es una época de revueltas, y en estos tiempos mucho más que antes. Ahora el impacto del momento se multiplica porque es el encuentro de 2,000 años de historia con el año 2000— dos veces dos. Plutón, el gran planeta asociado con el crimen y la muerte, ha entrado en Sagitario y permanecerá allí a medida que crucemos al siguiente milenio. El poder negativo de Urano, su rebeldía destructora, induce a la gente a unirse para destruir en lugar de para construir, para imponer sobre los demás en lugar de para tolerar. ¿Es acaso alguna maravilla que el crimen parezca encontrarse en sus propios fueros, sin control, en nuestras calles? ¿Los actos terribles de terrorismo que amenazan nuestras vidas? La estación de la tormenta está sobre nosotros. El doloroso parto cósmico trae perversiones de la mente, perversiones de nuestro pensamiento.

En la Biblia también está escrito que antes del Juicio Final el Anticristo caminará entre nosotros guiándonos en contra de Dios. Ya está aquí, pero no es solamente uno sino muchos. La

palabra *Cristo* procede de la palabra griega *Christos,* una traduc-
ción del vocablo hebreo *mashiach* que significa *mesías,* o el que está
ungido. Hoy los cristianos piensan de Cristo como uno solo, el
único Hijo de Dios. El Anticristo se percibe como alguien que
nos guía contra las enseñanzas de Dios. Pero la palabra en sí
misma es un derivado del término que significa *cualquiera* que
esté ungido. En ese sentido, el Anticristo es cualquiera que tra-
baje contra los caminos de Dios, contra los caminos de la
humanidad y que nos conduzca contra los valores de la paz, la
tolerancia y la compasión que Jesús abrazó, y ahora mismo hay
muchos que están precisamente tratando de hacer esto.

En estos últimos años ha ocurrido una explosión de formaciones sociales enfermizas, de cultos apocalípticos, de separatistas militantes y grupos racistas. Uno de los ejemplos más
recientes y evidentes es el culto japonés de Aum Shinrikyo que
se traduce como Aum Suprema Verdad. La secta comenzó como
una escuela de yoga en 1987 fundada por un místico carismático nombrado Shoko Asahara. En la oscura visión de Asahara
habría un apocalipsis inminente, tan pronto como 1997, y los
esfuerzos gubernamentales para eliminar su movimiento coin-
cidirían con el inicio del fin del mundo. Este apocalipsis, según
las enseñanzas del culto, solamente dejaría tras sí a los
seguidores iluminados de Aum y a una décima del resto de la
población— una creencia errónea, sin embargo, muy conve-
niente para Asahara para divulgar sus esfuerzos en atraer discípulos.

Asahara ahora es sospechoso de haber sido el autor intelectual del ataque con gas de nervios en marzo de 1995 en tres
líneas del tren subterráneo de Tokio que mató a diez personas y
enfermó a miles más. Los relatos de los testigos indican que se
trató de un asalto planeado cuidadosamente. Un hombre, usando grandes gafas de sol, pantalones color café y una máscara
quirúrgica, penetró dentro de un coche del tren subterráneo

portando un objeto rectangular de treinta centímetros de largo envuelto en periódicos. La máscara quirúrgica no llamó mucho la atención ya que Japón estaba en medio de la estación alérgica de la fiebre del heno, pero tan pronto como el hombre se sentó comenzó a manosear el paquete que había traído consigo. En la próxima parada se bajó del coche y dejó el paquete. Unos once minutos después empezó a formarse un charco de agua aceitosa en el piso del coche, a los pasajeros les empezaron a doler la cabeza y los ojos, y el gas cobró su primera víctima, un anciano que estaba sentado al lado del paquete. Cundió el pánico y la gente comenzó a correr. En los próximos 30 minutos ocurrió lo mismo en otras cinco paradas de trenes. Los médicos identificaron la sustancia como el gas nervioso sarin, utilizado por los Nazis para deshacerse de las víctimas de los campos de concentración durante la Segunda Guerra Mundial.

Cuando la policía efectuó una redada en el cuartel general de la secta Aum, después del ataque, encontraron a cincuenta miembros del culto encerrados en pequeños cubículos, todos sufriendo de desnutrición. Muchos juraron que estaban ayunando voluntariamente; seis tuvieron que ser hospitalizados. La policía también encontró toneladas de sustancias químicas tóxicas, incluyendo algunas usadas para hacer el sarin.

Asahara se escondió, pero divulgó dos mensajes radiales. En uno dijo: "¡Discípulos, el tiempo para despertar y ayudarme ha llegado! ¡Ejecutemos el plan de salvación y enfrentemos la muerte sin remordimientos!"

Asahara y sus seguidores no son ni el primero ni el único culto que predica el juicio final y mensajes apocalípticos de muerte. En 1978 el Reverendo Jim Jones, fundador del Templo del Pueblo, condujo a más de novecientos de sus seguidores a un suicidio colectivo. Jones se creía a sí mismo la reencarnación tanto de Jesucristo como de Vladimir Ilyich Lenin y tenía visiones de un holocausto nuclear inminente. El día del suicidio colectivo Jones ordenó a los miembros de su culto que bebieran de un recipiente lleno con Kool-Aid combinado con cianuro y tranquilizantes; después se dio un tiro en la cabeza.

Actualmente la Orden del Templo Solar existe como un culto apocalíptico internacional. A principios de 1996 había cobrado ya sesenta y nueve víctimas.

El grupo se conoció inicialmente el 5 de octubre de 1994, cuando cincuenta y tres personas murieron en asesinatos-suicidios simultáneos en chalets de Suiza y Canadá. Los dos líderes del grupo, Luc Jouret y Joseph Di Mambro murieron con los otros dejando tras ellos una carta que se entregó después de su muerte. En esa carta escribieron que estaban "dejando esta Tierra para encontrar una nueva dimensión de verdad y absolución, muy lejos de las hipocresías de este mundo".

Las autopsias revelaron que algunas de las víctimas tenían hasta ocho heridas de bala en la cabeza. Los investigadores que trabajaron en estas muertes también encontraron cinco propiedades pertenecientes al culto. Dos —un apartamento en las afueras de Montreux, Suiza, y una villa cerca de Avignon, Francia— que también se habían hecho explotar en una ráfaga de fuego.

Entonces, el 23 de diciembre de 1995, la policía de los Alpes Franceses descubrió los cuerpos calcinados de dieciséis miembros del culto dispuestos en una formación de estrella con sus pies dirigidos hacia las cenizas de la hoguera.

La investigación del culto había comenzado antes de los dos asesinatos-suicidios colectivos. Los alegatos incluían reportes que los dirigentes del culto estaban involucrados en actividades ilegales con armas y lavado de dinero. Específicamente, se acusaban a Jouret y Di Mambro de haber comprado equipos militares en Australia y después revenderlos en el tercer mundo.

Las autoridades australianas dijeron que no habían encontrado evidencia de contrabando de armas, pero que descubrieron que los dos dirigentes del culto habían visitado repetidamente el país entre la mitad de 1980 y sus muertes. Jouret les dijo a sus conocidos que había sido empujado al país por la "atracción mística" de Ayers Rock, el gigantesco monolito, sagrado para los aborígenes, e inclusive preguntó si podía efectuar allí un servicio religioso a lo que los aborígenes no accedieron.

Ochenta y seis personas murieron el 19 de abril de 1993 en la Rama Davidiana del recinto en las afueras de Waco, Texas. Su carismático líder, David Koresh, creía ser él mismo la "oveja" ungida a quien se le había confiado abrir los Siete Sellos del Libro de la Revelación y dejar suelta la secuencia apocalíptica que conduciría al Día del Juicio, el fin del mundo y con él, la caída de Babilonia. Para Koresh y sus seguidores dentro del recinto del Monte Carmelo, todos los que no fueran miembros del culto, y los que estaban afuera del mismo eran considerados como babilonios. Cuando los agentes federales se acercaron demasiado al culto para investigar las acusaciones de violaciones de las leyes de armas de fuego, los fuertemente armados davidianos resistieron a los agentes federales durante cincuenta y un días antes de morir en medio de una deslumbrante bola de fuego que acabó con el recinto cuando los agentes decidieron atacar. Fue el apocalipsis terrible que Koresh había prometido provocar en lugar de permitir que le tomaran preso.

Pero Koresh también se describía a sí mismo como un patriota, un grupo sombrilla de la extrema derecha y de las fuertemente armadas milicias que temen una conspiración del gobierno encaminada a desproveerles de sus derechos e imponer un gobierno mundial único. Los grupos se extienden por todos los Estados Unidos y a menudo exponen la filosofía de los supremacistas raciales blancos. Son poco más que versiones americanas de los grupos neonazis que están extendiéndose y ganando miembros a través de Europa, señalando a los judíos y a las gentes no arias o no blancas como enemigos y participantes activos de esta conspiración.

Solamente en Alemania se estima que los grupos neonazis sean responsables de miles de crímenes de odio contra minorías— incendios, asesinatos, golpizas. Se les acusa de 1,500 ataques en un solo año, 1994. Pero las relativamente tranquilas milicias saltaron a la notoriedad internacional el 19 de abril de 1995, en el segundo aniversario del asalto a Waco, cuando un coche-bomba hizo explosión afuera del edificio Alfred P. Murrah de la ciudad de Oklahoma City con tanta fuerza que arrancó la mitad de una estructura de nueve pisos de alto y mató a 168 personas, 16 de ellos niños. Los acusados en este atentado incluían a dos miembros de la Milicia de Michigan que estaban encolerizados por el incidente de Waco.

Todos estos grupos, conjuntamente con todos los que promueven la violencia y la muerte como un medio de purgar todo lo que ellos ven como malvado, son los ejércitos del Anticristo. Las filosofías de los grupos basados en odio, los grupos que escogen la muerte sobre la vida, están en contra de los ideales del Nuevo Milenio. Son los últimos embates de las alas de la era moribunda.

En las enseñanzas más antiguas de la filosofía india, ésta es la Era de Kali Yuga, la era de tomar de ti para darme a mí. Cada una de las Yugas se extiende por millones de años, por lo que es imposible decir cuándo comienza o empieza una, pero si miramos las características de los tiempos que estamos viviendo podemos decir que hemos pasado por el reino extendido de Kali Yuga y que ahora estamos alcanzando el final del camino. Aún quedan algunos años, pero Kali Yuga fue la era de las peores guerras, las destrucciones, imposiciones de monarquías— del "Yo mando y tú debes seguir." Fue la era oscura de la humanidad que trajo la limpieza destructiva de la Tierra y de su gente para que se abriera el camino para el nuevo mañana. Ahora estamos entrando la Era de Satva Yuga, la era de la sabiduría, de la luz.

Entre ahora y entonces, habrá muchos más profetas de la condenación y el juicio final, cultos suicidas, neonazis tratando de rescatar ideas que no funcionan. Y así es como es, y debe ser. Vivimos en tiempos de crisis, vivimos en tiempos apocalípticos. En la sabiduría infinita de Dios se nos está mostrando toda la fealdad de la era moribunda, de manera que veamos cómo no queremos ser— que nos preparemos para el siguiente paso gigante en el avance de la humanidad. Piscis fue una era de lecciones para todos nosotros. Nos dio la oportunidad de escoger y aprender por nuestras propias decisiones. Pudimos escuchar el mensaje de Cristo y escoger seguir el camino de la rectitud y la bondad o pudimos escoger el camino de la ambición y la intolerancia, y ver el daño que causan.

Ha sido una jornada larga y penosa a través de Piscis, llena de muchas lecciones difíciles. Muchos inocentes han sufrido, pero al exponer toda la intolerancia vil, al exponer a los falsos profetas que escogerían a la muerte sobre la vida, nos apresuramos para cambiar a una nueva forma de pensar, donde sean rechazados el racismo, la intolerancia, el chauvinismo, la codicia y el odio. Nos apresuramos para cambiar a un mundo donde se reverenciará la vida, la nuestra y la de otros. ¿Qué otro regalo más precioso se nos ha dado que no sea la vida misma?

La Biblia menciona una paz que durará un milenio y que seguirá a estos tiempos de tribulación, anunciados por el Rapto, como se describe en el Libro de la Revelación. Muchos lo interpretan como un suceso físico en que millares y millares de fieles desaparecerán repentinamente, transportados para vivir en el cielo. Pero la Biblia está llena de simbolismos y pienso que el Rapto es un despertar, una iluminación tanto de la mente como del espíritu. Mientras más se vea el mal que causan los grupos fundamentados en el odio o en las oscuras visiones de un Día de Juicio, más los rechazaremos. Ellos nos "despertarán", "veremos la luz", los reconoceremos por lo que son y los descartaremos, los cambiaremos por bondad. Al alejarnos del odio nos volvemos al amor, al separarnos de las doctrinas separatistas nos volvemos a la fraternidad, al separarnos del racismo nos volvemos a la humanidad y a la compasión, al alejarnos de la muerte nos volvemos a la vida y al respeto a todas las formas de vida. Al volver a todas estas cosas adoptamos la filosofía de la Nueva Era. Así se completa el Plan Divino: mientras más somos testigos de los cultos de odio, más los rechazamos, y más pronto ponemos nuestros pies en la gloria brillante de la Nueva Era. Se ha aprendido la lección de la Era de Piscis y estamos listos para comenzar la Nueva Vida en paz y armonía.

Pero el Libro de la Revelación también habla de una devastación extendida, de terremotos e inundaciones, que vendrán en tiempos del apocalipsis, y este tiempo, también, se encuentra frente a nosotros, entre ahora y el tiempo de la paz.

5

Cambios en los cielos, limpieza en la Tierra

En los años finales de este milenio y en el primero del nuevo la Tierra en sí misma estará golpeada por las fuerzas celestiales más poderosas que hayan sido registradas en la historia de la humanidad. Habrá terremotos, erupciones volcánicas e inundaciones cataclísmicas. Los cambios climáticos traerán sequía y hambre.

Entonces los cielos mismos precipitarán lluvias de fuego en forma de lluvias de meteoros y cometas.

Esos son los tiempos de la tribulación y el terror previsto por Nostradamus, predicho por las estrellas y visto en visiones por los videntes verdaderos desde los incas hasta Edgar Cayce. Se acerca el apocalípsis Bíblico, pero no es el Fin del Mundo.

Tan terrible como suena, éste es el tiempo de la transición, el tiempo de la limpieza, y tendremos que atravesarlo, cambiado, pero listo para la Nueva Era. Observa lo que ya hemos visto en lo que ha sido un gran desastre de nuestros días: el 17 de octubre de 1989 un terremoto de magnitud 7.1 en la escala de Richter rasgó el centro de San Francisco en un momento en que se estaba jugando el tercer juego de la Serie Mundial, destruyendo edificios y una sección del puente de San Francisco a Oakland, aplastando automóviles y causando violentos fuegos de gas que consumieron edificios completos en el distrito de la Marina de la ciudad. Fue terrible. Sin embargo, el balance total de muertos que muchos esperaban iba a ser de centenares, en el momento que ocurrió el terremoto, no pasó de sesenta y dos personas.

Cuando el huracán Andrés, uno de los tres huracanes más poderosos del siglo entró barriéndolo todo como una guadaña horrible en el sur de la Florida el 24 de agosto de 1992 creando un manto de destrucción desde la costa hasta las Everglades en la que vecindarios completos llenos de casas fueron derribados totalmente desde sus fundamentos, fue terrible. La tormenta causó un estimado de 25 mil millones de dólares en daños, la mayor destrucción de cualquier desastre natural en la historia de los Estados Unidos, dejando a 250,000 personas sin hogar y enviando a numerosas compañías de seguro a la bancarrota. Sin embargo, a pesar de su impacto destructor en un área de casi dos millones de habitantes, el fenómeno solamente cobró quince muertes en todo el sur de la Florida.

Y de nuevo, en Japón, el 17 de enero de 1995, cuando un terremoto que registró 7.2 en la escala de Richter arrasó con la ciudad portuaria de Kobe destruyendo edificios que hasta ese momento se había pensado que estaban construidos a prueba de terremotos, aplastando vecindarios y de nuevo lanzando incendios horribles que ardieron por toda la ciudad durante días, fue terrible. Muchos observadores predijeron que el daño al puerto causaría daños irreparables a la economía de Japón y se bloquearían por lo menos unos cuantos meses. Y también se temía que con los caminos y el puerto devastados, centenares morirían después del terremoto, por falta de alimentos, de agua y de atención médica. El balance final de muertes llegó casi a cinco mil personas, un número horriblemente grande, pero quizás no tan grande cuando consideramos que Kobe es una ciudad que tiene casi 1.5 millones de habitantes.

La pérdida de cualquier vida, por supuesto, es una causa de tristeza, pero con la posibilidad, no la probabilidad, de cada uno de los casos anteriores, los números de mortalidad debieran ser muchísimos más altos, y por ninguna otra razón que las concentraciones masivas de víctimas potenciales, los resultados son asombrosos. ¡E iluminadores! Porque aunque los fenómenos que estén por ocurrir igualen o sobrepasen estos ejemplos, la bondad del cosmos no permitirá que sus hijos de la Tierra perezcamos en masa. La mayoría de nosotros, la *gran* mayoría, sobreviviremos y emergiremos con nuevos conceptos de cómo vivir y lograr nuestro lugar en nuestro planeta.

Lo que se acerca es la limpieza de la tabla, el aclaramiento del camino para lo nuevo, traído por las poderosas fuerzas planetarias que se alinean para ejercer tremenda fuerza sobre la Tierra y su campo magnético.

La correlación entre las conjunciones planetarias, el alineamiento de dos o más cuerpos celestes y los desastres terrestres se ha reconocido desde tiempos antiguos. Un astrólogo de la corte de Nínive, hace más de 2,600 años, escribió que "cuando Marte se acerque a Júpiter, habrá una gran destrucción en la Tierra".

El sacerdote babilonio Berossus, como citado en el libro *Millennium Prophecies* por Stephen Skinner, escribió: "Todas las cosas celestiales se consumirán cuando los planetas... todos coincidan en el signo de Cáncer y se coloquen de modo tal que se pueda pasar una línea recta a través de todas sus órbitas. Pero la inundación tendrá lugar cuando la misma conjunción de planetas ocurra en Capricornio."

¿Acaso han venido y se han ido los tiempos de los cuales hablaron? ¿Fueron desastres de lo que ahora pensamos en pequeña escala aunque devastador en la pequeña cuna de la civilización que entonces existía?

Alineamientos de planetas similares a los que ambos hablaron han sido vistos una otra vez desde que se conocieron sus palabras. Y es de suponer que los sacerdotes y videntes de aquellos tiempos estarían mejor servidos si enunciaran profecías que se cumplieran a corto plazo, que pudieran ser vistas por sus amos y también temidas por ellos. Pero el punto que estas profecías antiguas muestran es que el impacto de los planetas sobre la Tierra ha sido conocido por miles de años, por lo menos, y que ese conocimiento no ha estado limitado a los sacerdotes y profetas de los tiempos antiguos.

Sir Isaac Newton trabajó y construyó sobre el trabajo de su contemporáneo Johannes Kepler en el área de la "astrología verdadera" tratando de convertir la predicción astrológica en una herramienta útil y científica. A través de sus estudios Newton encontró formas para predecir con exactitud no solamente los patrones del tiempo sino también los terremotos y otros sucesos naturales. Como un ejemplo vívido de su capacidad, Newton predijo una rara secuencia de eventos naturales en Inglaterra que culminarían con tormentas y terremotos destructores que ocurrirían veintitrés años después de su muerte.

Newton calculó que en el momento de cierto eclipse solar la Luna estaría en su punto más cerca con la Tierra, en lo que se conoce como el perigeo, y que Júpiter estaría lo suficientemente cerca para desencadenar poderosas condiciones sísmicas y atmosféricas. Newton enunció que la secuencia de disturbios comenzaría con la extraña aparición de la aurora boreal en los primeros tres meses de 1750. Como se predijo, las luces del norte parpadearon misteriosamente sobre Inglaterra, seguido por tormentas mortales que tenían vientos de más de 160 kilómetros por hora y una serie de terremotos que devastaron a Londres.

A pesar de esta increíble capacidad de predicción, poco se conoce de los métodos de predicción de Newton. Sin embargo, otros científicos se han dedicado a estudiar la correlación entre las conjunciones planetarias y los fenómenos naturales. Algunos han encontrado evidencia que apoya la teoría que los eclipses solares y las conjunciones planetarias, actuando juntos, desencadenan poderosas sacudidas en la corteza terrestre.

Según esta teoría, a medida que un eclipse solar pasa sobre una región, parece trazar alguna línea invisible de fuerza, tensándola como la cuerda de un violín. Después, cuando los planetas se alinean en ciertas conjunciones en ángulos específicos, o cerca del mismo punto de la Tierra, la fuerza que ejercen parece chasquear la línea de tensión desatando un terremoto.

La evidencia que apoya esta teoría se puede encontrar en el terremoto submarino que provocó masivos tsunamis que se abatieron sobre las costas de Chile en mayo de 1960. Justamente siete meses atrás, el 2 de octubre de 1959, había pasado un eclipse total sobre Concepción, Chile. En el momento del eclipse Mercurio y Marte se encontraban a 1 grado de diferencia cada uno, Saturno estaba exactamente a 90 grados del eclipse y Urano a 90 grados del Sol y de la Luna. El 22 de mayo de 1960, Marte pasó a un punto exactamente a 180 grados en oposición al eclipse de 1959. El primer terremoto se sintió el día antes, a medida que Marte avanzaba paso a paso hacia ese punto, pero el choque del 22 de mayo fue el más violento que se había sentido desde que se inauguraron los registros oficiales en 1881. Fue tan potente que la descripción dada del mismo en la Conferencia Mundial de Terremotos en Helsinki se dijo que "su impacto fue tan fuerte que todo el cuerpo del planeta, hasta su corazón, sonó como una campana".

El terremoto provocó a su vez una serie de olas gigantescas asesinas por todo el camino a través del océano Pacífico, destruyendo la playa de Waikiki y devastando totalmente la ciudad de Hilo, en Hawai. Después de las cuatro olas gigantescas siguió uno de los peores ciclones tropicales en la historia de Hawai. El balance final en esas islas solamente: 5,700 muertos, 8,000 heridos, 2 millones sin hogar.

Eclipses y conjunciones similares han precedido algunos de los peores desastres naturales, y se predijeron con antelación, casi tres cuartos de siglo antes del gran terremoto de 1960.

En 1885, al examinar la posición de la Luna, el Dr. A. J. Pearce predijo que el día que siguiera al eclipse total del Sol del 29 de agosto de 1886 "habría un gran terremoto en la península italiana". A las 11 P.M. del 30 de agosto los habitantes de Nápoles, Italia, fueron arrojados de sus camas por el más grave terremoto que había azotado la región en veintinueve años.

En el momento de su predicción inicial, Pearce también observó la siguiente conjunción de Marte y Júpiter el 27 de junio de 1886 y dijo que la posición de los planetas indicaba que "se pueden esperar, por tanto, graves choques en la Tierra cerca del 78 grados de longitud occidental…"

El 31 de agosto de 1886, dos días después del eclipse a las 9:51 P.M., un terremoto dejó a 40,000 personas sin hogar en Charleston, Carolina del Sur, que se encuentra exactamente a 80 grados de longitud oeste, increíblemente cerca del punto predicho por Pearce. Una lluvia de meteoros barrió por el cielo justo antes del masivo terremoto aunque muy pocos pensaron en esto en aquellos momentos. Pero el 5 de septiembre la ciudad fue golpeada por otro golpe severo, seguido por un gran meteoro que arrastraba una larga cola de fuego. El 22 de octubre unos cincuenta meteoros cayeron nuevamente sobre Charleston y de nuevo la arruinada ciudad fue sacudida por un violento temblor.

Tres años antes, casi exactamente, ocurrió una conjunción de Marte y de la Luna cruzando el punto que había estado ocupado por Júpiter durante un eclipse total de Sol unos pocos meses antes.

El eclipse pasó sobre el área el 6 de mayo de 1883. La Luna estaba en su perigeo justamente antes del eclipse y Júpiter se encontraba a 90 grados de su longitud celestial. Tres meses y medio después, el 27 de agosto, Marte y la Luna cruzaron la misma longitud celestial ocupada previamente por Júpiter durante el eclipse. Al hacerlo, el Krakatoa arrojó lava a más de cinco kilómetros cúbicos del mismo en las capas superiores de la atmósfera. Tres cuartos de la isla desaparecieron. Olas gigantescas de más de 30 metros de alto se precipitaron al Mar Sur de China y a los océanos Indico y Pacífico, llegando a sus costas desde más de 12,874 kilómetros de distancia. Tres poblados de la vecina isla de Java y todos los que estaban en ella fueron barridos completamente de la faz de la Tierra. Treinta y cinco mil personas murieron instantáneamente. El polvo volcánico arrojado a la atmósfera bloqueó completamente la luz solar por millares de kilómetros alrededor del sitio de la erupción, convirtiendo el día en una noche impenetrable durante dos semanas.

La misma región, conocida como el "Anillo de Fuego" debido a su susceptibilidad a terremotos y volcanes poderosos, fue golpeada nuevamente el 17 de febrero de 1996. En ese día un terremoto de magnitud 8 en la escala de Richter, capaz de causar daños tremendos, estremeció el piso del océano a unos 109 kilómetros al este de la isla Biak afuera de la costa septentrional de Nueva Guinea. El potente terremoto envió olas gigantescas que se estrellaron contra los poblados costeros de las islas vecinas "barriendo centenares de hogares hacia el mar... como una escoba gigantesca", según un reporte de la Prensa Asociada. En un solo pueblo desaparecieron completamente seiscientos hogares. Se reportaron diez personas muertas inmediatamente en esta área escasamente poblada y se esperaron muchas más debido a la gran cantidad de casas que fueron barridas sin dejar huellas.

La región está acostumbrada a los terremotos poderosos, pero éste se pudo haber predicho. El camino central de un eclipse solar pasó directamente sobre el centro del terremoto cuatro meses antes, el 24 de octubre de 1995.

El último eclipse total de Sol de este milenio ocurre el 11 de agosto de 1999, cortando una senda que viaja hacia el suroeste desde el norte del Atlántico hasta la China. El punto central del sendero del eclipse se moverá a través del sur de Inglaterra, de la parte norte de Europa y a lo largo de Turquía. Exactamente una semana después, el 18 de agosto, los planetas se alinearán en una formación muy poco usual conocida como la Gran Cruz.

Si se mira a los cielos exactamente a las 12:01 A.M. en esa fecha, se verá al Sol, Mercurio y Venus, reunidos en Leo, el León, Júpiter y Saturno en Tauro, el Toro, Urano y Neptuno en Acuario, el Aguador, y la Luna y Marte en Escorpión, con Plutón cercano en Sagitario. Los grupos de planetas pues estarán ubicados exactamente a través del zodíaco, unos de otros, Leo cruzado con Acuario, Tauro con Escorpión, para formar los cuatro puntos de una cruz celestial. La formación, en sí misma, con tantos planetas entrando en aspectos tan poderosos unos con otros puede muy bien echar a andar tremendas líneas de fuerza, especialmente en las áreas tocadas directamente por el eclipse pasante. Pero la Gran Cruz también predice simbólicamente una revuelta a nivel mundial. Escorpión se representa en varias formas de astrología no solamente con el escorpión, sino también con el águila, el signo de sabiduría, pero también de la muerte. Entonces el simbolismo de la Gran Cruz se vuelve muy obvio —en las imágenes del león, el águila, el toro y el hombre— augurando los pronósticos apocalípticos de la Biblia.

San Juan los describe claramente en Apocalipsis 4:7: "Y la primera bestia (era) como un león, y la segunda como un ternero, y la tercera bestia tenía el rostro de un hombre y la cuarta bestia (era) como un águila en vuelo."

Las señales de la Gran Cruz también representan las cuatro cabezas de los querubines en Ezequiel, y los cuatro símbolos en la última carta del juego del Tarot: el Mundo.

El significado de este alineamiento no deja lugar para dudas y es innegable, pero los científicos también dan otra razón del por qué el movimiento de los planetas lanzarán una chispa que conllevará un período de sequías y hambrunas predicho en la Biblia y previsto por Nostradamus.

Las manchas solares son áreas de temperatura más baja que las hace aparecer como manchas negras contra el resto de la superficie del Sol. Se han observado en la China desde el año 188, pero no fue hasta el año 1843 que Samuel Schwabe descubrió sus patrones periódicos de actividad. Por motivos que aún no se han explicado totalmente, los aumentos y disminuciones de la actividad de las manchas solares corresponden exactamente con la órbita de doce años de Júpiter alrededor del Sol. Por más de sesenta años los meteorólogos han reconocido que los períodos de actividad máxima y mínima de las manchas solares coinciden con períodos de extrema temperatura sobre la Tierra.

Un aumento en la actividad de las manchas solares provoca un viento solar fuertemente ionizado bombardeándonos con un aumento de cada tipo de energía solar, desde las luces visibles hasta las ondas de radio y los rayos ultravioletas y rayos X, lo cual a su vez causa un tiempo muy malo en la Tierra pro duciendo tanto precipitaciones exageradamente altas con lluvias torrenciales como sequías muy agudas.

Al reconocer los patrones de manchas solares y las sequías, los científicos pudieron predecir exitosamente la grave sequía y el calor que afectó a Inglaterra en 1975 y 1976— más de un cuarto de siglo antes que ocurriera. Usando el mismo ciclo se espera también una sequía muy grave alrededor de 1998 con patrones excepcionalmente poderosos de temperatura que se estarán desarrollando en 1999 cuando la actividad de las manchas solares se reduzcan a un mínimo.

Otros científicos también han notado un ciclo de manchas solares a largo plazo de actividad particularmente fuerte que ocurre cada 179 años. Tanto en 1778 como 1957, o sea 179 años después, se establecieron registros de actividad de manchas solares. En ambos años también estos acontecimientos coincidieron con la extremadamente rara conjunción triple de Júpiter, Saturno y Urano, pero va a ocurrir un alineamiento aún más raro de los planetas cuando entremos en el Nuevo Milenio.

El 5 de mayo del año 2000 este alineamiento muy poco común de los planetas promete ejercer presiones extraordinarias sobre la Tierra. Los escritores muchas veces se refieren erróneamente a esta formación planetaria como la Gran Cruz, pero en efecto lo que ocurre no es exactamente una cruz. Más bien, en ese día, la mayoría de los planetas, incluso los masivos Júpiter y Saturno, se colocarán en oposición a la Tierra. La única excepción será los planetas externos. Neptuno y Urano estarán a 90 grados de la Tierra en Acuario y Plutón permanecerá en Sagitario cerca de nuestro planeta natal.

El efecto de este alineamiento en la actividad de las manchas solares solamente puede ser imaginado, pero la influencia gravitacional por sí misma será ejercida de una manera tan fuerte y desproporcionada sobre la Tierra que la atracción de los planetas pudiera fácilmente provocar el cambio completo de los campos magnéticos del planeta predicho por Edgar Cayce.

Cayce predijo que habría un cambio del eje del planeta alrededor del año 2000 lo cual a su vez causaría inundaciones desastrosas en las regiones costeras. La rapidísima elevación de las aguas en las costas barrería con el norte de Europa, enterraría a Inglaterra debajo del mar y causaría la desaparición de Groenlandia.

Incluyo esta visión en mi libro porque se ajusta admirablemente a lo que predicen las estrellas: El sendero de destrucción que describe se acopla casi perfectamente con el sendero del último eclipse solar del milenio.

Existen pruebas de que los polos terrestres han cambiado de posición en el pasado. Los geólogos que toman muestras del fondo del mar en las cordilleras sumergidas submarinas en el medio del océano han encontrado el registro de los cambios ocurridos en la roca fundida y enfriada en diferentes épocas. A medida que las rocas se enfrían y solidifican, retienen un campo magnético débil que corresponde a la polaridad del campo magnético de la Tierra en esos momentos. Hasta ahora los geólogos han contado que por lo menos unas veinte veces los polos magnéticos de la Tierra se han traspuesto entre sí y cada vez que esto ocurre se ha afectado seriamente la vida en el planeta.

Este registro de cambios pudiera explicar fácilmente las discrepancias de las evidencias descubiertas en la Edad del Hielo. La teoría popular es que los grandes glaciares se arrastraron lentamente a través de los continentes, pero esto no puede explicar la cantidad de mamuths y otros gigantescos animales que se han encontrado congelados en bloques sólidos de hielo— atrapados tan rápidamente que aún se encuentran parados y con comida sin digerir en sus estómagos. La única explicación posible para esto es que haya ocurrido un cambio climático tan drástico y repentino que las haya dejado congelados inmediatamente. Inclusive después de tantos años su carne conservada en frío aún es comestible.

La última vez que los planetas formaron conjunciones similares a los que veremos el 5 de mayo del año 2000 ocurrió hace unos 13,000 años aproximadamente. Si en esa oportunidad ejercieron las mismas fuerzas que podemos prever para esta fecha, entonces el tiempo coincidiría con la fecha aproximada que Cayce dio para la serie final de cataclismos devastadores que hundieron el continente de la Atlántida y causaron el famoso Diluvio Universal y la historia del Arca de Noé descrita en casi todas las culturas alrededor del mundo.

Justamente antes de los dos mil años de paz que seguirán, la Biblia también nos dice que van a ocurrir eventos similares. En Marcos 13:8 Jesús le dice a San Marcos que las señales de su regreso ocurrirán cuando "se levante nación tras nación, y habrá terremotos en diversos lugares y hambre y tribulación... esto será el principio de los dolores". Pero Jesús también le dice a Marcos: "No te atribules porque tales cosas deben ser, pero aún no será el fin."

En el Libro del Apocalipsis se describen calamidades naturales similares. Allí en Apocalipsis 6:12, San Juan dice que al abrir el sexto sello "hubo un gran terremoto, y el Sol se puso negro como tela de cilicio, y la Luna se volvió toda como sangre", que se parece mucho a lo que sintió y vio la gente después que el Krakatoa erupto en 1883.

La Biblia, por supuesto, no es el único lugar donde se encuentran predicciones de desastres naturales. Nostradamus, uno de los profetas más precisos y sorprendentemente exactos que han existido, también predijo toda una serie de eventos cataclísmicos por venir. Escribió "En el año 1999, en el séptimo mes", precediendo una Era Dorada de dos mil años de paz. Según la forma de Nostradamus calcular, el séptimo mes es realmente septiembre ya que el gran profeta marcaba el inicio de cada año, el primer mes, en marzo.

De manera significativa, en marzo de 1999, Plutón estará regresando de nuevo a su posición normal como el planeta más externo del sistema solar. Lo que pensamos como el noveno planeta del sistema solar, en verdad ha estado ocupando el lugar del octavo planeta desde 1979. Es un recorrido cíclico raro, pero que tiene efecto cada 248 años. Plutón se mueve actualmente dentro de la órbita de Neptuno, más cerca del Sol que el octavo planeta, que se mueve más alejado del sistema por un período de veinte años. El impacto de esta transposición de Plutón y Neptuno aún tiene que ser determinada precisamente (ya que Plutón no se descubrió hasta 1930), pero cuando Plutón regresó a su lugar común en el sistema solar, dos ciclos antes, en 1503, ocurrió el nacimiento de Nostradamus en Saint-Rémy-de-Provence, Francia.

Alrededor del momento en que Plutón salga de la órbita de Neptuno en 1999, Nostradamus predijo que ocurrirían sequías y hambrunas muy extendidas así como enormes inundaciones que cubrirían completamente enormes masas de tierra. Que la destrucción y la inundación siga el paso del eclipse solar del milenio se indica en la Centuria IX:31 en la que Nostradamus escribe: "El temblor de la Tierra en Mortara, la pequeña isla de San Jorge medio hundida..." La referencia a la isla de San Jorge indica claramente a Inglaterra, sobre la cual caerá la sombra del umbral del eclipse de 1999 que pasará sobre Plymouth al sur de Londres. Esta misma sombra cubrirá casi toda Italia en su curso al suroeste, incluyendo a Mortara.

Muchos han tomado la referencia de Nostradamus a una "abundancia de fuego y llameantes cohetes que caerán de los cielos" como si fueran cohetes y proyectiles de guerra cayendo en una Tercera Guerra Mundial, pero también pudieran indicar una lluvia de cometas y meteoros bombardeando la Tierra, lo cual también está predicho por el calendario de los incas y por un famoso científico ruso, el Dr. Immanuel Velikovsky.

En el primer libro de Velikovsky, *Mundos en Choque*, publicado en 1950, el autor examina los relatos de los fenómenos naturales cataclísmicos guardados en las principales civilizaciones antiguas, incluyendo pueblos tan diversos como los griegos, samoanos, americanos nativos, chinos, egipcios y hebreos. Todos contienen referencias a una detención de la rotación de la Tierra similar a lo que se describe en Josué 10:13: "Y el Sol se detuvo en el medio del cielo y no se apresuró a descender durante todo un día."

En Habakkuk 3:11 se da una descripción similar donde se escribe que "El Sol (y) la Luna se detuvieron en su habitación…"

En pueblos del otro lado del mundo se registra una noche extremadamente larga. Velikovsky concluyó que esto habría sido el resultado de un cometa masivo que pasó muy cercano a la Tierra entre los años 1502 y 1450 antes de Cristo y que retardó temporalmente el movimiento de rotación de la Tierra. Al pasar, escribió, la cola del cometa golpeó dos veces la Tierra, causando terremotos y cambios importantes en la geografía del mundo.

Los calendarios antiguos proporcionan un apoyo muy fuerte para esta teoría. Los antiguos arios hindúes marcaban el año del almanaque como de 360 días de largo. Así también hicieron los babilonios, los egipcios, los chinos, incas y mayas. Muchas culturas diversas, todas con capacidades astrológicas y astronómicas extraordinariamente exactas, computaban el año como de 360 días de largo. Los mayas, por ejemplo, calculaban el período de la Luna en 29.5209 días— tan exacto como hoy día lo hacemos utilizando computadoras modernas. ¿Por qué entonces todas estas culturas habrían echado a un lado su precisión al calcular el año del calendario? O dicho en otras palabras… ¿por qué tantas culturas diferentes en distintas partes alrededor del mundo habrían cometido el mismo error al calcular la duración de sus años, todas al mismo tiempo?

La respuesta bien pudiera encontrarse en los escritos de Plutarco y en una tabla de piedra encontrada cerca de Tanis en 1886. Plutarco escribió que en los tiempos de Romulus, uno de los hermanos fundadores de la antigua ciudad de Roma, el año tenía en efecto 360 días. La tabla egipcia también relata que los sacerdotes de Canopus ordenaron la adición de cinco días al calendario alrededor del año 237 antes de Cristo… "para armonizar el calendario según la disposición actual del mundo".

La mitología egipcia aun nos da una explicación para la adición de los cinco días al describir el nacimiento de los cinco dioses primarios de esa cultura antigua. El dios Sol Ra era el padre de Shu y Tefnut, los dioses gemelos del tiempo; ellos, a su vez, dieron nacimiento a Geb (La Tierra) y Nut (El Cielo). Nut también parece haber sido la esposa de Ra, que se enfureció cuando ella comenzó a cohabitar con el hermano de ella, Geb, y ordenó que no pudiera tener hijos en los 360 días de su año. Para ayudarla, Thoth, el dios de la ciencia y las matemáticas, apostó contra la Luna y ganó $\frac{1}{72}$ de su luz que fue recolectando hasta que pudo obtener cinco días. Estos los añadió al año permitiendo por tanto que Nut pudiera concebir a Osiris, Horus y Set, Isis y Nephthys. Cinco días son exactamente $\frac{1}{72}$ de 360.

Otros teorizan que un asteroide o planeta en efecto chocó contra la Tierra en algún momento del pasado remoto con resultados similares a los que Velikovsky sugiere que ocurrió. Esto puede haber sido la causa de la devastación final de la Atlántida que envió al continente al fondo del océano.

Para tener una idea de la fuerza que cualquier meteorito o cometa desencadena cuando atraviesa la atmósfera e impacta la Tierra solamente tenemos que mirar hacia atrás al verano de 1908. Inclusive hoy día nadie sabe con certeza qué fue lo que causó la gran explosión que arrancó árboles de cuajo en centenares de kilómetros cuadrados y barrió totalmente una manada completa de venado en un área remota de Siberia cerca del río Tunguska. Existen evidencias en cantidades suficientes para saber que o bien un cometa o un meteoro que pesaba unas cien mil o hasta varios millones de toneladas ardió brillantemente mientras atravesaba el cielo como un cohete a velocidades de más de treinta y dos kilómetros por segundo aquel 30 de junio. La fricción de la atmósfera puede haber supercalentado un cometa, compuesto principalmente de materia congelada, a medida que penetraba en la atmósfera echando a andar la masiva explosión que lanzó a un hombre fuera de su silla en un puesto de observación situado a más de ochenta kilómetros de distancia. Pero las grandes cantidades de iridio descubiertas en el lugar del suceso —un elemento muy raro en el suelo de la Tierra— sugieren un meteoro que hizo explosión antes de tocar el suelo por lo que no dejó cráter alguno. Sin embargo, explotó con la fuerza de una gran bomba de hidrógeno.

Un granjero, que se encontraba a más de 125 millas del lugar de la explosión describió como vio inclinarse completamente los grandes pinos como si estuvieran siendo abatidos por fuerza de huracán que emergiera del borde frontal de la onda de choque de la explosión. Dijo que tuvo que agarrarse fuertemente al arado con ambas manos para evitar que se lo llevara esta onda de viento y fue testigo de como "el huracán creó una muralla de agua sobre el (río) Angora".

Los cálculos se efectuaron después que los científicos alcanzaron el centro del lugar de la explosión, indicando que el objeto que vino corriendo a través de la atmósfera ese día pudo bien haber sido una roca de más de ochenta metros de diámetro, o una masa de hierro de solamente unos veinticinco metros.

Pero lo que llegó a nuestro planeta con gran furia en el pasado remoto parece haber sido mucho, pero mucho más grande, gigantesco en comparación.

Velikovsky concluyó que el cometa masivo que amenazó la misma existencia de la vida en la Tierra siguió y fue atrapado por la atracción gravitacional del Sol y que ahora existe como el planeta que conocemos como Venus. Esta teoría condujo a Velikovsky a predecir que Venus tenía una atmósfera llena de concentraciones de hidrocarburos y que la Luna sería fuertemente magnética y Júpiter enviaría fuertes transmisiones de radio. Todas estas predicciones han sido confirmadas.

El apoyo para la teoría de Velikovsky se puede encontrar en los escritos de varias culturas antiguas diferentes. El Talmud judío describe la cola del cometa como "fuego que colgaba del planeta Venus". La mitología griega nos cuenta la historia de Faetón, quien llevó al llameante Sol a través del cielo en el carro de fuego de su padre, quemando montañas, reduciendo ciudades hasta dejarlas como ruinas quemadas y llenando el aire con cenizas llenas de humo antes que fuera detenido por Zeus.

Los aztecas llamaban a Venus "La Serpiente Emplumada", Quetzalcoatl, y escribieron que hubo un tiempo en que "el Sol no quiso mostrarse a sí mismo durante cuatro días y el mundo estuvo desprovisto de su luz. Entonces apareció una gran estrella y se le dio el nombre de Quetzalcoatl..." Su aparición ocurrió en un tiempo de una gran hambruna y pestilencia extendidas que dejaron muertas a muchas personas.

El actual calendario inca termina en 2013. El investigador de la cultura inca Willaru Huayta afirma que en ese tiempo pasará un gigantesco asteroide muy cerca de la Tierra y que alterará el campo gravitacional del mundo y su órbita, echando a andar una serie de desastres naturales calamitosos desde olas marinas gigantescas hasta terremotos y erupciones volcánicas. La fuerza de la deceleración repentina del movimiento orbital de la Tierra será más que suficiente para hacer cumplir cada una de las predicciones incas— el mundo se estremecerá y su rotación se detendrá cuando el cometa aplique los frenos, pero el momento de ese movimiento mantendrá a los oceános y la corteza terrestre girando a toda velocidad. Las placas tectónicas se desplazarán y deslizarán causando terremotos de proporciones gigantescas y hendiduras cavernosas que se abrirán escupiendo lava. La fuerza del océano traerá consigo olas gigantescas que chocarán fuertemente contra las masas de tierra, que se estarán moviendo más lentamente, cubriendo regiones enteras.

Pero aun los incas están de acuerdo que esto no causará el fin del mundo. En su lugar, dicen, la gente emergerá de estas catástrofes como una nueva "sexta generación". Muchos otros

esotéricos también hacen referencia a una "sexta subraza" que
nacería en las Américas y cuyos miembros estarían provistos de
poderes de percepción que alcanzarían más allá de las dimen-
siones limitadas de la realidad que podemos percibir la mayor
parte de nosotros.

Y, a pesar del horrendo pesimismo de muchas de sus predicciones, aun Nostradamus escribió a Enrique II que esto no sería
el fin porque "según mis profecías el curso del tiempo correrá
aún mucho más".

Lo que sigue, por supuesto, es la Era Dorada de paz prevista
por Nostradamus y predicha por las estrellas que llega con el
Nuevo Milenio.

6

El nuevo amanecer

Acuario es la era del descubrimiento, el tiempo de tocar nuestro Ser más interno, y de lanzarnos hasta las profundidades más distantes del universo. A medida que viajemos más adentro de nuestro propio interior, más allá en el espacio, y más en el Nuevo Milenio, nuestros descubrimientos nos llevarán a cambiarlo todo acera de nosotros mismos, y nuestras sociedades.

La gente no se interesará más en el mar o en la tierra en la forma que se hizo durante la Era de Piscis, como territorios que deben ser conquistados y poseídos. En la Era de Acuario iremos adentro, a descubrir nuestro propio Ser interno, nuestros propios valores, nuestra espiritualidad interior y la cuestión de trabajar con quiénes realmente somos nosotros, lo qué somos y por qué somos. Nos hemos preocupado exageradamente con lo que existe fuera de nosotros, con las cosas materiales que podamos tener, con seguir los dictados de otros sin examinar verdaderamente su valor para nosotros mismos. Ahora es el momento de reflexión para cada uno de nosotros y para alejarnos de lo externo y ponernos a tono con lo interno. Esto no quiere decir que todos vamos a adoptar inmediatamente la vida de los místicos indios, dejar a un lado todos los bienes materiales y aislarnos de todo el mundo exterior como ascetas o ermitaños. Acuario es el tiempo de la integración. Mantendremos las cosas de valor, las cosas que nosotros encontramos personalmente que tienen valor y dejaremos irse las restantes. No miraremos a otros para que determinen lo que tiene valor para nosotros, ya bien sea en cosas materiales o espirituales. Las tiendas de la Avenida Madison no hacen que nosotros queramos algo— somos nosotros quienes hacemos que lo queramos. Pero hasta ahora hemos tenido la tendencia a valorar las cosas que se nos dicen son valiosas, que se nos han dicho que *debemos* valorar— el auto más lujoso en lugar del más práctico, las modas que vemos usar a los modelos, en lugar de aquellas que nos gustan y en las que nos sentimos más cómodos. Hoy, la moda es el mecanismo que usan aquellos que tratan de hacer dinero explotando nuestras inseguridades. En el Nuevo Milenio juzgaremos las cosas por nosotros mismos. Nos vestiremos tan ostentosamente o tan simplemente como nos guste. Nadie decidirá por nosotros. Podemos agradecer a los anunciantes el mostrarnos las opciones, pero las decisiones serán nuestras. Nuestra capacidad de hacer, por tanto, también viene con nuestro renacer espiritual, nuestro renacer filosófico, nuestro renacimiento intelectual.

Nuestro concepto de la belleza cambia con cada paso que damos dentro de la Nueva Era. La belleza existe en todo, somos nosotros quienes tenemos que encontrarla. Hay belleza en una lluvia y en un arco iris, en el alba y en la noche, en el cielo y en el lado que pisamos. Nosotros nos convertimos en nuestros propios observadores, libre de los juicios y los dictados de otras personas. Todo en la naturaleza es hermoso. La furia de un huracán o un tornado es aterradora y terrible en su fuerza destructiva, pero también es hermosa y sobrecogedora al mismo tiempo. Un animal salvaje aferrado a su presa acabada de matar es hermoso y horrible al mismo tiempo. En esa matanza terrible, en esa muerte, está la esencia de la vida y es hermosa.

En la India construyen templos horribles y al mismo tiempo hermosos para los muertos, conocidos como los templos del silencio porque cualquiera que entre allí nunca deberá hablar de lo que vio en tales lugares. Los vivos que los entran deben hacerlo de espaldas, de modo tal que no vean lo que hay allí, para que nunca puedan decirlo. Los seguidores de Zoroastro, los Parsis, llevan los cadáveres envueltos en un paño blanco a estos templos y los colocan en los techos de los templos del silencio para que los devoren los buitres. Es una horrible visión, los buitres comiendo la carne de los muertos, pero también es hermosa porque una vez consumada, nos damos cuenta que la carne no se va a descomponer como una basura. Si puede ser comida por los gusanos que están en la tierra, entonces ¿por qué no puede servir de alimento a las aves? Una vez que los buitres terminan su trabajo y dejan limpio los huesos de los cadáveres, los fieles vierten un ácido sobre los esqueletos y el calcio corre por los lados del templo dejando blancas las paredes. Es horripilante ver a los gigantescos buitres con pedazos de muslos y piernas en sus picos, es horripilante saber que esa pintura blanca que brilla a la luz del sol está formada por los huesos calcinados de los muertos, pero es la vida y la muerte juntas, y al mismo tiempo es horripilante, y hermoso.

En la Era de Acuario nada humano te horrorizará. Nada humano te intimidará ni te asustará. Nada humano te paralizará. En la Era de Acuario la gente se abrirá a sí misma para todo lo que es la vida. Aprenderemos de todo. Al mirar la pequeña hormiga en su trabajo, diremos "¡cuán eficiente!" o "¡cuán dedicada!" Aprenderemos de la manera en que las hormigas trabajan concertadamente para el bien común, de cómo se comunican entre sí. Las personas con mentes cerradas, o quienes piensan que lo saben todo no dejan que entre nada nuevo. En la mente del principiante todo es nuevo y todo es posible. Debemos entrar en el Nuevo Milenio con una mentalidad de principiante, abierto a todas las posibilidades, abierto al aprendizaje.

La Nueva Era no es algo anticuado, un conocimiento caduco, una era de sabiduría vieja. Es una era de apertura— a la nueva vida y al nuevo conocimiento. La Naturaleza y el Universo, todo lo que está en ellos enseña una lección si solamente nos abrimos a ella. Y esto no es solamente en las cosas de los animales y árboles y el cielo. Todo tiene una lección, incluso las cosas de los humanos. Las obras de Shakespeare son tan hermosas, como partes del orden natural, como las cosas de la selva. Podemos aprender de todo, de cualquier cosa, aprender lo que debemos guardar como cierto en nuestros corazones y lo que debemos rechazar. Esta es la gran lección de la Era de Acuario, conocer la Verdad y el verdadero valor.

A medida que el tiempo continúe avanzando y nos adentremos más dentro del flujo de la corriente astral de Acuario, disfrutando cada vez más de sus regalos diarios, vemos cómo empiezan a distanciarse lo negativo y oscuro. La influencia de la Nueva Era ya está sobre nosotros, pero creciendo más fuerte con cada día que pasa aumentando casi imperceptiblemente a medida que avanzamos a través de este tiempo de transición entre el poder de Piscis y el amanecer de la Era de Acuario, sin embargo, es algo similar a ver crecer a nuestros hijos. De ayer a hoy no se nota el cambio, pero si miramos hacia atrás vemos cuánto han crecido, nos damos cuenta lo rápido que ha pasado el tiempo. Así, también, ocurre con la evolución de Acuario, la iluminación que traiga. Las nubes se van alejando y se aclaran los velos que han ido envolviendo nuestras mentes. Las aguas simbólicas de la vida vertidas sobre nosotros por el Aguador, Acuario, nos liberan de las cadenas que nos han atado durante siglos. Acuario es un signo que colorea el Nuevo Milenio trayendo consigo una nueva forma de pensar para una nueva sociedad, el individualismo colectivo.

Mientras más sepamos de nosotros mismos, más sabremos de los que nos rodean. Cada uno de nosotros y cada cosa es una entidad única en el universo, pero todo sostiene la misma chispa de vida, el mismo aliento cósmico que insufla la vida en todo. En esa similitud conocer a uno es conocer el todo. Mientras más nos acerquemos al conocimiento de la chispa de la vida, a las verdaderas profundidades de nuestro espíritu, más lejos nos llevará este viaje dentro de nosotros mismos y más nos acercaremos a nuestros congéneres, los demás seres humanos. Los principios acuarianos de individualidad y humanidad marchan mano a mano. A medida que nos pongamos cada vez más en armonía con el espíritu de la Nueva Era y penetremos más profundamente dentro de nosotros mismos para tocar nuestros sentimientos más íntimos, para encontrar nuestros valores más interiores, es como si nuestra piel se volviera más sensible, con nuestro propio Ser más sensible a todo y a todos alrededor de nosotros. Una injusticia que se cometa con cualquiera nos herirá tanto como una herida a nuestra propia carne. Sentimos el dolor de cualquiera que sufra, ya bien viva en Africa o en Bosnia, o en nuestra casa. Comenzamos a sentir el dolor de toda la humanidad, y naturalmente, deseamos terminarla, ya bien sea un dolor físico, emocional o espiritual. Si el dolor de nuestros hermanos y hermanas en la gran fraternidad de la humanidad se siente como nuestro, desearemos terminar su dolor de modo tal que podamos terminar el nuestro. Ayudar a otros es como ayudarnos a nosotros mismos. En la sensibilidad aumentada de la era entrante, finalmente adoptamos la realidad del mensaje de Cristo, encontramos la compasión para todos los que están a nuestro alrededor, haciéndoles a otros lo que quisiéramos que otros nos hicieran a nosotros.

Este es la era del amor verdadero para toda la humanidad, del amor fraternal entre todos los seres humanos. Por supuesto, no todo sucederá de repente. Como dije anteriormente, no nos vamos a levantar una mañana e ir corriendo repentinamente de puerta en puerta dándoles besos en las mejillas a todos nuestros vecinos. Pero con cada día que pase, actuaremos, y deberemos actuar, diferentemente. Un día nos detenemos para ayudar a un niño, al otro ayudamos a la familia de ese niño. Un buen día dejamos de pensar en otros como diferentes por su color o su religión, y muy pronto encontramos que ellos también han dejado de pensar de esa manera.

Nada de esto es forzado. La imposición es contraria a la Era de Acuario. No hay más imposición de voluntad ni en otros ni en nosotros mismos. En la Era de Acuario entramos con el flujo de la naturaleza, flotamos con la corriente y esto nos lleva naturalmente a los ideales acuarianos. A medida que el espíritu de la Nueva Era fluya sobre nosotros, nos satura, satura nuestras almas y nuestros pensamientos. No hay necesidad de hacer más nada para que podamos abrirnos a los mandatos cósmicos.

En parte, este viaje de descubrimiento nos lleva atrás en el tiempo. Las generaciones de hoy día ya están tocando los engramas del pasado, enterrados profundamente en sus mentes. Estos engramas, estas sumas del conocimiento de nuestros antepasados y de nuestro propio aprendizaje a través de miles de generaciones, nos recuerdan cómo tuvimos que trabajar todos juntos una vez para poder sobrevivir. Cuando la gente entraba en los lugares yermos del Nuevo Mundo, los eventos comunales eran comunes, las edificaciones de establos y de habitaciones colectivas. Todos los vecinos se reunían cierto día llevando sus herramientas y con el esfuerzo de todos se construía un granero. Lo que de otra manera habría tomado varias semanas a una o dos personas se realizaba en un solo día. Cuando vivíamos en las tribus antiguas, nos agrupábamos juntos para mantener a raya a las fieras que venían a atacarnos durante la noche. Nos reuníamos en la cacería para poder atrapar una bestia que fuera muy feroz para un solo cazador, pero lo suficientemente grande para alimentar a todos. Permanecer impasibles mientras contemplábamos como cualquier miembro individual era herido o matado era una forma de debilitarnos a nosotros mismos. Si el número de miembros de una tribu disminuía, nosotros a la vez, como individuos, también nos debilitábamos. Eventualmente también llegaría nuestro día y habría muy pocos ya que pudieran defendernos de los animales en la noche.

Este sentido de propósito común está naciendo nuevamente, en el momento que lees esto. Y es una manera de pensar que cada uno de nosotros lleva dentro. Los engramas que están ahora siendo despertados por el movimiento de los planetas no son solamente las enseñanzas ancestrales enterradas en nuestro ADN (ácido nucleico o DNA). Son nuestras propias memorias a medida que nos realizamos más y más dentro del Nuevo Milenio.

Más de la mitad del mundo cree en la reencarnación, pero no así las religiones occidentales modernas. Es comprensible. La reencarnación amenaza con sacudir el grupo de buscadores de poder que dentro de la Iglesia se ha ejercido contra la humanidad. ¿Cómo es posible que estemos amenazados de una condenación eterna, de bailar para siempre entre los ladrillos ardientes y los carbones encendidos del infierno, si la muerte en sí no es eterna, y las almas verdaderamente reencarnan? Su poder está basado en el miedo, específicamente en el miedo de que vamos a arder eternamente en el infierno si pecamos y no nos arrepentimos de nuestros pecados en *esta* vida. Si podemos expiar los pecados de esta vida en la próxima, entonces se reduce el miedo y se estremece la base completa de su poder. En las religiones orientales pagamos por los pecados de las vidas pasadas en esta vida, si mejoramos, tenemos una vida mejor en la próxima ocasión, y eventualmente quedaremos liberados del ciclo de la reencarnación para unirnos con el espíritu universal cuando nos demos cuenta que nuestra alma y el alma del Buda son una sola cosa.

Sin embargo, el proceso de la reencarnación no es ni una licencia para pecar ni una deuda que hay que llevar siempre hasta que nos purifiquemos a nosotros mismos. El Karma no se trata de castigo, sino de aprendizaje. La reencarnación es una oportunidad para mejorarnos a nosotros mismos y a nuestro mundo, una serie de lecciones que conducen a que nos demos cuenta que compartimos la chispa de la vida universal. Todos somos parte de la gran conciencia cósmica. ¿Por qué entonces se nos mandaría aquí sin siquiera una oportunidad para demostrar nuestro valor antes de ser lanzados eternamente en el infierno? ¿Entonces un nativo de las selvas de Africa que vive y muere sin escuchar hablar de las enseñanzas de Cristo, pero que no peca en el sentido cristiano del pecado, va a ser aceptado en el Reino de los Cielos o arrojado al infierno? Y en todo caso... ¿por qué Dios iba a poner a un africano en un lugar donde él o ella no pudiera leer la Biblia y ganar su admisión en el predio celestial?

Se dice que cuando nacemos, un ángel coloca un dedo en nuestros labios y nos dice que no divulguemos lo que sabemos. Por eso nacemos con una hendidura en la parte superior de nuestros labios y ningún recuerdo de lo que hemos vivido anteriormente. Pero aquellos que son lo suficientemente espirituales sí pueden. Ellos no se han distanciado a ellos mismos del espíritu universal, y a través del mismo pueden conectarse con sus pasados.

Edgar Cayce, conocido tanto como el profeta durmiente o el hombre milagroso de Virginia Beach, de una manera accidental descubrió su capacidad para la "clarividencia hipnótica" mediante un amigo. Cayce, el hijo de un simple granjero con una profunda creencia en la Biblia y el cristianismo, de repente, cuando tuvo 21 años, sufrió una laringitis que le dejó sin voz durante un año entero. Fue a varios médicos, pero ninguno pudo ayudarle. Desesperado, Cayce aceptó la ayuda de un hombre de la localidad que tenía algún conocimiento de hipnosis. Mientras estaba en el trance hipnótico Cayce no solamente pudo describir su dolencia sino también describió el tratamiento que le curaría.

Muy pronto, Cayce descubrió que podía usar su talento recién descubierto para diagnosticar y ayudar a otros. Terminaría haciendo unas treinta mil consultas o "lecturas", de las cuales un 80 por ciento sería buscando curas para enfermedades, para ayudar personas, cerca o en distancia, logrando resultados milagrosos en la mayoría de los casos y nunca aceptando pago por su ayuda. Cada palabra que Cayce habló bajo hipnosis se grabó en una grabadora y la exactitud de las consultas de Cayce se confirmaron una y otra vez por personas reales. También existen registros idénticos de las consultas o lecturas espirituales no médicas de Cayce.

Después de casi veinte años de ayudar a otros con sus consultas médicas, un amigo curioso le preguntó a Cayce si su clarividencia pudiera arrojar más luz en las cuestiones más profundas de la vida y la filosofía. Cayce nunca se había preocupado de esos asuntos. Aceptaba sin cuestionar lo que había leído en la Biblia. Sin embargo, poco a poco fue dejando que él mismo, bajo sugestiones hipnóticas, pudiera ver si sería capaz de darle el horóscopo a ese hombre.

En su trance habitual, Cayce reveló un pequeño horóscopo. Entonces, sin que se le preguntara, sin que siquiera se le sugiriera que buscara más profundamente dentro de sí mismo, Cayce terminó su consulta con las sorprendentes palabras: "El fue monje una vez."

La idea que los espíritus de las personas regresan al plano terreno y que verdaderamente reencarnamos vida tras vida nunca había pasado por la mente de Cayce. En efecto, según su forma religiosa de pensar —Cayce leía la Biblia desde el principio hasta el fin por lo menos una vez al año desde que

tenía 10 años de edad— el concepto en sí era todo un sacri-
legio. Sin embargo, a medida que el tiempo fue transcurrien-
do, permitió que esta cuestión se fuera comprobando con más
profundidad en sus trances hipnóticos. Así, explicó en varias
lecturas, la astrología contenía algunas verdades, aunque no se
encontraba totalmente refinada para poder tomar en cuenta la
reencarnación, ni sus practicantes podían entender totalmente
el efecto de los planetas en los sistemas glandulares de las personas.

Lentamente, Cayce se fue convenciendo que estos nuevos descubrimientos sobre la reencarnación no estaban en conflicto con
sus puntos de vista religiosos. A través de largas discusiones y de
una búsqueda intensa en su alma, llegó a aceptar que nuestras
reencarnaciones son una serie de experiencias de aprendizaje,
fases por las que debemos pasar hasta que logremos la perfección espiritual.

Aunque mucho más difícil de probar que sus consultas médicas, las evidencias para estas "lecturas de la vida", como posteriormente las llamaría, se reflejaron en los registros históricos y
en la exactitud de las afirmaciones de las cuales no tenía
conocimiento Cayce cuando estaba consciente.

En el caso de un hombre, Cayce le dijo que había sido un sol-
dado del Ejército de los Confederados durante la Guerra Civil
Norteamericana, e inclusive le dio el nombre que tenía y el lugar
donde había vivido. El hombre buscó en los archivos y encontró
el nombre del hombre de 21 años que había sido alistado como
confederado en 1862. En otra ocasión, Cayce, que no tenía educación formal hizo una referencia durante una lectura a Jean
Poquelin, cuya madre murió siendo muy joven. Cayce no tenía
idea que Poquelin era el nombre verdadero del dramaturgo
francés Molière, cuya madre murió cuando era un niño. Cayce
ni siquiera sabía quién era Molière, mucho menos Poquelin,
hasta después de la lectura.

Bajo hipnosis, Cayce explicó que todos nosotros llevamos la memoria de todas nuestras vidas y experiencias pasadas enterradas profundamente en nuestras mentes. Llegar a ellas, recordarlas, decía Cayce, requiere que pasemos a través de una puerta trampa en los lugares más profundos de nuestra mente.

Se ha dicho que para saber lo que ha ocurrido antes, debemos preguntarle a un niño. Los niños no han cerrado sus mentes a las posibilidades, no han sellado la puerta trampa de Cayce. El recién nacido entiende todo lo que queremos decir en la manera que entienden los ángeles: entienden las emociones. No es la palabra "no" la que hace llorar a un niño, es la emoción o sentimiento que la acompaña— la ira, la desaprobación o el temor. No son las palabras de un arrullo las que tranquilizan, sino el sentimiento del amor enorme e incondicional que llega con ellas. A medida que las palabras permiten que los niños se expresen a ellos mismos con más detalles, también les aísla del lenguaje universal poniendo cada vez más límites a lo que debe expresarse y lo que debe ser reprimido. Las conversaciones de lo que ven los niños mientras duermen se descartan por los adultos como nada más que sueños y raramente se reciben como una posible visión, las cosas que se ven en la vigilia se desechan como productos de una imaginación sumamente activa. Así, de manera lenta pero seguramente, los niños van adoptando la forma de los adultos y se van aislando y sellando al pasado.

En el Nuevo Milenio a todos se nos estimula para que recordemos nuevamente. Todos nosotros nos daremos cuenta que estamos tocados por la chispa divina de la vida y que fluye a través de nosotros eternamente. Venimos, aprendemos, venimos nuevamente. Evolucionamos. Es como los árboles. En el invierno los árboles parecen morir, entonces, en la primavera florecen nuevamente. Lo que está en el arquetipo de la naturaleza está también en la naturaleza humana y en todo. Regresaremos aquí de nuevo y de nuevo hasta que hayamos aprendido y no tengamos más necesidad de regresar. Entonces regresaremos si así lo decidimos. El poder de la elección procede de lo que sabes y de lo que has dejado detrás. Cuando has probado todos los vinos, escoges el mejor. Las almas más viejas entre nosotros han regresado para ayudarnos a guiarnos dentro de la Nueva Era, para ayudarnos a conocer lo que han aprendido. Nos enseñarán a ir en busca de nuestras vidas anteriores para que podamos recordar lo que hemos aprendido por nosotros mismos. Nos enseñarán a conectarnos con el gran espíritu cósmico de la vida que rodea a todo en el universo.

En su trance hipnótico, Cayce describió una alfombra universal en que se registraba cada evento, cada movimiento, cada sonido —todo— lo que ocurrió en todo el cosmos desde el inicio de los tiempos. De nuevo, recordemos que Cayce no era un hombre culto, que solamente había ido a una simple escuela rural hasta el noveno grado. Pero en sus trances hablaba de lo que llamaba los "records Akáshicos". Explicaba que *Akáshico* es una palabra sánscrita que se refiere a la composición espiritual fundamental del universo. Algunas veces se refería a los registros como "La Memoria Universal de la Naturaleza" o "el Libro de la Vida". Decía que cada uno de nosotros tiene la capacidad de poder tocar este campo de energías y leer de él, si podemos poner a tono nuestros sensores con el suficiente alto grado de sensibilidad. Independientemente que podamos leerlo o no, cada uno de nosotros proyecta nuestros pensamientos y acciones en el mismo.

Los productores de Hollywood hablan de un fenómeno interesante. Durante meses, dicen, no reciben un solo guión de películas del "oeste" en el correos. Entonces, súbitamente, comienzan a ser inundados con estos guiones. O de repente, parece como si todo el mundo estuviera escribiendo obras de suspenso en los que la computadora fuera la culpable. Es como si, un productor dijo, alguien hubiera tocado en el inconsciente colectivo, rasgado la tela universal, que alguien en algún lugar haya pensado en algo y de repente cada escritor en una máquina de escribir, una procesadora de palabras, una computadora o simplemente extendiendo sus ideas con sus manos haya sentido el pensamiento, haya tenido la misma "inspiración". ¡Pero es exactamente lo que sucede! Una mariposa que aletea en las Amazonas *sí* causa una tormenta de nieve en Montana. Nosotros, y todos en el universo, todos estamos conectados. Cada acción tiene una reacción. Cada pensamiento está conectado con el espíritu universal, y cada uno de nosotros es tanto un transmisor como un recibidor conectado al mismo, si aprendemos a serlo.

Nuestros pensamientos son impulsos eléctricos pequeños que cruzan a través de las uniones sinápticas de nuestros cerebros. Esto es lo que sabemos. Cada pensamiento, entonces viaja a través de un espacio, un tramo, para conectarse con la próxima unión. Lo que la ciencia aún no ha descubierto es que no importa cuán pequeños parezcan ser estos impulsos a nuestras técnicas de mediciones o a nuestros instrumentos científicos, son lo suficientemente fuertes para conectarnos con la corriente universal que fluye alrededor de nosotros. Y cada uno de nosotros, aunque lo reconozcamos o no como tal, recibimos impulsos de esa corriente universal. Todos estamos conectados al flujo de energía que pulsa a través de todo. Aquellos que son suficientemente sensibles pueden reconocerla, pero como la ciencia no puede aún medir esa corriente universal, los científicos no aceptan su existencia. Sólo aquello que puede ser medido y probado con la metodología científica es real en el mundo científico.

Y ahora viene el percatarnos que existen cosas aunque no hayamos sido capaces de demostrar su existencia. Lo que se encuentra frente a nosotros es una explosión total de la conciencia humana, y una restructuración total de la ciencia. Como el ave fénix que surge de las cenizas nos reconstruiremos nuevamente, manteniendo lo que es bueno y descartando lo que es malo o inútil. En la Nueva Era nos liberaremos de siglos de falsas doctrinas, adoctrinamientos negativos, ideas absurdas de historias infantiles sobre Dios, religión, educación, medicina y amor. Las fundaciones corruptas de la falsa sociedad se derrumban. Este tiempo de crisis no es la señal del fin del mundo. Lo que viene no es el fin, sino el principio. El sueño que la humanidad ha vivido durante años termina y nos despertamos a un nuevo día luminoso, a un nuevo día brillante.

Ahora en la Era de Acuario todo se unifica, todas nuestras diferencias, todas nuestras dualidades se combinan como las fragancias en una florería, todas las flores diferentes añaden su bouquet a la mezcla general hasta que son inseparables. Cada flor individual permanece única, individual, cada fragancia única y discernible cuando nos acercamos a cada una de ellas, sin embargo, todas unidas con las demás en esa maravillosa mezcla de flores es lo que causa el olor de la florería.

Nuestro valor interior procede de adentro, de lo que tenemos dentro a través de nuestro desarrollo, de nuestra evolución y de lo que podamos darle a la sociedad. Ahora, nuestras diferencias drásticas se disuelven y nos integramos dentro de la gran unidad, del gran todo. Nos integramos y unificamos con los que están a nuestro alrededor y nos unificamos con la energía del universo, con el gran espíritu cósmico.

Místicamente, Acuario significa amistad. La amistad es una palabra sagrada en el Nuevo Milenio. La amistad salta hacia nosotros en su sentido más elevado, en su más noble aspecto— con entendimiento, colaboración y fraternidad. El amor y la amistad no tendrán nada que ver con el sentido de posesión o con el ego. La idea del amor que dice "tú me perteneces" termina en la Nueva Era. Termina el pensamiento de tener amigos por conveniencia, en la amistad basada en motivos ulteriores como un negocio. El amor y la amistad basados en cualquier otra cosa que no sea amor puro, el divino y puro amor de Dios, cambia el sentimiento como una moneda de cambio. Ya no tienes más el amor y la amistad por lo que eres o por lo que tú puedes hacer por mí.

Esta es la era de paz, de unidad, de amor. La polaridad de Acuario, Leo, nos inunda a todos con sus características complementarias. El trono celestial del Sol, Leo, nos alienta, ennoblece, enriquece e ilumina para el crecimiento de nuestros corazones, el crecimiento de nuestro Ser interno. Conjuntamente con Acuario, Leo promueve la integración de nuestra individualidad con nuestra unidad con toda la humanidad. Nos damos cuenta que primero debemos ser algo interiormente y de nosotros mismos para ser algo para otros.

Bajo su influencia combinada, la amistad con agenda desaparece para convertirse en verdadera fraternidad, en unidad pura. Entonces nos podemos preparar a nosotros mismos para la unidad con el espíritu universal.

Acuario también reina sobre la originalidad. La era trae una explosión de originalidad en las artes y en nuestros interiores. Todo, desde la música hasta la pintura, experimenta la energía de la era y se expande en fuentes frescas de expresión. En algunas maneras, esto ya puede ser visto. Aunque te guste o no la música rap, debes admitir que es una forma totalmente nueva de expresión artística para los muy pobres, una ruptura total de la música de la mayoría. El reggae, también, de repente se expandió por todas las ondas de radio y dentro de nuestras conciencias con una forma totalmente peculiar, previamente desconocida. Los pintores, asimismo, con su formas táctiles, también fueron capaces de sintonizarse más rápidamente que otros. Quizás era porque sintieron mucho más temprano la influencia de Acuario, sintieron las fuerzas revolucionarias de la evolución que el arte moderno haya pasado con semejantes cambios dramáticos en tantas décadas de antelación al advenimiento del Nuevo Milenio, dándonos la forma rebelde indiscutible de pintura conocida como el expresionismo abstracto.

En la Era de Acuario rompemos con el pasado para inventar el futuro que deseamos en nuestra sociedad y en nuestra persona. Las respuestas que encontraremos serán totalmente nuevas, totalmente originales, pero requerirán un examen completo de lo que ha sido y de lo que deseamos que venga.

Todas nuestras instituciones como las conocemos actualmente se deben adaptar a esta nueva realidad. Este tiempo no es solamente para la integración de la humanidad sino para la integración de todos sus códigos, cánones y conceptos. Nosotros nos estamos reinventando no solamente a nosotros mismos sino todos nuestros sistemas de sociedad. Las reglas que atan, las leyes que encadenan, los edictos que nos mantienen en constante conflicto con nosotros mismos, todos se irán derrumbando estrepitosamente.

La Biblia habla de la Segunda Venida de Cristo, de un Milenio de paz que viene cuando Jesús regrese nuevamente y todos nosotros nos unamos en la unidad universal. El tiempo está ahí. Cristo está llegando, pero no físicamente, sino espiritualmente. La Biblia habló con muchas metáforas. El Espíritu de Cristo es lo que llega ahora, en nuestras almas, en nuestra espiritualidad despertada. El Cristo interno cósmico está llegando. Es el momento de darnos cuenta que nosotros todos somos "los hijos de Dios" y que "el Hijo de Dios" vino a mostrarnos el camino para unirnos con ese espíritu divino universal.

Es el mensaje de Cristo el que ahora está despierto y se convierte en una realidad. Nosotros ayudaremos a los demás y tendremos compasión por todos. Ahora es el tiempo de poner el mensaje de amor de Cristo y de Buda en práctica, de sacarlo del nivel de meras palabras y convertirlas en acción. Muchas personas convierten el hecho de ir a la iglesia en un espectáculo. No van a buscar, sino a ser vistos. Van a la iglesia, pero la iglesia no va dentro de ellos. Ellos hacen acto de presencia, repitiendo rituales mecánicamente, sin sentimiento, sin poder alcanzar el significado. O van a pedir. Desagradecidos por lo que tienen, deseando que sea más, piden más. Ese no es el camino ni el propósito de la religión. Acuario es una era de agradecimiento. Debemos levantarnos cada mañana agradecidos por aún otro día de luz, de amor, de oportunidades y posibilidades. La afirmación de cada día debiera ser: "Me siento bien. Me siento amado por la naturaleza, por el viento, por el universo y por todo lo que hay en él."

Lo que es importante ahora es buscar el verdadero significado de los mensajes de los maestros. Durante dos mil años esos mensajes han sido explotados, utilizados por predicadores, pastores y sacerdotes para crear castillos resplandecientes, para almacenar grandes arcas de riquezas, mientras los pobres morían de hambre. Han servido como vendedores del paraíso y de la perdición para construir palacios, pero muy pocos han puesto en práctica el mensaje de los maestros, el mensaje de amor. A menudo ha sido justamente lo opuesto. Muchos han sido asesinados en el nombre de Dios. Las Cruzadas enviaron ejército tras ejército para pelear una guerra en la Tierra Santa. Los inquisidores y perseguidores píos enviaron a muchos de los llamados herejes y brujas a sus muertes. Ahora debemos renunciar a todo el veneno del pasado, librar las centurias de ira, respirar la paz y el amor de la Era de Acuario. Debemos dejar de ser pedigüeños, buscando salvación o rezando por la prosperidad y convertirnos en participantes agradecidos en el orden del universo, en armonía con él.

Esto significa amar a toda la naturaleza, amarnos unos a los otros, amarnos a nosotros mismos. En la Era de Piscis, la religión nos enseñó que nuestros cuerpos eran impuros. En las divisiones de izquierda y derecha, negro y blanco, bueno y malo, en el pensamiento de esa era dividíamos nuestros cuerpos en la parte superior y la parte inferior. Todo lo que se encontraba por debajo de la cintura era malvado y malo. Todo lo que estaba arriba era bueno. Teníamos que limpiar nuestros cuerpos para purificar nuestras almas. En casos extremos esto dio lugar a las costumbres de usar cilicios para mortificar la carne y de la auto-flagelación, fustigar nuestros cuerpos para eliminar el mal de la carne. Naturalmente, entonces, en nuestra manera de pensar, el sexo tiene que ser malo, pero ¿qué es lo más natural? Disfrutar del sexo no tiene que ser inherentemente malo. Disfrutar los placeres de la pasión no es necesariamente malo. El abandono total, el buscar pareja tras pareja para llenar un vacío en nuestras almas o usar el sexo como medio de poder sobre otros, es equi-vocado. Pero nuestra carne por sí misma no es ni buena ni mala, lo que decidimos hacer con ella es lo que es. En la Era de Acuario buscamos uniones basadas en el amor interno ver-dadero, dentro de ellas compartimos nuestro Ser interno sin inhibiciones, disfrutamos de cada uno de nosotros sin culpas.

El mismo concepto de culpa procede de la Era de Piscis. Los que buscan el poder y los que desean retener el poder lo uti-lizaron como un medio de control, para mantenernos a raya, para impedir que fuéramos verdaderamente libres. Querían que nosotros obedeciéramos sus reglas y la culpa era una manera de asegurarse que así lo hiciéramos. En la Nueva Era no caeremos más presas de la culpa. La culpa adquiere su fuerza cuando dejamos que sean otros quienes decidan nuestras verdades para nosotros. La culpa solamente tiene poder sobre nosotros si per-mitimos que otros tengan poder sobre nosotros, si dependemos de ellos para que nos dicten nuestros valores. La culpa es una admisión de que los demás están fijando las reglas de nuestra conducta. Pero también es una admisión que aún no nos hemos aceptado a nosotros mismos como nuestros propios guías. Es una admisión que no podemos decidir por nosotros lo que es correcto y lo que está equivocado, que solamente estamos tratando de evitar hacer algo que alguien ha decidido que está mal. Una vez que nos damos cuenta de la verdad por nosotros mismos, perderemos nuestras dudas y nadie podrá hacernos sentir culpables.

En la Nueva Era cada cual debe seguir el sendero dictado por su propio corazón. Nosotros *sabremos* lo que es correcto y al conocerlo no permitiremos que otros nos arrastren a sus concepciones de lo que es correcto o equivocado.

La idea de que seamos nosotros quienes decidamos por nosotros mismos lo que es correcto, lo que está bien o lo que está mal afectará drásticamente el poder que nuestras instituciones tienen sobre nosotros. Fuerza cambios en nuestras religiones, en nuestras leyes y nuestros gobiernos.

Todos nosotros sabemos que la sociedad se ha enfermado, que nuestros valores se han derrumbado. Nuestros políticos, en lugar de abordar seriamente los problemas y trabajar en sus soluciones, lo que tratan es de lucrar con la enfermedad. Vierten torrentes de discursos, avalanchas de palabras sobre los males, el crimen, las necesidades, pero solamente como un medio para lograr ser elegidos o reelegidos. Muchos son simplemente suministradores de propaganda con un mensaje que cambia según se vaya acomodando a sus necesidades.

Hemos sido las víctimas de la propaganda, de todas clases. Cuando los países se vuelven enemigos tratan de convencer a sus pueblos que los pueblos por sí mismos son también enemigos. A medida que los gobiernos marchan a la guerra pintan a la otra parte como malvados y feos. Siempre, la máscara pintada sobre el enemigo es horrible, exagerada. Cuando los gobiernos hacen las paces, se vuelven a pintar las caretas. Ahora que parece que estamos en guerra con nosotros mismos, las máscaras que les pintamos a todos aquellos que son diferentes dependen de hacia dónde se está dirigiendo la propaganda, o dónde se entrega la propaganda. Si eres pobre, es al rico al que hay que culpar, para el rico la culpa es de los pobres, para los de cierta raza dada son los de otras razas los que vienen a destruir sus vidas. Cuando vemos las cosas por nosotros mismos, no aceptamos más las imágenes de la propaganda, no la de otros ni la de nosotros mismos. A nadie hay que culpar por nuestros problemas. La sociedad en sí misma está buscando sanarse a sí misma y la simple propaganda no es siquiera un paliativo momentáneo. A medida que entramos dentro de nosotros mismos y desaparecen nuestras diferencias, buscamos curarnos a nosotros mismos, y aquellos que tratan de usar la ignorancia y la mala voluntad para tratar de volvernos a unos contra otros se encontrarán cada vez más aislados.

Tendremos oídos sordos para los que trabajen contra el espíritu de la unidad y la fraternidad y solamente respaldaremos a quienes trabajen para lograrla. Los políticos que apoyen las causas de la humanidad y de la unidad tendrán nuestro apoyo. A través de ellos, también nuestros gobiernos cambiarán o perecerán. Las leyes diseñadas para imponer la voluntad de alguien sobre otros, de dominar a otros, serán eliminadas. La totalidad de nuestras cortes, nuestro sistema de leyes y jueces y abogados se derrumbará estrepitosamente.

Lo que sigue ahora es una verdadera democracia, una democracia del Ser en la que todos somos los propietarios de la Tierra y los que la gobernamos. Es una anarquía, en cierto sentido, pero no un tipo de anarquía como puede pensarse de ella en términos piscianos en la que pequeños grupos trataban de destruir al gobierno de modo tal que pudieran imponer su voluntad sobre los demás. Esta es una nueva anarquía o una anarquía positiva. Es una anarquía que se basa en el mensaje de Cristo, fundada en la fraternidad y la compasión, una anarquía humana. En ella, aun las personas más pobres, el nativo más primitivo, reinará como gobernante de su propio universo. Desde el interior de cada uno de nosotros, desde el reconocimiento de nuestro lugar en el orden universal, vendrá el derecho a regir y el razonamiento para hacerlo— justamente, pacíficamente. Es la anarquía de la luz y del amor. Con ella, viene una unión de la humanidad, y una unión de la ciencia y la espiritualidad, que cambiará para siempre la forma en que pensamos y vivimos.

7

Nuevos poderes de la naturaleza, nuevos poderes de la mente

Hay quienes dicen que cuando la Atlántida, Lemuria y otros continentes se hundieron en tiempos antiguos por lo menos algunos de sus habitantes lograron escapar a otros planetas con todos sus conocimientos y descubrimientos. Ahora, a medida que se hunda también todo lo que se ha estado estructurando —el continente de conceptos, ideas y creencias— las personas alrededor del mundo escaparán hacia dentro de ellos mismos para descubrir lo que es real. En el Nuevo Milenio la humanidad buscará la sabiduría de los ancianos, de los antepasados, de los primitivos, de los nativos. Cuando las restricciones de la Era de Piscis se desvanezcan nos sentiremos libres para experimentar, tratar y aprender lo que es útil y eterno. La era que llega abre las puertas a un tiempo de grandes hazañas humanitarias y de expansión científica. El momento del milenio es un portal en el tiempo, un paso que nos conduce a los más grandes descubrimientos de la historia humana.

La ciencia y la espiritualidad se dan las manos después de siglos de peleas. Rasgamos para siempre el velo de la decepción y la hipocresía para abrirle el camino al florecimiento de una nueva primavera para la humanidad. Descubriremos nuevas fuerzas tremendas en la naturaleza y tremendos poderes en nuestras mentes.

Lo que hasta ahora han sido solamente ensayos tentativos en el campo de la medicina holística se convierten en realidad. Las enfermedades, malestares y todas las formas de dolencias comienzan en el alma y crecen en la mente antes de mostrar sus síntomas en el cuerpo. Todo lo que conocemos como dolencia física es la última etapa de un proceso de desintegración que comienza con la desarmonía. Piensa en aquellos que han sido infectados con el virus del HIV y como han podido aplazar los efectos mortales del SIDA mediante el ejercicio y una actitud positiva. Sabemos que las tensiones y las preocupaciones debilitan el sistema inmunológico. Sin embargo, en lugar de atacar la causa, tomamos vitaminas para suplir nuestro sistema. Las víctimas del cáncer han invertido literalmente el avance de su enfermedad y se han logrado curar al seguir estilos saludables de vida que incluyen actitudes sanas. La gente que está en paz consigo mismo y con el mundo son personas felices y están mucho más propensas a ser personas saludables.

En el Nuevo Milenio sabremos que aun la célula más pequeña de nuestro cuerpo nos comunica sus necesidades, que cada una de ellas escucha las vibraciones de nuestros espíritus y de nuestras mentes, y que cada una de ellas, en su propia manera, tiene su propia mente que registra cada uno de nuestros pensamientos, los buenos y los malos. Sabemos del poder de las enfermedades psicosomáticas... ¿por qué no va a haber entonces curas psicosomáticas? Ahora la medicina procede de adentro, de aprender a escuchar a nuestros propios cuerpos y de lograr que nuestros cuerpos nos escuchen. Podemos poner el mundo del ADN (DNA) a nuestro servicio, cooperando con nosotros, una vez que aprendemos a cooperar con él. Si programas tus células con pensamientos constantes de "no me siento bien", "estoy enfermo", "estoy enfermo", "estoy enfermo", las células lo escuchan tantas veces que seguramente se enfermarán.

Ha llegado el momento de paralizar la mente negativa —la mente adquisitiva, comparativa, fatalística— y dejar que nuestros corazones nos guíen. Con afirmaciones positivas podemos destruir nuestras programaciones y curarnos a nosotros mismos. Deja que el poder positivo de la Era de Acuario fluya a través de ti para que te nutra, te sane, y a través de ti que cure la Tierra. Como respuesta, el planeta nos abrirá a nosotros su abundancia para que podamos compartir los secretos que aún quedan por descubrir en las plantas y hierbas curativas que mejorarán nuestras vidas y fortalecerán y sanarán nuestros cuerpos.

Los antiguos y los primitivos conocían el poder de las plantas y las hierbas, conocían el poder de la Tierra. Para cada mal en la Tierra existe una cura que viene de la Tierra. La tarea nuestra es encontrarla. Fíjate en los animales. Cuando un animal se siente enfermo come ciertas plantas o come hierbas. El busca en la Tierra la cura de lo que le aqueja. Los animales escuchan a sus cuerpos y saben que el remedio está en la Tierra y que solamente tienen que encontrarlo.

En el Nuevo Milenio, la Era de Acuario, nuestra unión con cada uno de nosotros y con nosotros mismos también nos pone en unión con nuestra gran Madre Tierra. Acuario significa un regreso a la naturaleza. En la Era de Piscis los humanos azotamos y destruimos a la Madre Tierra ignorando los riesgos y daños que causábamos al poner asfalto y cemento y dejar que el humo saliera de nuestras fábricas, al verter sustancias químicas en los ríos y arroyos que una vez corrieron con agua pura, al inundar el aire con gases de motores y amenazar el propio aire que respiramos. La Madre Tierra está herida gravemente y ahora ha llegado el tiempo de sanar a nuestra madre, la que nos ha dado toda su abundancia y no ha pedido nada a cambio. Las personas motivadas espiritual y filosóficamente han batallado para detener la destrucción durante décadas en los llamados movimientos "verdes". Ahora los científicos también se están haciendo eco a las advertencias de estos revolucionarios verdes. Los científicos han documentado el debilitamiento de la capa de ozono y la amenaza de un calentamiento global. Tanto los científicos como los ambientalistas se han unido para ayudarnos a que nos demos cuenta de la realidad que debemos proteger y expandir las selvas y bosques tropicales, cubrir la Tierra nuevamente con una alfombra verde de vegetación porque éstos son los pulmones del mundo.

Esta revitalización de la naturaleza, este renacimento de la Tierra comienza con cada uno de nosotros, cada uno en nuestro pequeño pedazo de tierra, en nuestras propias vidas. Cada uno de nosotros debemos cultivar y cuidar nuestra pequeña parcela de suelo, aunque sea una pequeña cajita con plantitas colgadas en una ventana en un apartamento de Nueva York.

La Tierra pertenece a nosotros mientras estemos en esta encarnación, y el mundo es el mundo como queremos que sea. Cada uno de nosotros tiene un pequeño universo dentro de nosotros mismos conectados con el cosmos. Si tú, en tu universo, estás en paz, contribuyes a la paz global. Si tú comienzas individualmente con paz y amor, esa gota de paz y de amor cae en el lago que la rodea y envía ondas que se esparcen y tocan hasta las ondas más lejanas. Tú tendrás un efecto en todo el planeta, en todo el universo, empezando por ti mismo. No vayas a pensar que porque eres sencillamente una persona humilde, una persona pobre o con poca formación cultural que no puedes contribuir al embellecimiento del nuevo mundo. Cada uno de nosotros que nos abrimos a nosotros mismos, que aprendemos a escuchar y entender el mensaje de la gran orden cósmica, recibirá lo que puede compararse a un mandato divino para llegar a la Tierra en una manera totalmente nuevo, para tocar la Tierra en una manera totalmente nueva. Al escuchar este mensaje, los científicos nos mostrarán cómo hacer florecer los desiertos, cómo volver fértiles los terrenos áridos, cómo limpiar el aire que respiramos.

Ya el espíritu del Nuevo Milenio nos llama para unirnos en el esfuerzo. Las comunidades, las ciudades, se han unido en esfuerzos masivos de reciclaje, tratando de reusar o de encontrar nuevos usos para lo que una vez fue desperdicio. Esto es solamente el inicio. Estamos al borde de una transformación total del globo terrestre. Aún queda mucho de esta Tierra que virtualmente nos es totalmente desconocido. En esos lugares ocultos se encuentran los tesoros que la Tierra ha retenido para que nosotros los descubramos y al hacerlo también descubriremos maneras de usar nuestro planeta en formas totalmente nuevas. Necesitamos aprender a escuchar a nuestra gran Madre, la Tierra, y atenderla.

Necesitamos aprender nuestras lecciones de la naturaleza. De alguna manera porque caminamos erguidos y usamos nuestros intelectos, nos consideramos totalmente separados de los animales, en lugar de ser simplemente diferentes que ellos. Pero aun los animales tienen muchas lecciones para nosotros. Los animales más fuertes no comen carne. Los potentes elefantes, los enormes animales que caminan en este planeta viven de hojas y avena. Y alcanzan una edad muy avanzada con esta simple dieta. Animales de tremenda fuerza —caballos y vacas— se alimentan sólo de hierbas y granos. Los animales que viven menos tiempo se alimentan de carne. Los tigres y los leones, tan fieros y poderosos como son, viven solamente unas cuantas décadas cortas.

Necesitamos escuchar a nuestros cuerpos, también, como hacen los animales. Y aprenderemos también a saber lo que debemos comer y cómo cuidarnos a nosotros mismos. Ya podemos. Simplemente escogemos no hacerlo. Cerramos nuestros oídos internos a los gritos de nuestro cuerpo hasta que nos volvemos absolutamente sordos a esos gritos o hasta que ya cesan de llamarnos. Nos volvemos como aquella gente que vive cerca de las líneas del ferrocarril o de los aeropuertos, que después de cierto tiempo, ya no oye más ni los trenes ni los aviones.

Cualquier médico sabe que los antojos de una mujer embarazada son simplemente los llamados de su cuerpo para cierto tipo de nutrientes. El chiste habitual de una mujer embarazada pidiendo helados y encurtidos nos puede sonar mal, pero es normal. ¿Por qué solamente las mujeres embarazadas deben tener esta capacidad? Por supuesto que no. Lo que pasa es que se nos ha estado educando, programando para comer ciertas cosas a determinadas horas del día. Se nos ha enseñado a comer "tres comidas completas" diariamente. Se nos enseñó a comerlo todo y limpiar los platos para que no se desperdicie nada.

Y entonces, a medida que envejecemos, debemos librar una batalla constante para impedir que se ensanche nuestra cintura y engordemos. ¡Qué maravilla! ¡En lugar de escuchar a nuestros cuerpos y aprender a escuchar cuándo es que queremos frutas y cuándo no queremos ya más nada, nos forzamos a adaptarnos a un horario antinatural de alimentación! Nos obligamos a nosotros mismos a terminar hasta el último bocado y nos adaptamos a comer más de lo que necesitamos. Entonces nos lanzamos a dietas artificiales antinaturales con la esperanza de perder todos los kilos de más que toda una vida de viejos hábitos ha acumulado sobre nosotros. Este es el pensamiento de esto o lo otro, del banquete o el hambre, la mentalidad de la Era de Piscis. Ponte a tono con tus deseos, sintonízate con tus necesidades y el balance llegará naturalmente. Obligarnos a nosotros mismos a comer, y después obligarnos a ayunar, crea una tensión constante dentro de nosotros. Nos pone en guerra con nuestros propios cuerpos y promueve el ciclo constante de insatisfacción y malestar que conduce a la enfermedad.

Nada que disfrutes verdaderamente te puede causar daño. Ahora, el disfrutar *verdaderamente* sin embargo, no es lo mismo que volverse un adicto. La primera vez que fumas un cigarrillo e inhalas el humo hacia dentro de tus pulmones, el cuerpo responde automáticamente produciendo fuertes accesos de tos, advirtiéndote que debes rehusar ese humo. El cuerpo te obliga a expeler el humo, pero pronto la primera invasión de nicotina narcotiza tu cerebro y te envía una sensación de mareo y aceleración inducida por esta droga. El cuerpo ha gritado su aviso, pero como regresas una y otra vez al humo, el cuerpo acalla la tos porque el cerebro así se lo ordena para que pueda continuar su placer.

De manera similar nuestros cuerpos casi nunca ansían azúcar, más allá del azúcar natural que se encuentra en las frutas y en otros alimentos. Pero nos permitimos a nosotros mismos el convertirnos en adictos al azúcar, a los pasteles y a los dulces y caramelos. Y una vez que estamos adictos no podemos escuchar más a nuestros cuerpos. El azúcar pone a funcionar respuestas en nuestros cerebros, no en nuestros cuerpos. Y entonces nuestros cerebros bloquean los mensajes que están gritando nuestros cuerpos. Sin embargo, aún los escuchamos cuando nos miramos en el espejo y pensamos: "Oh, debo perder algún peso" o cuando te sientes falto de aire al subir unas escaleras, pero dejas a un lado esta idea tan rápido como surgió— silencias el mensaje del cuerpo en favor de los deseos de tu cerebro. Tu cerebro está imponiendo su voluntad sobre tu cuerpo en lugar de estar sintonizado con él. ¡Escucha! ¡Oye! Y actúa sobre lo que sabes es lo cierto antes que hayas descartado el pensamiento.

El conocimiento es poder. Cuando ganamos un conocimiento mayor sobre nosotros mismos, ganamos también un poder mayor. Con él también podemos detener inclusive las manos del tiempo. El proceso de envejecimiento comienza en nuestras mentes, con la idea de que solamente tenemos un número determinado de años para vivir. Quizás no pensemos en una fecha exacta o en un número exacto de años, o tal vez sí, pero la idea de que no vamos a vivir más allá de cierta extensión de tiempo porque es lo que todo el mundo vive es prácticamente la misma cosa. "En promedio," pensamos, "los hombres y las mujeres viven hasta...." Y eso es todo. Pensamos, de la misma manera, que a cierta edad esto sucederá o que pudiera suceder. Pensamos que después de los 30, 40 o 50 o cualquier otra edad no vamos a ser capaces de hacer esta u otra cosa, pero esto equivale lo mismo a lanzarse a competir en una carrera pensando que vamos a perder. ¡Perderás!

Los atletas, entrenadores y psicólogos lo llaman visualización. Visualiza lo que va a pasar y pasará. Si piensas "no puedo correr tan lejos" entonces tus pulmones empiezan a arder como el fuego, boquearás por aire, tus piernas flaquearán y cederán. Piénsate a ti mismo corriendo libre y fácilmente como una gacela en libertad, al aire libre, tus pasos firmes y ligeros, tu respiración fácil... y *correrás* más rápido y más lejos que nunca.

Lo mismo ocurre con la edad. Alguien dijo una vez: "No dejas de jugar porque envejeces, envejeces porque dejas de jugar." Es cierto. Nos vamos haciendo viejos a nosotros mismos... o dejamos que sean otros quienes nos hagan viejos al permitir que nos digan: "Tú no debes hacer eso."

Recuerda las palabras de la canción "cuando eres joven de corazón". Tu mente nunca envejece a menos que la dejes hacerlo. Tu mente funciona hasta que permites que te proyecte que no le estás dando el máximo. Tienes inmortalidad psicológica, inmortalidad mental si así lo deseas.

Al reconocer el poder dentro de nosotros mismos nos ponemos en sintonía con nuestro propio Ser interno y nos volvemos socios de nuestros médicos a la hora de cuidarnos a nosotros mismos. Ahora, cuando vamos a un hospital, lo hacemos como pacientes, esperando pasivamente ser tratados. Esperamos que se nos diga lo que anda mal con nosotros. Esperamos que nos den una pastilla o nos pongan una inyección. Esperamos ser curados. En el futuro, trabajaremos con nuestra propia energía para nuestra propia cura, trabajando mano a mano con nuestros doctores— la ciencia y la espiritualidad juntas.

Hoy, la curación psíquica, la curación espiritual, se considera fantástica, una aberración, o simplemente "suerte". A medida que avanzamos dentro del Nuevo Milenio haremos que ocurra. Ya podemos. Ya el espíritu de la Era de Acuario nos está tocando, llamándonos. Oyelo y escúchalo y estas cosas comenzarán a suceder para ti. Podemos aprender a escuchar nuestros espíritus y nuestros cuerpos. Y podemos escuchar las profundidades insondeadas de nuestras mentes. Al hacerlo, descubriremos que lo que hoy sería considerado como poderes fantásticamente increíbles de la mente, en el mañana, serán considerados como algo común en la Nueva Era.

Los científicos estiman que solamente utilizamos el 10 por ciento de nuestros cerebros. La verdad es que eso es lo que nosotros permitimos solamente que use. Debido a la pereza — porque no necesitamos el resto para la mayor parte de nuestras actividades mundanas diarias —o por falta de entrenamiento, nos cerramos y distanciamos de la mayor parte de nuestra capacidad. Desde la época en que somos pequeños se nos enseña a leer, escribir y pensar de cierto modo. Se nos enseña a hacer lo mismo que hace todo el mundo. Cada día se nos enseña a usar solamente una parte suficiente del cerebro para hacer lo que debemos hacer e ignorar el resto. Se nos dice que los compañeros "imaginarios" de juegos de los niños existen solamente en la imaginación y que deben ser olvidados. Muy pronto lo son. La lógica es lo importante y todo aquello que no puede ser explicado lógicamente, no existe.

Se nos dice, por ejemplo, que nuestros sueños no son nada más que eso— sueños, alucinaciones sin significado. La ciencia racional desarrolla explicaciones elaboradas de cómo trabajan nuestros sueños, cómo los usamos para clasificar y distribuir las impresiones del día. Sigmund Freud fundó la totalidad de la psicología moderna al demostrar el significado de nuestros sueños, de la simbología de nuestros sueños. Nos dijo como los trenes que van dentro de los túneles existen realmente en nuestros sueños como metáforas para el sexo, y mucho más. Por tanto, si lo opuesto es cierto esto querría decir que si estoy soñando que tengo una relación sexual con una pareja hermosa lo que quiere decir es que quiero viajar en un tren dentro de un túnel.

Pero parece bien raro que nuestros cuerpos y nuestras mentes que de otra manera hablen tan claramente para nosotros tuvieran que recurrir a metáforas tan elaboradas para decirnos lo que desean decirnos. Cuando tenemos un dolor de estómago, esto casi nunca quiere decir que tenemos un resfríado o un problema en la garganta, y un estornudo casi nunca quiere decir que tenemos hambre. ¿Entonces por qué voy a soñar con trenes cuando lo que estoy pensando es en sexo?

No, nuestros cuerpos y mentes no nos hablan con metáforas.

Nos hablan con un lenguaje al que debemos aprender a prestarle atención, aprender a entender. Cuando dormimos cerramos nuestra mente enjuiciadora, la mente impositiva, la mente de Piscis. Nuestros cuerpos y mentes nos hablan claramente y abren el camino para que nosotros podamos ver, oír y saber mucho más de lo que nunca antes habíamos podido. En nuestros sueños podemos destapar esa porción de nuestros cerebros que nunca usamos. Podemos penetrar muy profundamente dentro de nuestras mentes ancestrales y más adelante, hacia lo desconocido. Podemos abrir los tremendos poderes de la mente que serán algo común en el Nuevo Milenio. Eventualmente, estos pensamientos nos acompañarán y nos hablarán claramente también cuando estemos despiertos.

Los hombres y las mujeres primitivos de las selvas y de los tiempos antiguos tenían una explicación muy diferente para nuestros sueños que la que nos dio Freud. Para ellos nuestros subconscientes abrían las puertas para que los espíritus nos hablaran. Nuestros sueños eran mensajes de nuestros antepasados o de los dioses, a menudo visiones de lo que iba a ocurrir. Escuchaban cuidadosamente sus sueños y aprendían de ellos. Pero a medida que nos fuimos volviendo más apegados a las cosas materiales, al mundo material, perdimos contacto con nuestros sueños y perdimos contacto con ese vasto pozo de poder que existe dentro de nosotros. Ahora ha llegado el tiempo de despertar el pasado, de penetrar dentro del futuro.

La clarividencia, la telepatía y esas cosas que nos parecen tan alejadas, casi imposibles hoy, serán posibles en el Nuevo Milenio. Y ¿por qué no habría de ser así? Ya hablamos de premoniciones, de *déjà vu*, de sentirnos "afortunados" o de sentirnos de una manera "extraña" o "erizados".

Tenemos "corazonadas" y recibimos "escalofríos", pero nuestra mente lógica aparta inmediatamente esas ideas. Los valores colectivos y el pensamiento de la sociedad pisciana que nos dicen que la percepción extrasensorial y otros poderes de la mente no existen alejan de nosotros estos pensamientos.

Cada uno de nosotros ha escuchado los casos de gemelos que comparten un pensamiento simultáneamente, o de una madre que se ha sobrecogido por un horrible sentimiento de terror mientras su hijo, a muchos kilómetros de distancia, en ese mismo instante, por poco es atropellado por un automóvil. La "intuición de la madre" nos despierta en el medio de la noche, nos guía a la habitación donde duerme nuestro hijo para descubrir que en esos momentos está sufriendo una fiebre alta muy peligrosa. Sabemos que estos casos son ciertos, pero aun así los descartamos.

Como citado en *Conversaciones con Goethe* por Johann Peter Eckerman, Goethe comentaba sobre nuestra capacidad para compartir telepáticamente los pensamientos: "¡Un alma puede tener una influencia decidida sobre otra simplemente mediante su presencia silenciosa… Muchas veces me ha sucedido que al estar caminando con un conocido y haber tenido una vívida imagen de algo en mi mente, esa persona ha comenzado a hablar de esa misma cosa… todos nosotros tenemos algo de fuerzas magnéticas y eléctricas dentro de nosotros."

Los animales, usando poderes que no comprendemos, saben cuándo se aproxima una tormenta o un terremoto. Mucho antes que los sismógrafos más sensibles detecten las primeras trazas de un temblor de tierra, los animales se esconden, los peces nadan al fondo del mar. Los humanos, una vez que estemos sintonizados adecuadamente con nuestro propio Ser interno y comencemos a reconocer nuestra conexión con el cosmos, cuando recuperemos el conocimiento de nosotros mismos y el poder que existe dentro de nosotros, desarrollaremos poderes mil veces más fuertes que los de los animales.

Carl Jung, el famoso psicólogo, dijo una vez que él se negaba a "cometer la estupidez, tan a la moda, de considerar todo aquello que no podía explicar como un fraude". El no lo hizo. Encontró correlaciones notables entre la gente y la astrología y observó de primera mano excepcionales incidencias de fenómenos paranormales.

En una conferencia que pronunció en 1905, Jung citó el ejemplo de Emanuel Swedenborg, el científico y místico sueco cuyas visiones condujeron a la fundación de una secta religiosa muy influyente en los últimos años del siglo XVIII.

Swedenborg había acabado de regresar a Göteborg de un viaje a Inglaterra y se encontraba en camino hacia su casa a unos ochenta kilómetros de distancia. Pero en el momento que estaba visitando la casa de un amigo en su recorrido, de repente se sintió muy agitado y exclamó que en esos momentos se había desatado un incendio en Estocolmo y que se estaba propagando muy rápidamente. Dijo que la casa de uno de sus amigos ya se había quemado totalmente y que su propia casa estaba amenazada. Dos horas después Swedenborg anunció que el fuego había sido controlado a unas tres puertas de su casa. A la mañana siguiente Swedenborg describió detalladamente el incendio, cómo comenzó, cuánto duró y cómo se había iniciado. Pero no fue hasta la noche del siguiente día que llegó el primer mensajero portando noticias del fuego de Estocolmo. Y no fue hasta la otra mañana subsiguiente que llegó a Göteborg el informe detallado del fuego y los daños causados— todo lo cual era exacto a lo que Swedenborg había relatado anteriormente.

Mi propia vida está compuesta de visiones y revelaciones. Desde que era un niño he visto la causa de las enfermedades. Cuando era un niño la gente de mi pueblo me llamaba Walter de los Milagros porque se había corrido rápidamente la voz de un niño que podía ver el pasado y futuro de la gente, conocía las causas de sus enfermedades y la manera de curarlas. Y como así ha sido desde que puedo recordarme, inicialmente no me di cuenta que era diferente. Como un pez en el agua, yo estaba inmerso en el mundo espiritual desde mi nacimiento y no tenía idea que los otros caminaban encima de la tierra.

Un día, por ejemplo, estaba sentado en mi pequeño pupitre en el aula también pequeña de la escuela primaria donde asistía cuando vi que se estaba cayendo la campana a la entrada de la escuela, sentí un gran temblor en la tierra y vi a la gente corriendo. Lo pude ver claramente, pero cuando salté, totalmente en estado de shock y llamé a mi maestro, el suelo no se estaba moviendo y todos mis compañeritos estaban sentados calmados y tranquilamente en sus pupitres. Mi maestro me dijo que había sido un sueño, que no me preocupara.

Al día siguiente, de nuevo estaba sentado en mi pequeño pupitre y de repente la tierra comenzó a temblar, y a estremecerse violentamente. La gente corría y gritaba y la campana que estaba a la entrada de la escuela se cayó— al igual que yo había visto el día anterior.

Pero el por qué se me había dado este poder y cómo iba a usarlo no se me aclaró hasta muchos años después. El 18 de diciembre de 1975 yo estaba en mi dormitorio cuando me desperté de repente, y me di cuenta que estaba totalmente paralizado. Me sentí completamente helado. Mientras estaba en ese estado, sin saber qué hacer después, vi que mi habitación estaba completamene inundada de una luz intensamente brillante. Entonces vi y escuché a una entidad— la fuente de la luz, pero sin forma o rasgos reales, solamente un ser de luz. Me estaba hablando, pero en una manera mística porque no lo escuchaba con mis oídos sino con mis pensamientos. Hablaba de mente a mente, de corazón a corazón. Me dijo que yo había sido escogido para ser un instrumento, que mi misión era utilizar mis poderes para ayudar a guiar a otros a través de este mismo tiempo difícil en el que vivimos.

Desde entonces he continuado recibiendo mensajes, a menudo gracias a ese ser asexual de luz que viene y se para a mi lado o que llega en mis sueños y me lleva por la mano y me conduce a caminar a lo largo de una playa. Cuando me abrí más y más para recibir esos mensajes, mi antena psíquica se volvió mejor sintonizada, al igual que un nadador que se sumerge en el agua cada día encuentra que sus movimientos se vuelven más suaves y que con cada día que pasa le requiere menos esfuerzo nadar.

Pero al igual que la capacidad de nadar no es única para un individuo en particular —todos nosotros podemos hacerlo si deseamos— así también ocurre con los poderes de la mente.

Hoy día los científicos realizan experimentos en parapsicología en un número de instituciones muy respetadas en todo el mundo. El gobierno de los Estados Unidos ha patrocinado investigaciones del funcionamiento psíquico en el Stanford Research Institute (SRI) International, el Instituto de Investigaciones Stanford, por casi veinte años. En 1990 el patrocinio se trasladó a la Corporación Internacional de

Aplicaciones de la Ciencia (SAIC en inglés) conjuntamente con el ex-director de la SRI International.

Los descubrimientos de las investigaciones en ambas instituciones según la profesora Jessica Utts de la Universidad de California, en Davis, en la División de Estadística, "sugieren que si existe un sentido psíquico entonces trabaja muy parecido a nuestros otros cinco sentidos, o sea, detectando el cambio... puede ser que exista un sentido psíquico que pueda ver en el futuro para descubrir cambios importantes al igual que nuestros ojos exploran el ambiente para detectar cambios visuales o nuestros oídos responden a cambios de sonido repentinos."

En un ejemplo de los resultados de los experimentos en el SRI, dos sujetos sometidos a prueba describieron correctamente una instalación gubernamental subterránea muy secreta que nunca habían visto ni de la cual habían oído hablar antes. Uno de ellos, en efecto, fue tan exacto al mencionar las contraseñas y los nombres de los trabajadores de la instalación que el experimento causó que se iniciara una investigación de seguridad para averiguar cómo pudieron divulgarse estos datos. Este mismo sujeto también continuó y describió un lugar similar de los soviéticos en los Urales, que también fue verificado.

Muchos de nosotros hemos tenido la sensación de que nos están vigilando. En un experimento en la SAIC los investigadores trataron de determinar si existía un cambio fisiológico, un cambio corporal que pudiera medirse y que apoyara esa "sensación". Los investigadores sentaron a su sujeto de experimentación en una habitación que tenía una cámara de video enfocada hacia él o ella y midieron los cambios eléctricos ocurridos en su piel mientras alguien en otra habitación trataba de "influir" el sujeto al mirar su imagen en un monitor de televisión. Los resultados: había una reacción de la piel significativamente mayor durante los períodos en los cuales estaban siendo vigilados, que durante aquellos períodos de control en los que no se estaban vigilando.

Los investigadores también observaron que el efecto era mucho más pronunciado cuando el sujeto y el observador eran de sexos opuestos.

En la investigación de las experiencias fuera del cuerpo, que también llamamos proyecciones astrales, Charles Tart, profesor emérito de psicología de la Universidad de California, en Davis, y un consejero de la SRI International, encontraron evidencias asombrosas de su existencia. A una mujer que reportaba experiencias frecuentes fuera del cuerpo en su vida, se le conectaron electrodos para medir sus patrones de ondas cerebrales mientras dormía. Tart no solamente pudo grabar unos patrones de ondas cerebrales medibles y significativamente diferentes durante el momento en que reportaba experiencias fuera del cuerpo sino también pudo demostrar que había recibido informaciones que solamente podría haber adquirido flotando cerca del techo de la habitación.

Para probarla, Tart escribió en un papel un número de cinco cifras concebidos casualmente —sin que ella lo viera— y lo colocó vuelto hacia arriba encima de un estante que estaba a más de dos metros por encima del piso de modo tal que ninguna persona que entrara a la habitación o estuviera caminando pudiera verlo, y mucho menos una joven mujer que estuviera acostada en una cama con su cuerpo conectado con cortos electrodos. En diferentes ensayos en noches diferentes, la mujer informó que no podía controlar sus movimientos cuando estaba en la experiencia fuera del cuerpo y que por eso no había podido ver los números, pero en una ocasión en que dijo haber flotado en el techo cerca del estante pudo decir el número de cinco cifras totalmente correcto y ¡en perfecto orden!

Más de cuarenta años de experimentos controlados científicamente apoyan la existencia de la percepción extrasensorial. La investigación afirma que muchos de nosotros ya tenemos el talento de la telepatía, el poder de enviar y recibir mensajes mentales entre unos y otros, de clarividencia, la capacidad de conocer lugares diferentes y sucesos distintos sin la ayuda de otros, y de la precognición o la capacidad de conocer sucesos que van a ocurrir en el futuro antes que sucedan. La investigación de Tart también incluye estudios de cómo mejorar nuestra capacidad para usar el "sexto sentido". En la Era de Acuario se levantará el velo del misterio y entenderemos todo el poder de nuestra mente y cómo usarlo.

Urano y Neptuno estarán muy cerca en Acuario en 1998. Esto es de extrema importancia para liberar las capacidades de nuestras mentes profundas, insondables. Urano trae la energía espiritual de nuestro Ser interno bullendo a través de nuestras mentes y Neptuno rige el canal espinal y los procesos mentales y nerviosos. Juntos recibirán y ampliarán la energía iluminadora y visionaria de Acuario. Añade a este poderoso encuentro la influencia planetaria de la posición de Plutón en Sagitario. Plutón es el planeta del inconsciente, Sagitario, como ya sabes, es el signo de la expansión, de la magnificación.

Combinados en esta unión celestial nunca antes vista: "Pasará entonces que derramaré mi espíritu sobre toda carne, tus hijos y tus hijas profetizarán, tus viejos tendrán sueños, tus jóvenes verán visiones" (Hechos 2:17).

Edgar Cayce, el clarividente conocido como el hombre milagroso de Virginia Beach, llegó con su mente a más de 24,000 casos muy bien documentados a quienes curó de sus enfermedades, gente a quien los médicos no podían ayudar, o que se había dado por vencido. En millares más de trances hipnóticos que abrieron el camino para su sorprendente clarividencia, Cayce respondió a preguntas sobre la reencarnación, el espíritu universal y la astrología. Dijo que la influencia primaria de la astrología era glandular, que los planetas eran centros vibratorios de energía que impactaban a la humanidad. Nuestros receptores que nos permiten conectarnos con el tapiz universal que contiene la historia registrada del cosmos, decía, se encuentra profundamente dentro de nuestros cerebros, y si pudiéramos penetrar en esa región y sintonizar nuestra antena lo suficiente, podríamos ver y conocer como él lo hizo. El propio Cayce previó este acontecimiento, así como su importancia: "Es difícil proyectarnos dentro de semejante mundo, un mundo donde la gente ve las virtudes y los defectos de los demás, sus debilidades y sus puntos fuertes, sus enfermedades, sus desgracias, sus éxitos futuros. Nos veremos a nosotros como los demás nos ven y seremos una raza de gente totalmente diferente. ¿Cuántos de nuestros vicios van a persistir cuando sean evidentes a los ojos de todos?"

Existe una correlación fantástica entre las visiones de Cayce, las visiones del hijo de un granjero prácticamente sin educación alguna que simplemente había terminado su noveno grado en una humilde escuelita rural, y las creencias de las religiones orientales de las cuales Cayce no sabía absolutamente nada.

Los maestros de Oriente dicen que nuestro poder visionario se encuentra en nuestra glándula pineal, o sea, nuestro "tercer ojo", la fuente de la energía espiritual y profética. Ahora, en el Nuevo Milenio, llega el crecimiento dramático de este cuerpo en lo profundo de nuestros cerebros, de estas antenas receptoras conectadas al vasto "inconsciente colectivo" descrito por Jung. Nuestras antenas estarán sintonizadas y armonizadas como nunca antes lo habían estado. En estos momentos están naciendo los más grandes médiums de nuestro tiempo, gente que nos conectarán con el pasado y que nos ayudarán a penetrar en la Nueva Era.

La humanidad regresa a este plano simple y natural, pero nuestros espíritus, mientras nuestros cuerpos duermen, pueden entrar en contacto con otras realidades, pueden recibir conocimiento a través de nuestros viajes astrales. Podemos desarrollar la capacidad de extender este poder y obtener revelaciones. Cargados con la energía de la era que llega, abriéndonos a ella, aumentamos nuestra capacidad para abandonar nuestros cuerpos, dejar atrás nuestros cuerpos, enviar nuestros espíritus a través del espacio para ver y conocer lugares distantes, a través del tiempo para conocer el futuro y el pasado, y conectarnos con otros espíritus, otras conciencias.

Teilhard de Chardin, el sacerdote jesuíta exiliado en la China por su escritos relativos a la ciencia y la tecnología, escribió en *Un esbozo de un universo personalista* que en un sentido concreto no hay materia ni espíritu. Todo lo que existe es materia convirtiéndose en espíritu. No hay ni espíritu ni materia en el universo, el material del universo es *espíritu-materia*.

La evolución del *espíritu-materia*, concluyó, es el propósito principal de la existencia.

"La vida representa la meta de una transformación de una gran dimensión, en el cuerpo de aquello que llamamos 'materia' se transforma, se envuelve en ella misma, interioriza la operación cubriendo, al menos hasta el punto que conocemos, toda la historia de la Tierra. El fenómeno del espíritu no es por tanto una especie de relámpago breve en la noche, revela un paso gradual y sistemático de lo consciente a lo inconsciente, y de lo consciente a lo semiconsciente. Es un cambio cósmico de estado. Esto explica irrefutablemente las conexiones y también las contradicciones entre el espíritu y la materia."

Los místicos hablan de los poderes de la levitación, de elevar el cuerpo físico con el poder de la mente. Los investigadores han confirmado la existencia de experiencias fuera del cuerpo, de enviar el espíritu para explorar afuera del cuerpo físico. El despertar espiritual que llega con la Nueva Era no solamente nos trae la integración de la ciencia y la espiritualidad sino también un equilibrio de la energía espiritual y de la energía física.

Veremos que nuestros cuerpos no son sino el traje espacial que nuestras almas utilizan en este plano terrestre. Una vez que aquí se haya completado nuestra misión, lo desechamos y seguimos con nuestros propios seres internos, nuestro Ser, nuestros espíritus intactos, al próximo plano.

Las cosas que hoy día llamamos milagros, las entenderemos en la Era de Acuario. Conoceremos la Ley de la Naturaleza que permite que ocurran nuestros milagros, sabremos por qué suceden, y no pensaremos que son milagros, sino bendiciones.

Ya actualmente la tecnología está haciendo esto posible. Las computadoras están recibiendo las cargas de trabajo de la gente, acelerando el proceso de información y la diseminación del conocimiento. Cálculos que de otra manera habrían tomado años si se realizaran a mano hace un siglo, ahora se pueden completar en una computadora en cuestiones de minutos, o de segundos. Este poder de computación y de velocidad crece de forma exponencial, a medida que los cálculos de las computadoras estén dirigidos a hacer computadoras más rápidas y mejores. Cada dieciocho meses aparece una nueva generación de computadoras, más pequeñas, más rápidas y mejores que la de sus predecesores— y así deberá ser en esta era.

Acuario, el aguador, representa simbólicamente el derrame del conocimiento hacia la Tierra y hacia todos nosotros. Acuario, un signo de aire, significa el aire y todas las cosas que fluyen como la electricidad. También simboliza el progreso, los inventos, la tecnología. Naturalmente, las computadoras constituyen una expresión material de todas estas características acuarianas.

La Era de Piscis señaló su muerte inminente en un despliegue destructivo de fuerza, la bomba atómica de 1945. Al año siguiente nació la primera computadora electrónica en un laboratorio de Nueva Jersey. La llamaron la ENIAC y usaba quince mil tubos al vacío para poder realizar sus cálculos. Hoy día calculadores baratos que se pueden sostener en una mano pueden realizar fácilmente los mismos o quizás más cálculos que esa primera enorme máquina computadora. Una computadora situada en un aula o en un hogar puede trabajar con millones de cálculos más. Las computadoras, hoy día, se utilizan en casi todos los campos, desde la agricultura hasta la zoología. En su corta vida de sólo medio siglo desde que la primera computadora echó a andar para ofrecer la primera solución a un problema, las computadoras se han convertido en socios críticos para resolver los problemas del planeta.

Las computadoras también han cambiado y continúan cambiando nuestras vidas en todas las formas. Pero uno de los efectos más dramáticos de la computadora —el testamento a su espíritu acuariano— está en el de unir a todas las personas alrededor del mundo, logrando unificar a la humanidad en una unidad electrónica que abre el camino para la unidad global. Unidos juntos en esta red mundial de computadoras conocidas como la Internet, millones de personas alrededor del mundo están compartiendo su trabajo, sus pensamientos y sus esperanzas. En 1995 un número aproximado de 27.5 millones de personas usaron la Internet, y el número se ha doblado cada año desde 1990. A través de ella, personas que hasta hace muy pocos años atrás habrían pasado sus vidas totalmente ignorantes de la existencia de otras personas se están comunicando de manera regular. Al crecer el contacto, aumentan también las sensibilidades, aumenta el entendimiento y se empiezan a disipar las diferencias. La conexión global de las computadoras nos está trayendo aún más cerca al mundo que visualizó Marshall McLuhan, lo que el llamó "El Pueblo Global". Y nos está trayendo aún más cerca al mundo predicho por el profeta Nostradamus quien escribió: "Se extingue la pestilencia. El mundo se vuelve pequeño. Por un largo tiempo la Tierra será habitada en paz. Las personas viajarán con seguridad por el aire, sobre las tierras, las olas, el mar…"

Las computadoras, por supuesto, trabajan mano a mano con la otra maravillosa tecnología de la Era de Acuario, el rayo láser.

Quince cortos años después que la ENIAC convirtió a los electrones en soluciones, se hizo realidad el primer láser de gas helio-neón.

Hoy los láser ayudan en la industria, en la construcción, en las comunicaciones, la fotografía, la exploración del espacio y la cirugía. Los rasgos acuarianos de la humanidad y la tecnología convergen en el láser, la brillante concentración de energía para el bien, en lugar de para la destrucción. Un láser puede destruir, pero en las manos de alguien que sepa usarlo, es una luz sanadora y maravillosa que hace posible los milagros. En las comunicaciones los láser facilitan y aceleran nuestras conexiones con los demás alrededor del mundo. Los láser graban las intrincadas disposiciones de los circuitos en los diminutos microchips que permiten las supercomputadoras de hoy día. En las computadoras los láser dan acceso a millones de pequeños bits de información en discos, abriendo puertas de conocimiento para millones de personas. Al usar discos en lugar de papel, se salvan miles, y hasta millones, de árboles cada año. Los láser y las computadoras juntos han encontrado su forma para entrar en los salones de operación de todo el mundo, salvando vidas que se habrían perdido hace unos pocos años. Y los láser posibilitan la tecnología de las fibras ópticas que permiten conexiones de alta velocidad, tan claras como el agua, entre las personas y las computadoras alrededor del mundo.

Sin estas tecnologías gemelas nunca podríamas haber dado nuestro primer paso en el espacio, la nueva frontera del Nuevo Milenio.

8

Los ángeles, los extraterrestres y la Atlántida

En el día 155 de su órbita alrededor de la Tierra a bordo de la estación espacial Soyuz 7 en 1985, seis cosmonautas soviéticos reportaron dos veces haber visto una banda de ángeles. En su obra *El libro de los Angeles*, Sophy Burnham dice que los cosmonautas vieron "siete figuras gigantescas en forma de humanos, pero con alas y auras o halos místicos como aparece en la descripción clásica de los ángeles. Parecían tener muchos metros de alto con un ancho tan grande como el de un avión comercial."

Los "ángeles" siguieron a la estación espacial durante unos diez minutos y luego desaparecieron. Doce días después regresaron.

"Estamos verdaderamente admirados," dijo la cosmonauta Svetlana Savistkaya. "Había una gran luz color naranja y a través de ella pudimos ver las figuras de siete ángeles. Estaban sonriendo como si estuvieran compartiendo un secreto glorioso."

Todos estos seis cosmonautas eran profesionales entrenados, no dados a alucinaciones. Savistkaya estaba en su segunda misión al espacio en la que se había convertido exitosamente en la primera mujer que efectuaba una caminata espacial. Todos eran observadores entrenados, con credenciales impecables, y dijeron que habían visto ángeles, no una, sino dos veces.

Si es cierto, el encuentro era algo que se esperaba desde hace largo tiempo. Los humanos se abrieron por primera vez al espacio con el exitoso vuelo de la Vostok I, que llevó al cosmonauta Yuri Gagarin en una sola órbita alrededor del globo el 12 de abril de 1961. Tres semanas después los Estados Unidos envió su primer astronauta al espacio en un vuelo suborbital. No fue hasta el 20 de febrero de 1962 que el astronauta John Glenn se convirtiera en el primer norteamericano que pudiera dar vuelta exitosamente a la Tierra completando tres órbitas a bordo del Proyecto Mercurio en la nave *Friendship 7 (Amistad 7)*. Pero mientras estaba dándole vueltas a la Tierra desde el espacio, Glenn, un piloto de los Marinos que había sido condecorado, que había impuesto nuevos records y marcas en su carrrera y que posteriormente se convirtió en senador de los Estados Unidos, reportó algo extraño, algo que nadie habia visto o sospechado.

"Este es *Amistad Siete*," dijo en su radio en su segunda órbita. "Trataré de describir en lo que estoy metido. Estoy en una gran masa de algunas partículas muy pequeñas que están iluminadas brillantemente como si fueran luminiscentes. Nunca he visto nada como esto. Son algo redondas, un poco. Están pasando al lado de la cápsula y lucen como estrellitas. Ahora está cayendo una verdadera lluvia de ellas. Se revuelven alrededor de la cápsula y van frente a la ventana y están todas iluminadas brillantemente. Probablemente estén separadas a unos dos metros entre sí, pero también las puedo ver por debajo de mí."

A medida que estudiaba las luces notó que se iban, entonces se volvían a encender como si fueran luciérnagas. Hasta la fecha existen teorías, pero no explicaciones. ¿Acaso John Glenn tuvo el primer encuentro con alguna fuerza celestial desconocida?

La Era de Acuario es la era de la exploración espacial. A medida que penetremos dentro de nosotros mismos y nos unamos con nuestro planeta también nos lanzaremos para conquistar las estrellas. Y cuando lo hagamos, tendremos más encuentros con lo desconocido, tanto con ángeles como con seres extraterrestres.

Los OVNIS (Objetos Voladores No Identificados, también conocidos por sus siglas en inglés UFO, o sea, unidentified flying objects), los platillos voladores, han existido como rumores y mitos por centenares de años. Pero a cada historia de encuentro con un extraterrestre los escépticos siempre atacan con una docena de explicaciones. De alguna manera, en una expresión de egocentrismo supremo se adhieren a la idea que los humanos somos la única vida inteligente que habita el universo. Sin embargo, una autoridad tan reconocida como Carl Sagan ha dicho que las probabilidades matemáticas contra esto son simplemente abrumadoras. Si solamente una pequeñísima fracción de los trillones de estrellas que existen en el universo tuvieran planetas a su alrededor, y si solamente una fracción infinitesimal, pequeñísima de estos planetas tuvieran condiciones capaces de sostener la vida, y si solamente un número pequeñísimo de estos tuvieran vida, habría sin embargo miles, por no decir millones, de formas de vida en el universo.

No olvides que a Urano se le considera el planeta que rige los viajes espaciales y lo impredecible, lo desconocido, y que este planeta externo entró en su trono celestial, Acuario, el 12 de enero de 1996.

Justamente cuatro días después los astrónomos anunciaron el descubrimiento de dos planetas hasta ese momento desconocidos en los distantes confines del universo con características similares a las de la Tierra. Ambos planetas, conocidos como 70

Virginis y 47 Ursae Majoris, tienen condiciones capaces de sostener la vida, de acuerdo con los astrónomos aunque se encuentran a 35 años luz de la Tierra, o sea a unos 337 trillones de kilómetros.

"Nos vemos a nosotros mismos en el portal de una Nueva Era en la ciencia," dijo uno de los descubridores, el astrónomo Geoffrey Marcy, de la Universidad del Estado de San Francisco cuando se hiciera el anuncio en el *Miami Herald* de 17 de enero de 1996. "Podemos comparar nuestros propios nueve planetas a sus primos planetarios en otros sistemas solares."

Marcy y su colega Paul Butler, de la Universidad de California, estuvieron revisando 120 estrellas y completaron el análisis computadorizado de 60 de ellas. Encontrar dos planetas entre solamente 60 estrellas muestra lo común que es, en efecto, dar con estos "primos". Marcy mismo dijo, "La respuesta es 'no'... los planetas, después de todo, no son ninguna rareza."

Piscis fue la era del mar, de la conquista por el mar. En ella la gente abría el camino a través de los vastos océanos para descubrir el nuevo mundo, extendiendo su alcance hasta cubrir prácticamente casi la faz completa del planeta. Acuario es la era del descubrimiento y del espacio. Acuario significa nuestra partida de este planeta para penetrar en el cosmos. Significa aire porque Acuario es un signo de aire, y simbólicamente el espacio. Ahora viene el tiempo de los viajes intergalácticos, de lanzarnos a través de los enormes océanos del espacio para descubrir nuevos mundos, y la vida que existe en ellos. En Acuario nos lanzamos a través de las galaxias y finalmente hacemos contacto con otros seres.

Desde el amanecer de la exploración espacial han existido rumores de astronautas que han hecho contacto con seres extraterrestres. Durante mucho tiempo se dijo que el Mayor Gordon Cooper, uno de los astronautas originales del Mercury, había detectado naves espaciales extraterrestres en la órbita final de su vuelo del 15 de mayo de 1963. Años después, en 1980, Cooper negó esto en una entrevista, pero dijo que había visto y perseguido OVNIS cuando era piloto de la fuerza aérea en Alemania en 1951.

"Sí, varios días seguidos tuvimos avistamientos de grupos de vehículos metálicos, en forma de platillos, que volaban a gran altitud por encima de la base," dijo Cooper en una entrevista con la revista *Omni* en marzo de 1980, "y tratamos de acercarnos a ellos, pero podían cambiar de dirección mucho más rápido que nuestros aviones de combate. Creo que los OVNIS existen y que los verdaderamente inexplicables proceden de otra civilización avanzada tecnológicamente. Pienso que tengo una idea bastante buena de lo que cada uno tiene en este planeta y sus capacidades de acción, y estoy seguro que algunos de estos OVNIS, por lo menos, no son de ninguna parte de la Tierra."

El 21 de octubre de 1978, un piloto australiano de 20 años en un vuelo de entrenamiento de más de 201 kilómetros entre Melbourne y King Island comenzó a reportar a la torre de control de tráfico aéreo que estaba recibiendo el zumbido de un objeto volador no identificado con cuatro luces intensamente brillantes. Frederick Valentich estaba sobre el Estrecho de Bass en un Cessna 182, volando solo, cuando envió por radio un mensaje de que una nave extraña estaba persiguiendo a su pequeño avión. Esta nave, dijo, hizo varios pases repetidos, y el joven piloto cada vez más frenético reportó que parecía estar acercándosele y que estaba siendo envuelto por una luz muy brillante, cuando de repente cesó la transmisión de radio. Nunca se encontraron rastro de Valentich ni del Cessna 182 que estaba piloteando.

Otro incidente tomó más de un año de investigación y revisión por un panel de expertos oficiales británicos, pero finalmente el 2 de febrero de 1996 la respuesta llegó tan clara como para que la admitiera cualquier escéptico: los expertos quedaron atónitos por el reporte de un piloto que indicaba un objeto ligero de forma de cuña que estaba acercándose velozmente en rumbo de colisión hacia el frente de su avión de pasajeros.

El Capitán Roger Willis y el copiloto Mark Stewart se estaban aproximando al aeropuerto de Manchester en un avíon 737 de la British Airways el 6 de enero de 1995 cuando vieron el objeto. Se les abalanzó a alta velocidad, tan cerca, dice el reporte del panel, que el primer oficial (Stewart) se agachó y bajó la cabeza instintivamente cuando pasó.

"No hizo ningún intento para desviar su curso y no escuchamos ningún sonido de motor. Estaba totalmente seguro que lo que vio era un objeto sólido— no un ave, ni un globo ni una cometa."

El piloto Willis describió el objeto volador no identificado como que tenía "un número de pequeñas luces blancas, algo así como un árbol de Navidad".

Trece meses después, la Autoridad de Aviación Civil emitió su reporte descartando la posibilidad de que el objeto fuera un avión militar o ligero o algo más pequeño como un planeador.

"A pesar de las exhaustivas investigaciones el objeto reportado continúa sin ser trazado," concluyeron los expertos de la Autoridad de Aviación Civil.

Nuestros encuentros con el Otro Mundo, ya bien sean ángeles o extraterrestres no son nada nuevo. Se extienden hasta los comienzos del tiempo. Existen menciones de estos "otros" en las primeras escrituras sánscritas, que describían seres que viajaban en una columna de fuego rumbo al cielo. En el Libro de Ezequiel está escrito: "Y miré, y hay aquí un remolino que vino del norte, una gran nube, y un fuego que la envolvía, y una brillantez a su alrededor, y hacia afuera, del medio como el color del ámbar, y el centro como de fuego."

"También desde el medio (vino) algo parecido a cuatro criaturas vivientes. Y era así su apariencia, tenían el parecido de hombres... y centelleaban como el color del bronce bruñido."

Y en el Segundo Libro de los Reyes: "...observa (allí apareció) una carroza de fuego y caballos de fuego... y Elías fue elevado al cielo en medio de un remolino."

Ahora a medida que nos abrimos nuestro camino hacia estos mismos cielos, nos abrimos camino más cerca a encuentros en territorios neutrales, o en su planeta natal en lugar del nuestro. En el Nuevo Milenio exploraremos los mitos de los visitantes de todas partes y los convertiremos en realidades.

Por fantástico que pueda sonarle al escéptico de hoy día, simplemente deberá ser así, inclusive si usamos los argumentos lógicos que quienes dudan arguyen contra todo lo que no creen. Desafía los límites la imaginación, que en un universo lleno de millares de galaxias que empequeñecen nuestra propia Vía Láctea, no vaya a existir otra vida tan o más inteligente que la nuestra. Cualquier apostador de un casino en Las Vegas sabría lo que debería apostar, cualquier agente de seguros que estudie estas probabilidades sabría el resultado. Es simplemente una cuestión de tiempo antes que se haga el contacto. Pero de nuevo, tenía que ser así en este tiempo, en el alba de la Nueva Era.

Acuario no solamente nos atrae al espacio en viajes intergalácticos, sino que nos atrae a la unidad. Esto quiere decir que en esta era no solamente vamos a conocer la existencia de otra vida que no sea de esta Tierra, sino que la abrazaremos. La unidad universal significa justamente eso— no sólo la unión con el espíritu universal, sino una unión con todo lo que hay en él. A medida que toquemos las estrellas y otros planetas también tocaremos los seres en esos mundos. Y en el espíritu de la amistad y paz que permea a la Nueva Era como un todo, formare-

mos uniones pacíficas, intergalácticas con ellos. Este es el tiempo de lanzarnos a través del universo para darnos las manos con
los seres de otros planetas, y en otros planos.

En estos momentos ya los ángeles nos hablan, los extraterrestres nos visitan. Puedes saber que esto es cierto independientemente que hayas sido testigo de ellos, o no. Puede ser que
tú nunca hayas estado en la China, pero sabes que está allí. La
gente viene y te dice que la ha visto. Pueden haber fotografías y
souvenires, o no. Sin embargo, lo crees. "Bueno," dice el escéptico, "claro que la China existe. Cualquier libro de geografía te
lo dice." Respóndele entonces que la Biblia dice que hay ángeles
y el escéptico se mofa. La Biblia no es tan creíble para ellos
como un texto de geografía. "Además," el escéptico puede decir,
"mucha gente ha ido a la China, todos no podrían estar inven-
tando esa historia." Dile entonces que muchas personas han
visto ángeles, y el escéptico se burla, les llama histéricos, o
visiones alucinantes.

En la Era de Acuario hasta los escépticos creerán— ellos, y
todos nosotros, *conoceremos*.

El espíritu de Acuario requiere que nos unamos con el
espíritu universal. Descubrir nuestra unidad con todo en el vasto
cosmos nos conecta a todo en el cosmos. Nuestros viajes
pueden ser en lo que conocemos como naves impulsadas por
cohetes o en variantes de esas naves que nos unan con otros seres
en otros planetas, o pueden ser viajes de la mente, uniéndonos
con el Gran Espíritu Cósmico y a todos los espíritus unidos a
éste. A medida que desarrollamos y expandimos nuestros
poderes mentales, aumentamos nuestra capacidad para la
telepatía y levantamos el velo de nuestras capacidades inconscientes, perdemos la necesidad de movernos físicamente para
buscar el conocimiento. Simplemente al entrar en la corriente
del conocimiento universal se abren las puertas de toda la
sabiduría, y del conocimiento de todo dentro del tapiz del tiem-

po. Que cada cultura conocida en la Tierra tenga relatos que hablen de los ángeles es un testamento a la realidad de su existencia. Una vez de nuevo, desafía la imaginación, estira los límites de la razón más allá del punto de ruptura, el sugerir que cada cultura, de manera independiente, de alguna forma "imaginó" la existencia de "mensajeros alados de Dios" que venían a nosotros en momentos de tribulación y nos protegían en tiempos de peligro.

¿Cómo podría el profeta Mahoma haber recibido su mensaje del ángel Gabriel en el desierto, *y* los indios nativos norteamericanos creer en "cuervos" alados y gente "águila" que llevaban mensajes de Dios, *y* los esquimales en el Círculo Artico creer que cada niño tiene un espíritu guardián que le cuida, y todo por casualidad?

No, tiene que haber algo más que casualidad. ¡Y hay! Los ángeles son tan reales como lo somos tú y yo, pero la mayoría de nosotros no estamos preparados para recibirlos de la misma manera que recibiríamos al vecino del frente de la casa si viniera a hacernos una visita. Sabiendo eso, los ángeles se abstienen y vigilan detrás del velo de nuestra visión limitada. Una iluminación repentina y total pudiera ser cegadora para quienes viven en la oscuridad. Vemos ángeles en tiempos de peligro real, en tiempos de desgracias reales porque en esos momentos nos abrimos totalmente a Dios, al universo y a todo lo que está en el. Cuando nos estamos agarrando al borde del precipicio y sentimos que nuestros dedos empiezan a resbalar, es cuando cualquier asomo de fe, aunque sea muy pequeña, que hayamos tenido antes se convierte en un conocimiento absoluto de que allí hay una fuerza que puede levantarnos. Clamamos a Dios con todas las fuerzas de nuestro Ser— y nuestro llamado es escuchado. De alguna manera, algo viene en nuestra ayuda.

Este es el espíritu acuariano en acción: cuando la fe se convierte en conocimiento personal y nos unimos totalmente con la integridad del universo, cuando nos damos cuenta que todos nosotros somos parte de la totalidad, y nos conectamos con el espíritu universal alrededor de nosotros.

En ese instante, tenemos una visión del milagro que será común en Acuario porque una vez que nos conectamos totalmente con el espíritu universal ningún conocimiento es retenido, y los ángeles aparecen.

Es más, ya los ángeles vienen a nosotros. Pero vienen a menudo de la forma menos pensada por lo que es muy difícil decir si hemos encontrado uno, o si hemos sido tocados por alguno, o no. Muchas veces es fácil descartar el toque de un ángel como si hubiera sido una coincidencia.

Un amigo mío ha sido tocado por ángeles. Es un reportero con una larga experiencia tanto en la prensa escrita como en la televisión, un hombre dado a comprobarlo todo, a cuestionarlo todo analíticamente. El busca pruebas, hechos, en lugar de conjeturas o fantasías caprichosas. Sin embargo, él ha sentido el trabajo de los ángeles.

El momento más reciente que le ocurrió fue en la víspera del Año Nuevo en la última noche de 1995. Tenía que trabajar y no estaba muy contento con la perspectiva de tener que pasar la noche con la libreta de reportero en sus manos, formulándoles preguntas a extraños en lugar de estar en la compañía de su familia. Sin embargo, responsablemente se fue a trabajar para cubrir el Desfile del Orange Bowl en el centro de la ciudad de Miami, Florida. Como hacemos la mayoría de nosotros la noche en que termina un año y comienza otro, se encontró reflexionando sobre sus logros del pasado y las direcciones futuras de su trabajo. Aunque estaba trabajando, se detuvo e hizo una pausa, remordiéndose con muchas dudas, preguntándose si había hecho algo significativo con su vida hasta ese punto además de llevar un cheque con un pago para el sustento de su esposa y su hijo.

En otras ocasiones también había hecho esto, por supuesto, inclusive había cambiado de carreras brevemente unos pocos años atrás, y se había dirigido a enseñar a jóvenes con problemas que pudieran convertirse en desertores escolares. Había sido un trabajo gratificante, extremadamente exigente, que le causaba mucho placer cuando veía el éxito de sus alumnos, y mucho dolor cuando veía sus fracasos. Eventualmente, sin embargo, sintió que nuevamente había un llamado interior para su trabajo como reportero. Al terminar un año escolar, dejó la enseñanza y regresó para reportar las noticias.

Sin embargo, en esa noche, las dudas regresaron al volver hacía dentro de sí mismo su mente analítica. Entonces, de repente, mientras estas preguntas se revolvían en su cabeza, uno de sus ex alumnos apareció de la nada y se puso de pie a su lado. El joven le sonrió y se presentó y continuó diciéndole al hombre que había sido su maestro el impacto que esa experiencia había tenido en su vida. El muchacho había continuado sus estudios en lugar de desertar de la escuela y estaba a punto de graduarse de la secundaria. Ya, dijo, había sido aceptado para matricular en dos universidades de mucho prestigio y estaba considerando su decisión.

"Usted hizo la diferencia," le dijo el muchacho. "Usted transformó mi vida. Y todos nos sentimos muy contentos cuando se fue a la televisión porque así le podíamos mirar todo el tiempo y saber que tenía razón— siempre había algo más que todos podíamos ser."

Entonces, el muchacho le agradeció nuevamente, le deseó un Feliz Año Nuevo y desapareció entre la multitud.

¿Fue coincidencia? ¿ O fue un ángel que escuchó las dudas de mi amigo, escuchó sus preguntas y le dio un codazo a este jovencito para que se le acercara y dijera exactamente lo que este hombre necesitaba oír?

Este mismo hombre tuvo otra experiencia poco común unos pocos meses antes del incidente con ese jovencito. El y su esposa habían comprado una nueva casa. Era más cara que la en que habían vivido anteriormente, la única que jamás habían poseído, y estaba preocupado. Trató de no dejarse abatir, pero mientras se iban mudando se preguntaba si estaban haciendo lo correcto. Se habían lanzado los dados, se había vendido la vieja casa, estaban empacando sus cosas y llevándolas a la nueva, y aún, sentía un pequeño resquemor en la boca de su estómago. ¿Contarían con el dinero suficiente para poder pagar este nuevo lugar? ¿No estaban bien donde vivían antes?

Cargó sus últimas pertenencias en su automóvil, cerró la puerta y miró por última vez la casa que estaban dejando, preguntándose aún si lo que estaban haciendo era verdaderamente lo mejor para ellos.

Y cuando miró hacia atrás nuevamente a la casa, de repente, como de la nada, un pavorreal se posó en el pico del techo de la casa. ¡Un *pavorreal!* Y esto ocurría en el medio de Miami, en la ciudad, no en alguna granja rural donde viven todo tipo de animales. Mi amigo se volvió hacia su sobrino y le preguntó: "¿Viste eso?"

"Sí," fue la respuesta de su asombrado sobrino.

"¿Qué ves?" preguntó nuevamente mi amigo convirtiéndose de nuevo en el reportero, aún sin creer y no queriendo teñir la respuesta con ninguna insinuación en la pregunta.

"Un pavorreal," farfulló su sobrino. "En el techo."

¿Qué podría significar esto? Mi amigo no sabía, pero sabía que era bueno. Y en ese momento se levantó la carga de sus preocupaciones, y supo que se debía mudarse a la nueva casa.

Yo llamo a ambos incidentes el trabajo de los ángeles y los muestro como ejemplo de la manera en que los ángeles llegan a nuestras vidas, nos tocan y nos dejan sin estar seguros de que eran ángeles o no.

"I am the
resurrection
and the life."
-John 11:25

Charlotte Perry

1934 - 1998

God looked around His garden
And He found an empty place.
He then looked down upon
This earth & saw your tired face.
He put his arms around you
And lifted you to rest.
God's garden must be beautiful,
He always takes the best.
He knew that you were suffering;
He knew you were in pain.
He knew that you would never
Get well on earth again.
So He closed your weary eyelids
And whispered, "Peace be thine."
He then took you up to Heaven
With Hands gentle and so kind.
It broke our hearts to lose you,
But you did not go alone.
For part of us went with you
The day God called you home.

We're "loving you" Gammy

IN LOVING MEMORY OF

Charlotte Perry

BORN
August 16, 1934
Temple, Texas

ENTERED INTO REST
February 11, 1998
Houston, Texas

MASS OF CHRISTIAN BURIAL
Friday, February 13, 1998 at 2:00 PM
St. James Catholic Church
Sulphur Springs, Texas

OFFICIATING
Father Raymond Orlett
Deacon Loren Seely

SOLOIST
David Stinson

ORGANIST
Eydie Ginn

INTERMENT
Restlawn Memorial Park

PALLBEARERS

Shem Ray	John Gillis
Jeff Johnson	Jack Newsom
Perry Sandlin	James Noah Ray

Perhaps you sent a lovely card,
Or sat quietly in a chair.
Perhaps you sent a funeral spray,
If so we saw it there.
Perhaps you spoke the kindest words,
As any friend could say;
Perhaps you were not there at all,
Just thought of us that day,
Whatever you did to console our hearts,
We thank you so much whatever the part.

The Family of Charlotte Perry

**West Oaks
Funeral Home, Inc.**
"Caring For Those We Serve"

¿En ocasiones no te has tropezado con una persona totalmente extraña que ha realizado un acto muy bondadoso contigo y que de repente se ha desaparecido sin siquiera darte la oportunidad para que le agradecieras? ¿No ha habido un momento en que has pensado desesperadamente que necesitabas ayuda y de repente la has recibido? ¿No has estado conduciendo un auto o caminando, perdido en una parte mala de alguna ciudad extraña, preguntándote cómo vas a salir de allí sin meterte en problemas, sin que te roben o te suceda algo peór, cuando en ese mismo instante en que has pensado que todas las esperanzas estaban perdidas, ha surgido alguien que no pertenece a ese lugar y te ha indicado las direcciones correctas— aun antes que tú se lo preguntaras?

¿Ha sido realmente una coincidencia? ¿Realmente?

Algunas veces los ángeles vienen de modo que no dejan lugar a dudas. Vienen bañados en una luz intensamente brillante, con alas o no, y a medida que se acercan sentimos una sensación de tanta diafanidad, una paz y serenidad sobrecogedoras, y en ese momento sabemos que todo va a estar bien.

Tenemos el caso del muchacho de la Florida que se fue solo a pescar cerca de su casa y lo mordió una serpiente cascabel. A medida que la dosis masiva de veneno inundaba su sangre el muchacho empezó a sentir que estaba perdiendo conciencia y cayéndose. Sabía que estaba demasiado lejos de la casa para obtener ayuda y que cualquier grito de auxilio se iba a perder en el viento sin que nadie escuchara, y que posiblemente no podría llegar de vuelta a su casa. Pero en el momento que yacía sobre el suelo, de repente sintió dos grandes manos que le levantaban, y estaba flotando, corriendo a una velocidad increíble a través del pantano, llevado por algo o por alguien cuyos pies no parecían estar tocando la tierra. Todo parecía como un sueño, pero estuvo consciente de estar rodeado por un destello brillante cuando se sintió lanzado a la puerte del portal de su propia casa y depositado a la puerta donde pudo pedir auxilio.

Su familia le llevó corriendo al hospital y el niño se salvó. Después, les dijo lo que había ocurrido, lo del extraño que le llevó hasta la puerta para que se salvara, pero nadie más había visto al extraño brillante. Cualquiera o quienquiera que haya sido simplemente se desvaneció en el aire ligero cuando la puerta se abrió y el niño gritó pidiendo auxilio.

Algunas veces los ángeles llegan como rescatadores, otras veces como mensajeros. Esto puede suceder en nuestros sueños, o cuando estamos totalmente despiertos, pero debes abrirte a ellos. Si vienen a ti, hay una razón. Y si no vienen, necesitas examinar tu vida y preguntarte si estás haciendo todo lo que puedes, preguntarte si estás cumpliendo con tu propósito en este plano. Esto es de extraordinaria importancia a medida que nos movemos al próximo milenio. Todos nosotros estamos aquí en este momento específico por una razón especial, y la razón final es ayudarnos a movernos rápidamente a través del tiempo de crisis hacia la Nueva Era. Una vez que estemos allí, se nos llamará para que hagamos avanzar los ideales de paz y humanidad. Una vez allí, cuando nos unamos con el espíritu universal, nos uniremos con los ángeles y los extraterrestres y nuestros antepasados perdidos que hace mucho tiempo nos precedieron y se unieron con la Gran Conciencia Cósmica, o si las leyendas son verdaderas, en el espacio.

El primer relato del continente perdido de la Atlántida nos llega desde Platón. En *Timaeus* escribió que mucho antes de que existiera lo que hoy día llamamos la Grecia Antigua "existía una isla que era mucho más grande que Libia y Asia juntas... Ahora, en esta isla de Atlantis existía una confederación de reyes de poder grande y maravilloso".

En una ocasión, Platón escribió, las fuerzas de la Atlántida trataron de usar su poder en contra de los antepasados de los griegos —antepasados tan antiguos que ninguno de los griegos del tiempo de Platón ni siquiera sabían de su existencia— pero fueron repelidos. La historia se cuenta por un hombre de otra tierra, según Platón, y la causa del por qué se ha perdido este conocimiento es porque "han habido y habrá muchas y diversas destrucciones de la humanidad..." causadas por el "desplazamiento de los cuerpos en los cielos que se mueven alrededor de la Tierra y a una destrucción de las cosas sobre la Tierra por el fuego feroz, que recurre en largos intervalos".

En tales tiempos, Platón escribió, "ocurrieron potentes terremotos e inundaciones y un día y noche dolorosos cayeron sobre ellos cuando todos los cuerpos de tus guerreros fueron tragados por la Tierra, y la isla de Atlantis de igual manera, fue tragada en el mar y desapareció..."

Si la historia de Platón fuera el único relato que tuviéramos de la Atlántida, pudiéramos descartarla como una fantasía, como un mecanismo literario creado solamente con el propósito de establecer algo. Pero las leyendas antiguas alrededor del mundo sugieren que la Atlántida en efecto existió, en algún momento del pasado distante, un enorme continente que se extendía a través de la mayor parte de lo que hoy llamamos el océano Atlántico, con un extremo cerca de la Península Ibérica y el Norte de Africa y el otro extremo cerca de las partes sur de América del Norte, América Central y el extremo septentrional de América del Sur. Los toltecas y los nahuatlacas, las tribus perdidas más antiguas que precedieron a los aztecas y mayas en América Central y el sur de México, ambas describían sus lugares de nacimiento en una tierra perdida del Oriente. Los toltecas dijeron que habían venido originalmente de una tierra llamada Aztlan o Atlan. Los nahuatlacas decían que su lugar de nacimiento era Aztlan. Los aztecas también hablaban de sus antepasados que vivieron en un lugar conocido como Aztlan. Los paria de Venezuela decían que su hogar natal, una enorme isla en el océano, había sido destruido por una catástrofe. El nombre que le dieron a su pueblo en Venezuela fue un tributo a ese hogar natal perdido: Atlan.

En América del Norte, la tribu mandana celebraba ceremonias religiosas cada año que comenzaban con un hombre solitario todo pintado de blanco que se acercaba a la aldea. A este hombre se le llamaba Numohk-muck-a-nah, que significa el primero o el único hombre. Durante la ceremonia, la persona que representaba el papel de Numohk-muck-a-nah iba a todos los lugares y contaba a los propietarios de las cabañas la historia de cómo había escapado de una catástrofe universal, un diluvio horrible que había cubierto la Tierra y que había llegado a tierra en una "gran canoa en una montaña muy alta del Occidente".

Esta historia nos llegó mediante Ignatius Donnelly, basada en un relato testimonial de George Catlin, quien se encontró con la tribu a mediados del siglo XIX. Pero las similitudes entre la "gran canoa" y el Arca de Noé no dejan lugar a dudas. El hecho que la leyenda de los mandanas tenga un solo sobreviviente del Gran Diluvio navegando hacia el oeste desde su país natal también se apoya por otros mitos de americanos nativos que colocan a la tierra original de su procedencia en lo que hoy sería el océano Atlántico.

El *Libro Oera Linda,* que recoge la historia tradicional de los pueblos frigios del norte de Europa, también contiene un relato de lo que una vez fue una gran tierra que despareció en el océano después de un terremoto masivo: "Aldland, a la que llamaban Atland las gentes de mar, desapareció y las olas violentas se levantaron tan alto sobre valles y colinas que todo fue enterrado en el mar."

Los celtas decían que sus antepasados venían de una tierra conocida como Avalon, que fue añadida finalmente al reinado del Dios Mar. Los vascos aseguran que sus antepasados procedían de una tierra conocida como la Atlaintika. Los portugueses creen que la Atlántida existió una vez en el océano al oeste de Portugal y que las Azores eran todo lo que había quedado de los picos de esas montañas sumergidas. Los españoles llamaban Atalaya a esta misma tierra y dicen que las Islas Canarias son todo lo que queda de ella.

Los bereberes de Africa del Norte mantienen la leyenda de una tierra que fuera una vez muy rica llamada Attla que se hundió debajo del mar, pero que esperan un día resurja nuevamente. Los fenicios hablaban de una isla de vasta riqueza llamada Antilla. Y los textos sagrados de la India describen un continente llamado Attala.

Edgar Cayce, el clarividente sanador de Virginia Beach, también habló de la Atlántida, describiendo su cultura como una de las civilizaciones más avanzadas de la Tierra. Su gente, dijo, se había metamorfoseado directamente desde el plano espiritual a la forma humana, pero se habían separado notablemente de sus ideales espirituales a medida que se volvían más y más apegados al poder y al mundo material. Sufrieron un total de tres devastaciones, según Cayce. La primera alrededor del año 50,000 antes de Cristo, luego otra en el año 28,500 antes de Cristo cuando el continente se escindió en tres islas y finalmente cerca del 10,500 antes de Cristo cuando las tres islas se hundieron en el océano y desaparecieron. Esta última destrucción parece ser la que menciona Platón.

Los atlantologistas modernos —como se conocen a los estudiosos de la Atlántida— creen que unos pocos sobrevivientes atlantes escaparon a la destrucción final y se mudaron a otras tierras, entre ellas Egipto y el Yucatán mexicano, donde ayudaron a desarrollar culturas. En ambos lugares vemos pirámides y un desarrollo avanzado tanto astrológico como matemático, aparentemente independientes, algunos dos mil años antes del nacimiento de Cristo. La primera pirámide con escalones, una precursora de la pirámide clásica en la que la mayoría de nosotros piensa cuando pensamos en Egipto, se construyó como una tumba alrededor del año 2725 antes de Cristo. Las excavaciones recientes de las estructuras de los mayas, construidas entre los años 1500 y 1600 antes de Cristo, sugieren que ellas también fueron usadas originalmente como tumbas.

El historiador primer del siglo Diodous Siculus, citado por Robert Scrutton en su libro *De la otra Atlántida*, también sugirió que esto pudiera haber sido así cuando escribió: "Los egipcios eran extranjeros, quienes en tiempos remotos se asentaron en los bancos del Nilo trayendo con ellos la civilización de su país madre, el arte de la escritura y un lenguaje pulido. Habían llegado de la dirección del sol poniente y eran los hombres más antiguos que existían."

La migración de los atlantes a otras costas, ya bien sea antes o después del cataclismo final que envió el Continente Perdido al piso del océano, también ayuda a explicar la similitud de ciertas palabras básicas en una multitud de culturas diversas y geográficamente distantes alrededor del mundo. Charles Berlitz notó el parecido de la palabra padre en diferentes idiomas como un ejemplo. Los indios quechuas dicen *taita* para padre, los vascos *aita*, los dakotas *atey*, en tagalog es *tatay* y en Samoa, en los dialectos de los indios del Centro de México, en el latín familiar, romano, eslovaco, maltés y sinhales es *tata*.

De acuerdo con los relatos de Cayce y los demás, los atlantes dominaron poderes tecnológicos sorprendentes, aprendieron a capturar una increíble energía solar en cristales parecidos a los rubíes (que suena muy parecido a cómo funcionan los láser de rubí hoy día que no se inventaron hasta más de quince años después de la muerte de Cayce), y eran capaces de utilizar las fuerzas electromagnéticas para sus propios beneficios. Al final, sin embargo, los atlantes utilizaron su poder para pelear unos contra los otros y de alguna manera desencadenaron su poder tecnológico de manera destructiva, echando a andar el cataclismo final que los envió a las profundidades del fondo del océano. Las aguas que se elevaron como resultado del hundimiento repentino de todo un continente pudieron muy bien haber sido la causa de las grandes inundaciones mencionadas en las escrituras tanto sumeras como bíblicas.

En su libro *Atlántida—de la leyenda al descubrimiento*, Robert Hale cita a Ovidio, el poeta romano, quien añade apoyo a esta teoría, y a la posibilidad de que por lo menos algunos de los primeros atlantes dejaron este planeta y se lanzaron al espacio, escribiendo que: "Hubo una vez tanta maldad sobre la Tierra que la justicia *huyó al cielo*... Neptuno castigó a la Tierra con su tridente y la Tierra se estremeció y tembló... Pronto no se pudo saber dónde estaba el mar y dónde estaba la tierra. Debajo del agua las ninfas del mar, las Nereidas, miraban asombradas bosques, casas y ciudades. Casi todos los seres humanos perecieron en el agua y aquellos que escaparon las aguas, al no tener comida murieron de hambre" (énfasis añadido).

El salto al espacio también explicaría el conocimiento astronómico preciso que tenía la tribu dogon de Mali. Sus pueblos ayudaron a formar el poderoso y culturalmente avanzado Imperio Malí que reinó desde el 1200 hasta el 1500 y que recordamos por la universidad de Timbuktu en África Occidental, uno de los centros culturales y de aprendizaje más avanzados del mundo. Pero hasta hoy día, los dogones preservan sus antiguos rituales religiosos, y las creencias que se han transmitido desde la prehistoria, de aquellos que nacieron en esa era nebulosa antes que el lenguaje escrito marcara el tiempo; entre ellos, conceptos del universo que son extremadamente precisos según se está descubriendo ahora. Cómo supieron todo esto se encuentra más allá de nuestra capacidad de explicación, pero por tiempos inmemoriales, mucho antes que nuestras sondas espaciales se atrevieran a penetrar en el espacio más allá de nuestra atmósfera, mucho antes de la invención del telescopio, los miembros de esta tribu afirmaban que la Luna era una esfera muerta en el espacio, que los anillos giraban alrededor de Saturno, que Júpiter tenía cuatro lunas y que los planetas giraban alrededor del Sol. Las leyendas de los dogones dicen que los visitantes del espacio les transmitieron estos conocimientos por vía de Egipto.

De cualquier manera, estoy de acuerdo con los visionarios que dicen que muchos de nosotros aquí y ahora somos realmente encarnaciones de las almas de los atlantes, que han regresado para ayudarnos a guiarnos al enfrentar muchos de los mismos retos que ellos encontraron antes de que desapareciera su continente y que nos guían hacia un "nuevo milenio de paz y esperanza." No obstante, algunos creen que un día descubriremos los registros de esta gran civilización perdida en Egipto, dejados allí por los sobrevivientes de la destrucción final de la Atlántida. Otros creen que los sobrevivientes pudieron abrirse camino no solamente hacia otras tierras, sino también hacia otros planetas.

Creo que ambas ideas son ciertas, pero a medida que se vaya revelando la veracidad de las leyendas con el transcurrir del tiempo, descubriremos que los atlantes se abrieron camino a los cielos antes de la batalla final, colonizaron mundos distantes del nuestro, plantaron la semilla de la humanidad en predios remotos del universo. Cuando llegó el cataclismo final, se cortó el lazo con esas colonias para que continuaran su historia independiente, y cuando llegó el cataclismo final y se perdió para siempre la Atlántida, unos pocos sobrevivientes lograron abrirse camino hacia las tierras que los rodeaban, llevando con ellos todo lo que pudieron de su cultura y su conocimiento para fundirlos con todo aquello que existía en las culturas que les recibieron.

Y sé que ahora, que estamos al borde del Nuevo Milenio de paz y esperanza, a medida que progresamos en esta era de iluminación, cuando tanto el conocimiento perdido como el nuevo conocimiento se abran frente a nosotros, también estaremos a un paso del descubrimiento de la verdadera historia de la Atlántida.

Y ocurrirá porque la era que tenemos por delante será la gran era de la exploración espacial y según nos adentremos hacia las estrellas, podremos establecer vínculos con nuestro pasado. Los atlantes, después que aprendieron su lección, estarán esperando por este momento crucial de nuestro desarrollo para reunirse con nosotros. En vez de inundarnos con la suma de sus conocimientos en un momento en que estábamos menos preparados para recibirlo, en un tiempo en que aún nos faltaba el desarrollo espiritual adecuado, ellos han mantenido pacientemente su sabiduría en algún lugar distante, esperando nuestra llegada. Los sabios saben que solamente se aprende cuando estamos listos para aprender y no cuando alguien está listo para enseñar. Nadie nos conduce al conocimiento, todo el mundo lo busca por sí mismo y lo encuentra solamente cuando está listo para recibirlo.

Sabiendo eso, tiene mucho sentido que los atlantes hayan reservado su conocimiento tecnológico hasta que estemos listos espiritualmente para manipularlo, o hasta que hayamos alcanzado un punto en nuestra evolución en la que hayamos sido capaces de desarrollar instrumentos similares lo suficientemente poderosos como para que nos conduzcan a ellos, y podamos encarar los retos de aprender a usarlos responsablemente.

De ser así, algunos de los "extraterrestres" que encontramos puede ser que no lo sean del todo, sino más bien nuestros antepasados. Pero aún, si es así, también es cierto que algunos de nosotros que hoy andamos por la Tierra caminamos una vez en el continente hoy perdido de la Atlántida. Todos hemos estado antes allí, en el gran ciclo de las reencarnaciones, venimos a este plano para continuar con nuestras lecciones. Cuando nuestros cuerpos se mueren, nos reunimos con el Espíritu Celestial para esperar una nueva encarnación.

Es altamente probable que por lo menos algunos de nosotros hayamos estado aquí durante la época de la Atlántida y que estemos regresando de nuevo para enfrentar el reto —aprender la lección— de encontrar la combinación pacífica de la ciencia y la espiritualidad. Algunos de ellos —algunos de ustedes— nos conducirán al resto de nosotros al nuevo despertar, trayendo la sabiduría del pasado de modo tal que podamos evitar las dolorosas lecciones de la Atlántida, y algunos nos ayudarán a llegar al historial perdido de la Atlántida.

Podemos descubrir la verdad de la Atlántida en Egipto y en el espacio. De cualquier manera, a medida que nos movamos al Nuevo Milenio y levantemos los velos dentro de nuestras mentes, estamos al borde de recuperar el historial perdido dentro de nosotros mismos.

Dentro del gran inconsciente colectivo —lo que ha sido llamado los "Records o Registros Akáshicos" o "el Libro de la Vida"— se encuentra registrado cada instante de la historia. Cada evento, cada movimiento, cada sonido, cada pensamiento, ha sido reunido indeleblemente en el gran tapiz del tiempo. A medida que nos conectamos con esa Unidad Universal del ser espiritual compartiremos cada chispa de su conocimiento total. No sólo cada uno de nosotros conocerá y recordará nuestras lecciones y vidas pasadas, sino que todos compartiremos la totalidad del pasado. Como una gota de agua que cae en el océano, nos convertiremos unos con el todo, completamente incorporada en la unidad, y con todo su contenido dentro de ella. Sabremos todo lo que hay y lo que siempre ha habido, incluso la Atlántida, en una sola explosión de *conocimiento*.

9

Los signos natales y el nuevo milenio: descubriendo tu misión individual

El espíritu de la era nos toca a todos de igual manera. Cada uno de nosotros se satura con la esencia de Acuario a medida que pisamos el Nuevo Milenio, pero cada persona aún responde a su propio signo natal. Cada cual siente la energía de Acuario y ésta nos conduce a maximizar nuestra contribución —a extraer lo mejor de nuestros talentos innatos— dentro del carácter de cada signo natal.

ARIES

Los arianos son los portadores de la antorcha de la Nueva Era. Son pioneros y aventureros por naturaleza, bien definidos y vigorosos, emprendedores, directos y valientes. A medida que entramos más dentro de la Nueva Era, con una nueva forma de pensar y de vivir

y de cooperar juntos, el carácter de los arianos avanzará al frente
para llevarnos al frente y aún más allá de lo que hay y habrá. En
nuestras comunidades serán los capitanes del cambio, llevándonos
con ellos dentro del Nuevo Camino de la Era de Acuario; en nuestro mundo, serán los exploradores que excavarán profundamente
dentro de las riquezas desconocidas de la Tierra y sus bosques,
profundamente dentro de sus tundras y sus mares, para extraer los
frutos ocultos de nuestro planeta para que todos los compartamos,
y en esta Nueva Era de Exploración, donde nos lanzamos más allá
de nuestro mundo dentro de la inmensidad del universo, estarán a
la vanguardia de nuestros viajes; serán nuestros guías, nuestros
guardianes y nuestros pioneros planetarios.

Los arianos también la harán muy bien como psicólogos y
psiquiatras, y cuando nuestros viajes de descubrimiento también
nos lleven profundamente dentro de nosotros mismos, ellos
también allí serán los exploradores y pioneros lanzándonos
osadamente más allá de lo que nos es conocido para ayudarnos
a descubrir el manantial oculto de poder que existe dentro de
todos nosotros, y conducirnos de regreso a nuestra conexión
con las fuerzas que nos rodean. Si hay alguna cosa que esté oculta, los arianos tratarán de descubrirla y sean lo que sean nuestros
límites, ellos tratarán de expandirlos. Ya bien sea descubrir lo
que se encuentra más allá de los confines conocidos del universo, entregarnos una cura oculta en una flor escondida muy adentro en la selva, o encontrar una nueva forma de vivir en armonía
con nuestro ambiente, los arianos serán en todo nuestros líderes
y nuestros guías.

Su necesidad innata de libertad, su resistencia a la restricción
también hace que los arianos sean ideales para la tarea de
enseñarnos nuevas formas de gobierno en las que sean universales las libertades individuales y colectivas, para acabar con las
leyes que nos atan y traer las leyes que nos libran, para
demostrarnos a todos nosotros que la verdadera libertad

comienza dentro de nosotros mismos, una vez que estamos libres de las restricciones que nosotros mismos nos hemos impuesto. Los arianos abrirán mundos totalmente nuevos, dentro y fuera de nosotros, y formas totalmente nuevas de pensar.

TAURO

Aquellos que nazcan en el signo de Tauro serán quienes nos traigan el disfrute de lo que otros han inventado. Tauro es la Tierra, y su carácter es la paciencia. La misión de Tauro es trabajar pacientemente y modelar y materializar lo que han creado otros, menos pacientes. Tauro es más tranquilo, más sereno, más calmado y por tanto más capaz de tomar el tiempo necesario para darles la sustancia a las ideas. Otros signos crearán los planos, otros serán arquitectos con sus plumas, pero Tauro será el maestro albañil que convertirá ese diseño en una estructura terminada, ladrillo a ladrillo. Tauro tiene tanto el potencial manual como el talento innato para construir los castillos que otros concibieron. Sin ese rasgo tauriano los sueños quedarían sin realizar, los planos y proyectos quedarían sólo en papeles.

La Era de Acuario es una era de tremenda creatividad en todos los aspectos. Nos uniremos para formar sociedades y sistemas totalmente nuevos, nuevas formas y cambios. Lo que otros sueñen en la Nueva Era, Tauro lo convertirá en realidad. Una persona nacida bajo el signo de Tauro podrá mostrar su influencia de la manera más literal, colocando los ladrillos que edifiquen los nuevos alojamientos ecológicamente conscientes del futuro, o también pueden mostrar su talento para la construcción en una manera más figurativa, ocupando sus puestos en el Nuevo Milenio, llenando los pasillos de los gobiernos y asegurándose

que los lineamientos para una nueva sociedad que se han esboza-
do en medio de fardos burocráticos enormes se conviertan en
procedimientos reales y permanentes para el progreso.

Los taurianos son prácticos y confiables, capaces en los negocios y capaces también de gran resistencia, como el toro que le
da nombre a su signo. Al ser de la Tierra los taurianos están
propensos a regresar a ella en el Nuevo Milenio y volcar en ella
sus capacidades naturales para la horticultura y la agricultura.
Esto les predispone a un papel muy importante en la Nueva Era,
el de revitalizar la Tierra, reparar el daño creado por las fuerzas
destructivas del pasado. Tauro está regido por Venus, y el carácter amoroso, femenino de Venus estará cargado positivamente
por la energía de Acuario, promoviendo un sentido profundo de
nutrición en nuestra relación con la Madre Tierra. A medida
que la Nueva Era exija que renovemos nuestra conexión con el
ambiente e insufle un respeto cada vez más alto hacia la
Naturaleza, los taurianos serán los elementos claves para transformar estos ideales en formas concretas de vivir.

Naturalmente, los taurianos también tienen una gran afinidad
por todos los negocios de construcción, y cuando estemos buscando nuevas formas de vivir, menos destructivas, los taurianos
serán quienes construyan las estructuras que funcionen en conjunción con la tierra y la naturaleza, que utilicen formas no con-
taminantes de energía tal como el viento y el sol. La construcción,
la fabricación, el embellecimiento del mundo alrededor de
todos— todas estas cosas están extremadamente bien aspectadas
para los taurianos bajo la influencia en aumento de Acuario.

Los taurianos también son muy propensos a los negocios, lo
cual les inclina hacia profesiones de economistas o banqueros.
Estas vocaciones también son de suprema importancia en la
Nueva Era. Acuario nos inspira a desarrollar nuevos modelos
económicos que consideran con más exactitud los conceptos de
humanidad y unidad. A medida que el concepto pisciano de

conquista de tomar de otros va muriendo bajo la presión de la era entrante, nuevos sistemas tomarán su lugar. Estas nuevas formas de negocios ya pueden comenzar a verse en las teorías de la economía global. Los países de hoy día se están dando cuenta que estamos interconectados unos con otros, que los males económicos y los desequilibrios de uno nos afectan a todos, que la prosperidad de uno se comparte por los demás. Eventualmente se darán cuenta que cuando los demás prosperan, *todos* nosotros prosperamos. Mantener a un grupo o a cualquier grupo por debajo de nosotros es una desventaja para todos. Negarle a uno o a cualquier grupo la oportunidad de contribuir disminuye el éxito del conjunto. Esto no traerá un renacimiento del fallido concepto del comunismo —todos los *ismos* son tabúes en la Nueva Era— sino un concepto totalmente nuevo que se mantiene con la naturaleza creadora, independiente y amante de la libertad de Acuario. Es el negocio iluminado el que surge, no un regreso al trabajo encadenado. Según se vayan desarrollando estos conceptos en la Nueva Era los taurianos serán los más propensos a participar para darles formas y concretizarlos.

GEMINIS

Los niños de Géminis articulan las construcciones de Tauro. Los geminianos son los grandes comunicadores, junto con los sagitarianos, y en la Nueva Era serán aquellos que veremos gritar desde los techos. Escribirán las palabras y pronunciarán los discursos, y al ensalzar las maravillas del Nuevo Milenio, nos exhortarán a que nos unamos con ellos en el sendero de la Nueva Era.

Los geminianos estarán entre aquellos que se beneficiarán más en la Era de Acuario porque ellos, también, son del aire. Ellos fluyen no solamente dentro, sino también con el espíritu de los tiempos, y sus mentes estallan —hacen explosión— con millares de nuevas ideas que típicamente, al modo geminiano, le proclaman ruidosamente a todo el mundo.

Las comunicaciones son extremadamente importantes en la era entrante. A través de las comunicaciones ocurre el entendimiento. Al unirnos todos para compartir ideas, la buena comunicación nos ayuda a disminuir nuestras diferencias y expandir nuestro sentido de unidad y fraternidad. Los geminianos, entonces, comparten la misión no sólo de comunicar sus propias ideas, sino de ayudarnos a construir nuestros medios de comunicación de acercarnos más a ese "pueblo global."

La gente nacida bajo el signo de Géminis gravita de manera natural hacia los campos de las comunicaciones, y ahora aún más. Antes pueden haber sido operadores telefónicos, pero ahora construyen sistemas y enlaces de satélites. Enlazan con cables nuestras computadoras para que alguien en Calcuta, India, pueda intercambiar ideas fácilmente con otra persona que se encuentre en Ketchum, Idaho, lo mismo como si fuera el vecino que vive en la otra puerta. Los geminianos ayudarán a convertir a la Internet en una verdadera puerta para el conocimiento de todos, en todas partes.

Acuario beneficia los rasgos positivos de Géminis y así, quienes nazcan bajo su signo estarán más conminados aún a seguir su talento natural como maestros, a comunicar el mensaje del Nuevo Milenio en nuestras universidades y ayudar a los jóvenes a encontrar sus propios talentos. Cuando nuestros sistemas anticuados de educación se desplomen en la Nueva Era, los geminianos estarán entre los primeros que ayudarán a crear los nuevos métodos de enseñanza del futuro— cuando los educadores no intentarán más imponer su voluntad sobre los estudiantes, pero en vez de eso les ayudarán a reconocer sus propias capacidades y les guiarán hacia las vocaciones que seleccionen ellos mismos.

Su afinidad por el lenguaje y su abrumadora necesidad de comunicarse impulsa a los geminianos de manera natural hacia carreras como periodistas, comentadores de noticias, radiodifusores. La Nueva Era requiere muchos voceros para llevar el mensaje, gente que influya sin forzar, y los geminianos están equipados magníficamente para este trabajo. Su destreza al expresarse les permite mostrar a otros el camino de modo tal que cada cual lo encuentre por sí mismo. Esto es de la mayor importancia en la Nueva Era: A cada cual se le debe permitir seguir el camino por sí mismo; los demás, como los geminianos, pueden iluminar el sendero, pero nadie puede dirigir a otros en el conocimiento— éste debe encontrarse por uno mismo. Esto será un reto que los geminianos adorarán y que lo tomarán con mucho ardor y celo. Los geminianos aman el cambio y en Acuario tendrán la oportunidad de utilizar sus talentos comunicativos para provocar ese cambio. Mucho ayuda también que a los geminianos les guste ser guías, lo cual hace que haya tantos guías turísticos y navegantes— personas que ayudan a otros a encontrar el camino a donde van, pero nunca decidiendo por los demás dónde deben ir.

CANCER

Los cancerianos necesitan ser protectores y maternales. Son tenaces, bondadosos, simpáticos, sensibles. Todo lo que se construye por Tauro y se proclama por Géminis es nutrido en el corazón de Cáncer. Los cancerianos tienden a ser retraídos y cerrados, pero en la Era de Acuario se despojan de esa sensitividad y estallan con gran fuerza. Antes, todo les hería, pero en el Nuevo Milenio se vuelven fortificados emocionalmente. Con esa energía interna recién encontrada, los cancerianos se convierten en los cuidadores del espíritu acuariano, alentándonos, cuidándonos al resto de nosotros a medida que avanzamos por los tiempos de tribulación que conducen al Nuevo Milenio.

La inclinación innata de los cancerianos es convertirse en enfermeros, cuidadores, conservadores de museos. Y por tanto, al usar sus excelentes memorias y su amor a la historia son los guardianes perfectos para que nos guíen y nos recuerden lo que ha fallado para que encontremos nuestros caminos hacia los nuevos sistemas. Y cuando caigamos, los cancerianos serán los primeros que nos cuidarán para que podamos proseguir nuestro viaje. Su compasión por los demás se magnifica por la energía de la Nueva Era, y en su tranquila resolución muchos de nosotros encontraremos ejemplos para nosotros mismos.

En la Era de Piscis los cancerianos estuvieron impulsados a carreras en el mar, o que tenían que ver con el mar. En algunos casos esto continuará, quizás magnificado, y en esos casos los cancerianos serán probablemente quienes nos ayuden a encontrar nuevos recursos para alimentarnos manteniéndonos dentro del énfasis ecológico de Acuario; algunos inclusive se verán envueltos en adaptar la fuerza del mar para proporcionar la energía a las ciudades de una manera ambientalmente sana. Pero es muy natural que los cancerianos sientan el amor de los mares corrientes y la atracción natural de la Luna que les rige guiándoles en viajes en las nuevas fronteras, a través de los océanos del espacio. De esta manera, Acuario, el aguador, abrirá nuevos caminos y lugares para que los cancerianos puedan expresar sus tenaces carácteres y sus poderosas imaginaciones.

LEO

Los poderosos y potentes Leos se benefician por haber nacido bajo la polaridad natural del signo de Acuario. Tanto Leo como Acuario confieren su naturaleza al Nuevo Milenio. Donde Acuario es independiente, Leo es un buen organizador, donde Acuario es humanitario, Leo es magnánimo, donde Acuario es reformador y progresista, Leo es de mentalidad abierta y expansiva. Son complementos perfectos. El entusiasmo, la creatividad y el poder de Leo son catalizadores perfectos para impulsar hacia adelante las invenciones de Acuario.

Pero el brillo regio de Leo en la Nueva Era se manifiesta en el área del amor, de las uniones. Con la leatad inherente al signo —cualquiera que nace bajo su influencia será alegremente un esclavo voluntario a un maestro que ame o respete— Leo enfatizará el espíritu de la unidad en el Nuevo Milenio. Acuario, por supuesto, ama la independencia y la libertad, y en la Nueva Era no habrá esclavos, pero la cooperación de Leo y Acuario dará el color a toda la era sirviendo como ejemplos brillantes para el resto de nosotros.

Los Leo son las estrellas de la gran cima. Aman la actuación, el baile, la publicidad. Leo ama rugir y tener cerca a todos para que le oigan. Sus devociones a los objetos de su afección y respeto le convierten en los promotores perfectos de las reformas y los ideales de Acuario. Los Leo son la gente vivaz, optimista, que traen la luz del sol en la vida de otras personas y en la Era de Acuario esa luz brillante adquiere un significado totalmente nuevo a medida que los Leos trabajen incansablemente para traerles la iluminación a todos. Los Leo tienden a ser organizadores extremadamente capaces de otra gente, otro rasgo que les guiará dentro de nuevos papeles dramáticos como modelos a seguir para el resto de nosotros a medida que nos movamos dentro del Nuevo Milenio. Naturalmente, los trabajadores duros con la fuerza del león y su dedicación, también servirán de modelos para los que estén a su alrededor.

Los Leo, como el león que le da nombre a su signo, tienden a mimar mucho a sus hijos, amorosa, pero también firmemente. Esto les convierte en maestros y guías juveniles naturales. En la Nueva Era esto no cambiará. Los Leos estarán en la vanguardia del cambio en la educación; guiarán a los niños, especialmente los mayorcitos, en la nueva filosofía de la era. Y como con cualquiera de los otros signos, son los rasgos positivos de Leo los que se enfatizan en la Nueva Era bajo la influencia de Acuario.

V I R G O

Quienes nazcan bajo el signo de Virgo traen sus maneras discriminadoras, analíticas y meticulosas al primer frente del Nuevo Milenio. Los virganos se inclinan hacia las ciencias y hacia cualquier carrera que esté relacionada con la salud y la higiene. ¿Qué podría ser más favorable en la era entrante de dedicación a nuestro planeta en una época en que la ciencia y la espiritualidad se dan las manos?

Virgo es un signo de Tierra, asociado con lo virginal, con lo puro. A medida que reclamamos la belleza perdida de la Madre Tierra y tratamos de regresar nuestro planeta natal a un estado más prístino, los científicos de Virgo tomarán las posiciones de avanzada para convertir esta meta en realidad. Los virganos son jardineros naturales en el sentido literal y simbólico. Son quienes traerán de vuelta los jardines florecientes de épocas idas, son quienes están mejor equipados para lograr que los desiertos florezcan.

Cuando buscamos nuevas formas de curas naturales y medicinas, los virganos nos conducirán nuevamente al camino en el Nuevo Milenio. Las combinaciones de sus predilecciones — por un lado su amor a lo puro y virginal, especialmente en la Tierra, y por otra parte, su disposición para carreras en salud e higiene— vienen juntas con dinamismo explosivo dentro del impacto energizante de Acuario para encontrar y entregar nuevas formas de curar y guardar nuestra salud. Acuario es la era de regreso a los caminos de la naturaleza, de darnos cuenta que para cada mal la Tierra proporciona una cura. En la Era de Acuario, los virganos asumirán su papel natural para ayudarnos a descubrir los tesoros ocultos de la naturaleza.

De acuerdo con el mito que condujo al nombre del signo, Virgo representa la virgen o madre universal, era la Diosa de la Justicia, una cualidad inminentemente indispensable en el Nuevo Milenio. A medida que Acuario nos compele hacia la tolerancia, Virgo nos conduce hacia la equidad— juntos ambos nos impelen hacia la humanidad y la fraternidad. Al reestructurar nuestros sistemas de justicia y leyes, los virganos ayudarán a recuperar el mito y devolver nuevamente a la Tierra a la Era Dorada. Sus mentes analíticas y sentido de justicia les harán perfectos para examinar nuestras leyes y regulaciones existentes, decidir lo que es útil y lo que debe ser eliminado. La Nueva Era nace de las cenizas de la vieja, es cierto —lo que ha sido debe destruirse para hacer camino para lo nuevo— pero la Era de Acuario es una era positiva, y esto será destrucción positiva. Se necesitará la ayuda de Virgo para traer al ave fénix de vuelta de sus cenizas, para decidir lo que es justo y debe permanecer, y decidir lo que es dañino y debe ser eliminado.

LIBRA

Los libranos, como hijos de un signo de aire, están particularmente bien aspectados astrológicamente en el Nuevo Milenio, ya que es la Era de Acuario, otro signo de aire. La esencia de Libra, el balance, toma cuerpo en la constelación que lleva su nombre, los platillos de la balanza. Libra balancea o equilibra los platillos de la justicia, encuentra equidad para los oponentes y busca establecer un orden parejo y familiar. Obviamente, su amor por el equilibrio y la justicia compele a los libranos a buscar la armonía y la paz. Para hacer esto, los libranos luchan por la diplomacia en todo lo que hacen aunque su compulsión para expresarse en todas las facetas de la vida muchas veces dificulta este empeño. Sin embargo, reforzados por la energía positiva de la Nueva Era, los libranos están propensos a servir como pacificadores, con un papel central en la conformación y evolución de la Era Dorada que se encuentra adelante. Como signo de aire, Libra domina los procesos mentales y los poderosos efectos de Acuario sobre ellos hacen que los libranos estallen con ideas creadoras. Trabajan mejor en asociaciones con otros, y su sentido de justicia les convierte en más que idealmente adecuados para reestructurar nuestro sistema de cortes y leyes, una función crítica para crear el ambiente en el que la sociedad acuariana prosperará verdaderamente.

Los libranos son extremadamente intuitivos, un resultado de su influencia de aire, mental. Esto les da tremendos dotes como psíquicos, un poder que expandirán grandemente bajo la fuerza magnificadora de los planetas en la Nueva Era. Quizás esto se convierta en la tarea primordial de los libranos en la Nueva Era— como los visionarios que ven más allá de nuestro plano físico y dentro del mundo espiritual. Como aquellos que ven el camino claramente, combinado con su necesidad innata de expresarse a ellos mismos —con mucho tacto— trabajarán como los grandes socios en la iluminación del sendero dentro del Nuevo Milenio. Como diplomáticos servirán en su otra gran capacidad, eliminar las divisiones del pasado, traer a todos los países juntos en unidad.

E S C O R P I O N

Escorpión es el símbolo de la vida y la muerte, y del sexo. Pero, aunque otros consideran cautelosamente a Escorpión, todos sus atributos son en efecto expresiones de su pasión poderosa por la vida misma. Los escorpiones son apasionados en todo lo que hacen y se expresan con gran fuerza y con una resistencia asombrosa en todo.

Su impulso y búsqueda incansable de sus metas convierte a los escorpiones en algo formidable en cualquier campo que aspiren, siempre y cuando lo consideren como algo que conlleve un reto personal. Los escorpiones hacen cirujanos y psicólogos excelentes, y también lo hacen muy bien en áreas que requieren intensa investigación tal como las cuestiones académicas. En la Nueva Era muchos escorpiones podrán encontrar la aventura e intensidad de la exploración de espacio magnéticamente atractiva y un sitio perfecto para invertir sus prodigiosos talentos. Como cirujanos sostendrán sus escalpelos en nuevas formas, sabiendo que el paciente sabe en qué consiste su propia cura, que el bisturí corta mejor cuando corta menos y enseñarán a los demás que tan importante es saber cuándo cortar, como cuándo no se debe cortar. Como psicólogos, recurrirán a de sus formidables poderes intuitivos y se sumergirán en las profundidades de las psiques de sus pacientes, guiando a los perturbados fuera de la niebla de sus mentes. Serán profesores con pasión, alentando a sus estudiantes para que vayan más allá de lo que es conocido; investigadores de renombre, rasgando los velos del misterio, excavando incansablemente a través de las capas de lo desconocido, llevándonos con ellos a nuevos predios de conocimiento.

Pero, no importa la carrera que escojan, los escorpiones tienen un talento especial, uno de importancia más que extraordinaria en la era que llega. Todos los escorpiones están dotados con tremendos poderes psíquicos y son profundamente espirituales. Si esto era cierto en el pasado, es ahora aún más porque Escorpión está regido por Plutón que está recibiendo aún más poderes extendidos desde su posición en Sagitario, donde continuará residiendo hasta que hayamos cruzado al Nuevo Milenio. A medida que penetremos más profundamente en la Era de Acuario y sintamos la corriente cósmica fluyendo por encima y a través de cada uno de nosotros, su sensibilidad a las emanaciones harán que los apasionados escorpiones se conviertan en guías invaluables para el resto de nosotros. Sus antenas internas cosquillearán y se sintonizarán con nuestra antena interior par descubrir las revelaciones del tapiz cósmico. Suyas serán las antenas que vibrarán con la energía del espíritu universal y servirán como mensajeros de la gente.

SAGITARIO

Los sagitarianos son los proclamadores de la verdad en la Nueva Era. Son los viajeros —los optimistas y filosóficos amantes de la libertad del zodíaco— y los portadores de la antorcha del futuro, que ocupan la Novena Casa, la Casa del Maestro, la mano derecha de Dios. A menudo los sagitarianos pasan su vida entera viajando, física y espiritualmente siempre en búsqueda de ellos mismos. Sagitario es el signo del futuro, la promesa de la humanidad, y la naturaleza errante de aquellos nacidos bajo este signo encuentra dirección en el tiempo existente, tomando pasos firmes hacia el objetivo común que nos aguarda a todos.

Con Plutón en su signo haciendo explosión con la energía de lo inconsciente y lo espiritual, los sagitarianos guiarán el viaje hacia el interior, dentro de nosotros mismos, y afuera, hacia las estrellas. El centauro celestial representado por su constelación es la mezcla poderosa de fuerte energía física y de una búsqueda intelectual profunda. El mito detrás del nombre de la constelación es que Sagitario es el centauro Quirón que crió a Jasón, Aquiles y Eneas. Quirón fue famoso como un profeta, médico y estudioso.

De nuevo en todos estos campos los sagitarianos jugarán papeles importantes en la Nueva Era, tanto literal como figurativamente. Serán profetas y médicos y estudiosos, por supuesto, pero también serán guías proféticos, sanadores y maestros de la humanidad también en el sentido espiritual. Sus poderes visionarios están aumentando especialmente a medida que cruzamos al Nuevo Milenio, y su naturaleza filosófica y corazones de viajeros aumentarán sus deseos de explorar las regiones más profundas de su Ser interno. Emergerán de sus jornadas estallando con el deseo de compartir esta sabiduría acabada de encontrar con todo el mundo, y de conducirnos a todos nosotros hacia la unión con el espíritu universal que se encuentra dentro y alrededor de nosotros.

Los sagitarianos aman explorar en todas las formas y su amor por el viaje y la aventura también les incita a llevarles a unirse al campo creciente de la exploración espacial, llevando tras de ellos al resto de nosotros en su impulso. Los sagitarianos se inclinan a carreras como maestros, profesores, filósofos, sacerdotes, abogados, escritores, dondequiera que puedan compartir y usar sus conocimientos. Y aquí, también, los sagitarianos serán contribuidores poderosos del Nuevo Milenio. Se lanzarán para explorar, descubrir y recopilar conocimientos, y entonces traernos de regreso sus hallazgos para ayudarnos a moldear el futuro.

CAPRICORNIO

Los capricornianos son los que fundamentan la base económica de la Nueva Era. Son confiables, determinados, ambiciosos, pacientes y perseverantes. Como las cabras montañeses, que son los símbolos de su signo, los capricornianos siempre se elevan hacia la cima, con paciencia y con paso firme, abriendo su camino paso a paso, de grieta en grieta hasta alcanzar el pináculo en cualquier tipo de tarea que escojan. Son los verdaderos sirvientes de la humanidad, trayendo una calma firme en momentos de emergencia, tribulación o guerra, sabiendo en sus interiores que no importa cuán precaria pudieran parecer las cosas, siempre hay un camino para continuar escalando hacia nuestra meta si nos aplicamos a nosotros mismos persistentemente.

Las vocaciones que atraen a los capricornianos son generalmente aquellas que exigen dedicación diligente, tales como el servicio civil, matemáticas, política, ingeniería, ciencia, construcción y administración. A medida que luchamos para reestructurar todos nuestros sistemas en el Nuevo Milenio, los capricornianos aplicarán sus tenaces personalidades de manera característica para construir los fundamentos sólidos del futuro, siempre teniendo en mente que su meta es servir la totalidad de la humanidad.

En política y administración serán los que se llamarán para asegurar que en el gobierno se atiendan las necesidades de todos, los que se ocuparán de traer la verdadera democracia donde todas las personas contribuyen y son servidas. En negocios nos llevarán de manera decidida hacia la cima ayudándonos a todos a alcanzarla. Como constructores, su sentido práctico se aumentará por el sentido inventivo de Acuario para que podamos encontrar la mejor aplicación de los materiales que tenemos a mano, construyendo bases sólidas para todos nuestros esfuerzos sin minar nuestro progreso al dañar el planeta que nos mantiene.

Los capricornianos tienen una capacidad innata para poder manipular empresas de grandes complicaciones, lo cual es perfecto para la tarea global que se aproxima. ¿Qué pudiera ser más enriquecedor y desafiante que ayudarnos a reconstruirlo todo, hacer un mundo totalmente nuevo que se base en los preceptos de compasión y fraternidad? En este caso, también estará mucho en demanda su capacidad como arquitectos, no sólo como diseñadores de edificios, sino como arquitectos de la Nueva Era, ayudándonos a planear y elevar la estructura que nos guiará a la Era Dorada de la Humanidad.

ACUARIO

Los acuarianos, por supuesto, estarán bendecidos muy especialmente en el Nuevo Milenio. Esta es su era, su tiempo, y brillarán en toda la era, fijando los estándares a los que todos los demás aspirarán. Acuario es el signo de la excelencia, de la humanidad, representada por una figura humana, el Aguador, que vierte el conocimiento sobre la Tierra para saturnarnos a todos. Son los portadores de la conciencia universal, de la conciencia cósmica

y del eterno conocimiento sagrado. Fluyendo de aquéllos nacidos bajo este signo se encuentran las aguas de la sabiduría, y
como es un signo de aire, también reinarán sobre la electricidad
y la electrónica.

De esta manera práctica, los acuarianos excederán como
inventores y creadores de las herramientos que nos conducirán
hasta los predios más distantes del espacio, y los instrumentos
que facilitarán nuestra labor, dándonos más libertad y vinculán-
donos con la unidad universal.

Los acuarianos también son altamente espirituales —aún más
ahora— y serán los verdaderos líderes de la era entrante,
mostrándonos que el sendero hacia la paz y la evolución viene a
través de un conocimiento de nuestro propio ser interno para
que podamos conectarnos con la sabiduría del cosmos.

Son los creadores, los inventores, los reformadores, los
humanitarios intelectuales. Inteligentes e intuitivos, los acuarianos mostrarán su originalidad en un estallido brillante de
ideas que romperá totalmente con la forma en que se han venido
haciendo las cosas y nos mostrarán cómo es que pueden hacerse.
Los acuarianos encontrarán su camino en cada campo en el que
puedan llevar su visión del futuro más cerca de la realidad.

En la política serán los voceros en defensa de los oprimidos,
los visionarios que exigen reformas y los arquitectos sociales que
elevan el nivel de vida para todos. En la educación iluminarán
los predios del conocimiento para todos, para que cada uno de
nosotros podamos seleccionar el camino para nuestra iluminación personal. En las artes, pintarán las imágenes del paraíso
—con pinceles, con palabras y con música— que nos guiarán a
medida que las convertimos en realidades.

Los acuarianos adoran sentirse libres. Les encanta elevarse.
Esto les convierte en pilotos naturales. Impulsados por la
energía de la era, el amor al espacio de los acuarianos que hoy
les vuelve astrónomos mañana les convertirá en los pilotos de

los vuelos intergalácticos llevando la humanidad hasta los confines del universo.

Su inclinación intrínsecamente espiritual también será exaltada en la Era de Acuario, y los que estén regidos por este signo traerán el entendimiento final de la esencia universal a la humanidad. Son los buscadores del conocimiento que todo lo abarca— del *saber* que va más allá de la fe y de la creencia, los buscadores de la Verdad. En esta, su era, los acuarianos descubrirán lo que toda la humanidad ha estado buscando todo el tiempo y entregarán ese conocimiento a todo el mundo.

PISCIS

Piscis es el último signo del zodíaco y el signo de la era moribunda. Pero, en lugar de sentirse oprimido o malévolo por la muerte de su era y el nacimiento de la nueva, los rasgos positivos de Piscis se elevarán por la energía de Acuario. Ahora llega el tiempo para que los piscianos se liberen a ellos mismos, que rompan sus cadenas. Sentirán la disolución de todo lo negativo que han sido en el pasado y se sentirán a ellos mismos totalmente transformados en los ejemplos de la Nueva Era. La compasión, humildad, simpatía, sensibilidad e intuición piscianas afloran a la superficie y nos conducen a los ideales cristianos de vivir en paz unos con otros y unirnos con el espíritu universal. Los piscianos nos ayudarán a encontrar nuestra divinidad interior, la conexión con el cosmos y nuestras virtudes que nos atan inseparablemente a todo y a todos alrededor de nosotros.

Serán los piscianos quienes nos traigan el descubrimiento que todos somos los hijos de Dios, especialmente después que su planeta regente, Neptuno, se una con Urano en el signo de

Acuario en 1998. El nacimiento de Cristo señaló el comienzo de la Era de Piscis y ejemplificó las características positivas del signo. Naturalmente, los piscianos se inclinan a favor de carreras como sacerdotes, guías espirituales, y esto será aún más acentuado en la era entrante. Pero ahora los piscianos no se conviertan en mártires sino en los maestros verdaderos de la verdad espiritual, capaces de entregar su mensaje al mundo y conducirnos a nuestro renacimiento espiritual.

Su compasión por otros a menudo conduce a los piscianos a campos como enfermeros, médicos, proporcionadores de cuidado. Ahora, combinado con su fuerte naturaleza espiritual, los piscianos implementarán sus conocimientos que también están dentro de todos nosotros como una fuerza sanadora para todas nuestras dolencias, cambiándonos de pacientes en espera de ser curados en socios que trabajamos con los profesionales para curarnos a nosotros mismos.

Característicamente, los piscianos retendrán su amor por el mar. Ellos son los peces del zodíaco, nacidos bajo un signo de agua, impelidos y urgidos a penetrar en las profundidades y traernos el descubrimiento de lo que se encuentra escondido debajo de nosotros. Muchos continuarán sus servicios a los demás de esta manera, revelando la riqueza de recursos debajo de las olas que beneficiarán a toda la humanidad, sin dañar a la naturaleza.

Pero su talento para bucear mucho más abajo de la superficie también se muestra en sí mismo en su naturaleza profundamente espiritual, en su necesidad de alcanzar muy abajo las profundidades de sus seres internos, a descubrir los tesoros que se encuentran allí dentro. Todos los piscianos están bañados en una luz interior, la luz de la iluminación que surge como un manantial desde adentro y que les atrae hacia lo espiritual. Profundamente dentro de cada pisciano existe el conocimiento tranquilo de quiénes somos, por qué estamos aquí y lo que se supone que hagamos. Mantiene un entendimiento muy peculiar y único de las verdaderas leyes cósmicas, y como poetas y escritores de la humanidad, tiene la misión especial de compartir su conocimiento con el resto de nosotros.

Como una era de la Tierra, Acuario extiende sus efectos sobre todos nosotros, sin importar cuál es el signo de nuestro nacimiento. Nos trae lo más positivo de nuestras características innatas y nos conmina a ponerlas al servicio de toda la humanidad. En el Nuevo Milenio todos nosotros tendremos una responsabilidad especial hacia nosotros mismos y hacia nuestros vecinos. Cada uno de nosotros debe descubrir nuestro propósito único, especial, individual y hacerlo nuestra misión en la vida. Para algunos esto tomará más tiempo que para otros, pero es una necesidad para todos, un requisito para la Nueva Era. Quienes resistan perecerán, pasarán con la vieja era sin haber reconocido la gloria de la nueva porque es imposible resistir la fuerza y el poder del universo o ignorar nuestro lugar en el mismo.

Aquellos que persistan, que se empeñen a ellos mismos para maximizar sus talentos singulares en el Milenio entrante, ocuparán posiciones especiales —y sagradas— en la Nueva Era.

1 0

Los hijos de la nueva era

Los hijos de la Nueva Era, todos los nacidos y los que vayan a nacer serán los privilegiados. Vendrán a este mundo ya bendecidos y tocados por el espíritu del Nuevo Milenio, más cerca del espíritu universal, y más cerca de su descubrimiento del mismo.

Para ellos ya está abierta la puerta del inconsciente. El impulso a sumergirse profundamente dentro de su Ser interno les compele a buscar y conocer por ellos mismos. Ya no quieren más aceptar las creencias, sino que quieren construir sus propias creencias.

Como sus padres, podemos aprender de ellos, abrirnos a sus lecciones en lugar de forzar en ellos nuestras lecciones, o podemos complicar su jornada al descubrimiento imponiendo en ellos nuestras creencias, limitando su visión con nuestra percepción de lo que es posible o imposible y cerrar las puertas de sus mentes con las cerraduras de nuestra comprensión.

Hoy mucho más que antes, los científicos se están sumergiendo cada vez con mayor profundidad en los trabajos de esa cosa elusiva que llamamos nuestra "mente". Sus descubrimientos demuestran que la complicada masa de interconexiones neurales, dentro de nuestros cerebros forman un modelo intrincado de interrelaciones con cada sensación e impresión aislada. Cada nuevo "hecho", cada nueva experiencia produce inmediatamente un modelo de crecimiento que se esparce como una red para unirla con otros hechos relacionados o no relacionados. Este modelo sirve de manera similar a una red de carreteras en un vecindario, uniendo una dirección con otra, pero en muchas formas los enlaces son como senderos que se forman al caminar sobre ellos una y otra vez: el primer viaje establece el camino, pero es solamente mediante el uso que el camino se va haciendo lo suficientemente usado para que se vuelva permanente. Si no se utiliza, este sendero desaparecerá fácilmente dentro de la espesura que le rodea— el nuevo "hecho" permanece, pero está muy inaccesible. Decimos que "olvidamos". Mientras más usamos o tenemos acceso a la nueva información o capacidad mental, así también de manera más efectiva construimos el camino inicial en una vía amplia bien transitada y permanente dentro de nuestros cerebros, pero este desarrollo solamente ocurre con y a través de la estimulación.

Los estudios han demostrado que un niño nacido con una catarata, algo muy raro por cierto, quedará ciego permanentemente en menos de seis meses si no se elimina la misma. Un adulto con un padecimiento similar puede recuperar fácilmente su visión total mediante cirugía aun cuando la catarata permanezca mucho más tiempo en el lente cristalino de su ojo. La razón para eso, al decir de los científicos, es que todos nosotros debemos "aprender" a ver. Si no se utiliza esta capacidad desde el momento del nacimiento, no podemos desarrollarla, aun cuando posteriormente se remueva la restricción física que lo impedía. Las interconexiones que permiten la visión quedarán sin formarse para siempre, a pesar de la cirugía.

Esto nos da una visión del funcionamiento de ese enorme y aún desconocido 90 por ciento de nuestros cerebros. Debido a que desde el nacimiento se nos estimula para que nos expresemos con palabras habladas y escritas o mediante el tacto —lo cual limita nuestras entradas y salidas de información aceptables y confiables solamente a lo que podamos expresar con los "cinco sentidos"— progresivamente vamos también limitando nuestra capacidad para recibir o transmitir información con cualquier otro "sentido". En efecto, nos quedamos "ciegos" porque nunca nos hemos permitido ver a nosotros mismos.

En el transcurso de sus estudios extensivos y exhaustivos dentro de los trabajos de la mente, el psicólogo Carl Jung llegó a la conclusión que cada uno de nosotros nace con un cerebro altamente desarrollado lleno del "funcionamiento psíquico de toda la raza humana", conectado desde el nacimiento, en efecto, a lo que él llamaba el "inconsciente colectivo". También concluyó que "los fenómenos telepáticos son hechos innegables".

Como citado en "El alma y la muerte (Seele und Tod)," *Europäische Revue,* en 1934, Jung escribió: "El hecho que nosotros seamos totalmente incapaces de imaginar una forma de existencia que no tenga espacio ni tiempo no demuestra, bajo ningún concepto, que tal existencia sea imposible en sí misma."

Más de cincuenta años de observación y de experiencia personal condujo a Jung a creer que inmediatamente más allá de nuestra psiques, psicológicamente aceptada, se cernía una "realidad tranpsíquica", pero su naturaleza exacta y la capacidad de esta región de la capacidad se extiende mucho más allá de nuestro limitado conocimiento y "contiene tantos enigmas como el universo".

Lo que decía continúa siendo cierto: Nuestra insistencia en que algo no es posible no lo convierte en imposible, pero ciertamente limita nuestra capacidad para reconocerlo.

Las teorías en desarrollo sobre el funcionamiento del cerebro también indican que nuestra "inteligencia" es innata y que se desarrolla mediante una serie de etapas específicas que se van desplegando y abriéndose cada una de ellas a un nuevo nivel de inteligencia. Podemos atiborrarla con carga tras carga de información y de datos, del supuesto conocimiento, pero el desarrollo de la inteligencia continúa a su propio paso.

Por supuesto, el conocimiento que se gana, tanto por la experiencia personal como por la experiencia compartida, es necesario, ya que sin éste nuestros cerebros quedarían como computadoras increíblemente poderosas detenidas, sin hacer nada, sin datos que computar. Pero la inteligencia —y la inteligencia superior— evoluciona a través de una serie de puertas que se van abriendo para conducirnos a planos cada vez más altos.

Los niños nacidos bajo la dramática e incrementada influencia de Acuario llegan a nosotros con poderes expandidos, pero si no les escuchamos y si no estimulamos estas capacidades, se atrofiarán. Como los músculos de nuestros cuerpos, si no los ejercitamos, nuestras fuerzas limitan también el crecimiento de esos poderes. Un niño al que se le mantenga siempre sentado nunca aprenderá a caminar; un niño al que se le impida correr nunca ganará velocidad ni resistencia. De manera similar, un niño al que se le esté diciendo constantemente que lo que él o ella ve son solamente sueños sin significado o imaginaciones, al que se le repite constantemente que tales cosas son imposibles, nunca alcanzará los límites de su visión ni podrá avanzar mucho más lejos de lo que se cree posible.

Alguien le preguntó una vez a Albert Einstein el secreto de efectuar descubrimientos. "Cuando todos los científicos presentes se han puesto de acuerdo en que algo es imposible," contestó, "uno llega tarde a esa reunión y resuelve lo imposible."

Los niños que están llegando ahora no tienen el concepto de lo que es "posible" o "imposible". Esto les hace especialmente bien preparados para conducirnos más allá de los límites de lo que nosotros creemos que es posible, dentro de nuevos predios.

De esta manera, los niños son nuestros maestros así como nuestros estudiantes, especialmente ahora. Se dice que los niños escogen a sus padres a medida que llegan a este mundo. Vienen de un estado de unidad con el espíritu universal, regresando a este plano exactamente en el lugar, en el momento preciso exacto y con exactamente la gente con quien quieren estar o deben estar. Vienen a enseñar, y a aprender. Negarles la oportunidad de hacerlo limita sus oportunidades para completar las lecciones para las que vinieron así como limitamos nuestras oportunidades de aprender las nuestras.

Los poderes de la mente que hasta ahora solamente parecían accesibles a unos pocos ahora están al alcance de cada niño. Cada niño que nace ahora tiene la capacidad de ver profundamente dentro del futuro y en el pasado. Simplemente es cuestión de dejarles ver. La influencia de la era ya está abriendo las puertas para que los niños vean lo que puede ser. Vienen en este mismo momento porque se supone que así sea. Vienen porque se supone que ayuden a guiarnos al Nuevo Milenio y para que nos guíen aún más allá.

Si rechazamos sus visiones, si les condenamos por sus sueños, les estamos separando totalmente del espíritu universal, y nos estamos cerrando también a nosotros mismos.

Los investigadores científicos han observado que la tensión y los choques psicológicos causan cambios biológicos dentro de nuestros cerebros y pueden cerrar permanentemente ciertas áreas de desarrollo o forzarnos a patrones recurrentes de pensamiento hasta el punto de estar excavando constantemente recuerdos penosos y recurrentes que encontramos imposible dejar atrás. El abuso físico o psicológico, inclusive una pérdida dolorosa o un accidente, causa cicatrices permanentes que pueden mutilar el desarrollo de la mente al igual que una lesión grave o catastrófica puede dañar permanentemente el desarrollo de nuestras extremidades.

Criar a los hijos, como padres, ahora es mucho más que una responsabilidad biológica y económica. Es una responsabilidad espiritual y emocional, y es una calle que tiene dos vías puesto que estos niños de hoy ya están exhibiendo no solamente los poderes mentales expandidos que se considerarán algo común en el Nuevo Milenio, sino que también están demostrando su furibunda individualidad, su independencia y el deseo de unidad que caracterizan a la Nueva Era.

La rebeldía de la juventud de la que estamos siendo testigos —tanto en música como en formas de vestirse y de pensar— no es sino la manifestación de ese deseo de demostrarse a ellos mismos que todo vale la pena conocerse. Esta rebelión simboliza su deseo de cambiar. Están saturados con la energía que les dice que la humanidad no puede continuar como ha estado hasta ahora.

Esta energía se puede manifestar negativamente, incluso en forma de violencia pero esto ocurre simplemente porque aún no saben cómo canalizarla. Ahora es su tiempo y nuestro papel es ayudarlos. El reto para cada uno de nosotros que ya somos adultos, padres o no, es permitir que los niños que ahora están llegando al mundo puedan ejercitar sus mentes y su libre albedrío sin tener que luchar contra los preconceptos que nosotros les imponemos.

Los jóvenes ya ven el mundo de manera diferente al que lo veían las generaciones más viejas. No reconocen fronteras nacionales ni barricadas. La música y el cine, la tecnología y la televisión enlazan a cada uno de ellos a una generación completa que se extiende por todo el globo. Un adolescente en Moscú escucha la misma música que un jovencito en Chile. No importa en qué idioma se esté cantando, los jóvenes del mundo escuchan el significado de la canción. Reconocen mucho mejor que las viejas generaciones que nuestras similitudes son mayores que nuestras diferencias y se preguntan cómo es que el resto de la humanidad no lo puede ver también.

Aleksandr Kwasniewski, el presidente de Polonia, dijo en una entrevista a los comienzos de 1996 que podía ver la diferencia en la forma que sus propias hijas adolescentes miraban al mundo: "Usan computadoras," dijo, "se sumergen en la Internet... ven Eurosport y la cadena de noticias CNN y les encanta el canal de música MTV."

Sus hijas, dijo Kwasniewski, trataron todo el debate de si se debía o no ampliar la alianza de la OTAN como una cháchara sin sentido de burócratas. Los jóvenes del mundo, le dijeron, "se han ampliado muchas veces; estamos unidos alrededor del mundo".

Y en las palabras de sus hijas, Kwasniewski dijo que había aprendido una lección: "Esto es ahora nuestro reto y nuestra responsabilidad. Tenemos que darnos cuenta que las generaciones que ya están llegando ven mucho más lejos que nosotros, los políticos, y que la MTV es más importante que la OTAN."

El Nuevo Orden Mundial fue solamente un preludio necesario a un Nuevo Mundo, uno en el que no existan las fronteras. Los jóvenes ya ven que el Nuevo Mundo es un "pueblo global" en el que nuestros deseos comunes y metas sobrepasan con creces los intereses individuales de un gobierno aislado. Los jóvenes se rebelan en su individualidad y su independencia, mientras que reconocen su unidad con todos los otros en el planeta.

Naturalmente, los niños siempre han sido —o han parecido ser— rebeldes, insatisfechos con las maneras de sus padres, pero ahora es más que antes. Ahora están permeados con el poder de la Nueva Era que promueve en sí misma el cambio revolucionario.

La influencia de Acuario, como ya he afirmado, se extiende hacia atrás, por décadas. Los niños de la década de los años 60, los famosos "chicos de las flores" que se agruparon juntos en un reto sin precedente al status quo de sus padres, exhibieron el tremendo impacto de la energía de Acuario. Sus metas, en su esencia, eran definitivamente Acuarianas: Paz, Amor, Comprensión. Todo, desde su música hasta su forma de vestirse era un punto de partida, una manera de ser diferente, de liberarse. Y lo proclamaron en alta voz y en el estilo y la letra de su música cuando cantaban aquella canción que decía: "Esta es el alba de la Era de Acuario."

Los jóvenes de los años 60 retaron las modas existentes, las ideas existentes que se les obligaba mantener. Fueron los fundadores naturales de nuestros movimientos ambientales actuales al condenar insistentemente la destrucción del planeta. Y fueron los inventores y abogados del desarrollo tecnológico más capaz de continuar el enlace de la humanidad alrededor del globo: la computadora personal.

El hecho de que el movimiento se haya descarrilado tan pronto se debe más a que cumplió su primer objetivo que a un fracaso de la generación que lo promovió. Los jóvenes rebeldes de los años 60 se unieron principalmente para oponerse a la guerra en Vietnam. Cuando la guerra terminó en 1975, también terminó una gran parte del movimiento. Por supuesto, quedó su influencia, pero sin ningún propósito esencial que les uniera, las masas que se habían agrupado durante todos los mediados y años finales de la década de los 60 se dispersaron. Los jóvenes continuaron con sus vidas, y trajeron al mundo otra generación.

Pero a pesar de las afirmaciones y proclamaciones de los jóvenes revolucionarios de los años 60, son su descendencia quienes son los verdaderos hijos de la Era de Acuario.

La generación que siguió inmediatamente a la llamada "baby boom" (la "explosión" en el número de nacimientos después de la Segunda Guerra Mundial) tiene muchos nombres. La han llamado la generación "baby bust" (la reducción, o "desinflación", repentina del número de nacimientos una vez pasado el "boom"), pero es un nombre que muchos de ellos rechazan porque el título les define solamente en términos de sus predecesores. Otros, considerándoles ser buscadores algo más que desilusionados les han llamado "la nueva generación perdida", lo que también de nuevo les niega una identidad propia y les define solamente en términos de aquel primer grupo de los años 20 que llevó el nombre de la "generación perdida".

Arthur Geoffrey T. Holz, en su libro *Welcome to the Jungle* (*Bienvenido a la Selva*), estableció el argumento que debían ser llamados "la generación libre". Este grupo, nacido desde los años 60 hasta el 1980, escribió, está emancipado en el sentido que el mundo le ofreció más opciones que aquellas que se les abrieron a las generaciones anteriores. También son *libres* en el sentido de extra o de sabrante, escribió Holtz, ya que se sintieron a ellos mismos como si hubieran sido considerados algo superfluo al resto de la sociedad. Pero, continuó, también son "espíritus libres" que vivieron menos inhibidos, con menos preocupaciones y aun con vidas más temerarias que las de sus predecesores.

A pesar de sus múltiples apelaciones y de los diferentes méritos de cada una, el novelista Douglas Coupland fue quien les acuñó con la designación más común: Generación X, usando el símbolo matemático para lo desconocido porque estos jóvenes toman a mal cualquier definición o clasificación.

Por cualquier nombre, los miembros de esta generación conforman los "teenagers" (adolescentes) y los "jóvenes alocados" que definen a la cultura juvenil alrededor del mundo. Son los inventores de las formas de vestir y de música que ejercen su influencia al conformar las modas y las tendencias artísticas de la cultura "pop" de hoy, y su comportamiento colectivo está redefiniendo la forma en que el mundo se percibe a sí mismo— como reconoció el presidente polaco Kwasniewski.

Prácticamente en cada aspecto de la vida, esta generación que desafía la clasificación exhibe su individualidad. Solamente en el área de la música han añadido el hip hop, el grunge, el rap, el gangsta rap, el techno-rave y la fusión del funk-rap. Sus modas han vuelto a popularizar las minifaldas y los pantalones anchos que usan desafiantemente con botas, y han adoptado la perforación del cuerpo de manera nihilista como una opción generacional de adorno. Exudan formas nuevas e independientes de expresión incluso en los atrevidos colores de sus maquillajes.

Al verlos, se nos hace obvio que por mucho que no les guste o resistan la clasificación, esta nueva generación se define a ella misma con su independencia acuariana. Están unidos en su rechazo a aceptar sin cuestionar el status quo y en su anticipación a todo lo que es nuevo. Y es obvio, a partir de todo su comportamiento, que son rebeldes no sólo por su propio motivo sino porque todos son buscadores en búsqueda de un Nuevo Camino que puedan llamar el suyo.

Ellos ahora también se están convirtiendo en padres y sus hijos serán mucho más de lo que ellos son y de todo lo que no son. Los hijos que nazcan ahora, en el borde del Nuevo Milenio, nacidos de la generación X y de los "baby boomers" estarán influidos doblemente. Están imbuidos por el espíritu de la independencia y la individualidad heredada de sus padres y están saturados con la potencia creciente de la energía de la era. Por tanto, es adecuado que ellos también estén llenos de ideas revolucionarias y formas rebeldes. Es su derecho natal como hijos de la Nueva Era y les toca a sus padres reconocerlos como tales.

Todos estos factores juntos hacen que, como padres, criar a los hijos en este Nueva Era sea muy diferente de lo que fue en el pasado. Hasta hace muy poco se esperaba que los hijos siguieran los pasos de sus padres. Esto continúa pasando en muchas partes del mundo. Si el abuelo fue un zapatero, el hijo tenía que ser zapatero y el nieto también. Seguimos las tradiciones familiares. No tenía nada que ver con las afinidades, cualidades o deseos individuales. Era una obligación. La Nueva Era es una era de individualidad, un tiempo en el que cada cual puede volar libremente. Ya no le causará a nadie ningún dolor o pesar el hecho que el hijo de un médico quiera ser un piloto, o un bailarín o algo que él o ella quiera ser. La costumbre de respetar las tradiciones de los padres se elimina completamente.

También, en un pasado no tan distante, otros padres, que se consideraban a ellos mismos como iluminados, no forzaban a sus hijos para que siguieran la tradición familiar, pero ejercían tanta influencia sobre la decisión final de sus hijos como si lo hubieran forzado. Podemos llamarle el síndrome de "mi hijo el médico". Los padres pensaban que beneficiaban a sus hijos de esta manera, empujándoles hacia aspiraciones específicas. Impulsados por lo que consideraban buenas intenciones, ellos gentilmente, o no tan suavemente, cerraban ciertas avenidas, y abrían otras específicas. Coaccionaban con palabras y acciones o aun con simples gestos de aprobación o desaprobación. Trataban de hacer que sus hijos fueran mejores de lo que ellos habían sido, de convertirles en extensiones de sus propias vidas, o de sus sueños fallidos. Desde el momento más temprano posible, plantaban la idea de lo que el hijo iba a ser cuando creciera. "Tienes que sacar buenas notas en ciencia si quieres llegar a ser un doctor," les decían. O les daban un juego de médico como regalo el día de su cumpleaños. La letanía directa se repetía en cualquier ocasión posible. "Nosotros tuvimos que luchar y trabajar duro todas nuestras vidas, pero tú lo tendrás mucho mejor si…"

Ahora es el momento para que los padres dejan que sus hijos descubran y escojan lo que quieren hacer con sus vidas, pero hay que permitirles descubrirlo. Esto quiere decir que nuestros sistemas educacionales tendrán que tomar la dirección de los padres y dejar que los niños se tomen su tiempo para que puedan seguir sus propios intereses. Thomas Edison fue alentado para que investigara las cosas que le causaban curiosidad. ¿Qué habría pasado si no hubiera sido alentado? ¿Qué habría sucedido si la familia de Amadeus Mozart hubiera insistido para que en vez de músico fuera médico o abogado?

En el Nuevo Milenio, se le permitirá a los niños determinar sus propios caminos a través de la vida. Se les debe permitir encontrar sus propias inclinaciones y sus propios talentos individuales. Cada uno de nosotros conoce en nuestros corazones y en nuestras almas aquello para lo que estamos mejor dotados, y aquello que disfrutamos más haciéndolo. En tiempos de crisis, vemos gente asumiendo sus papeles naturales. Cuando el orden ha caído en el caos alrededor de ellos por un huracán o un terremoto, la gente se dirige de manera natural hacia aquello para lo que están mejor dotados. Los abogados no insisten en escribir reportes— uno toma un martillo, otro una camilla.

Cada uno de nosotros tiene una misión especial en la vida y si nos lo permitimos a nosotros mismos, cada uno de nosotros puede encontrar su camino para lograrlo. Nuestros hijos no son diferentes. Necesitamos dejarles ser. Podemos guiarles, ayudarles, y ofrecerles alternativas, pero cada niño debe buscar sus propias preferencias. Entonces, es nuestro lugar ayudarles para que puedan lograr extraer el máximo de ellos mismos con esa preferencia.

Esto también implica darles libertad a nuestros hijos. Somos responsables por ellos cuando son muy tiernos y no pueden cuidarse por ellos mismos. Somos responsables de alimentarlos y vestirlos y de abrirles el camino para que puedan encontrar y escoger su propio camino en la vida. Pero no podemos apresarlos o restringirlos. Los pájaros dejan el nido cuando están listos para volar. Van a donde quieran entonces, con sus propias alas. Nuestros hijos son iguales.

Para ayudarles a encontrar el camino correcto para ellos debemos servirles más que como guías. Debemos servirles como ejemplos. Lo somos, queramos o no. Los niños aprenden por ejemplo. Si llegamos a nuestra casa llenos de amarguras y de ira, llenos de frustración y de dureza, eso es lo que aprenderán los niños. Los niños copian lo que ven. Imitan, absorben.

Cualquier conducta que se les muestre, la adoptan como suya, aunque posteriormente en la vida deban luchar mucho para descartar ese comportamiento. Por eso, debemos ser ejemplos modelos de todas maneras.

Esto no quiere decir que los niños deban estar rodeados de todas las comodidades de la vida, inundados de regalos ni viviendo en el lujo. Sus casas no tienen que ser un palacio, sino un hogar. Sus padres no tienen que ser perfectos, sino simplemente humanos. Tienen que estar allí cuando sus hijos quieran conversar, y jugar y formular preguntas. Un simple contacto físico cuando el niño se ha caído tiene mucho más poder que todas las palabras del mundo. Es parte de las lecciones espontáneas de la vida que surgen del alma.

El Nuevo Milenio trae consigo un renacimiento de la espiritualidad. Los hijos de la Nueva Era se encontrarán a ellos mismos atraídos de manera natural a lo espiritual, y de nuevo necesitaremos abrirles las alternativas para que puedan descubrir aquello que es su camino personal y mejor. Imponer a un niño una religión, esperar que siga un solo camino es tan dañino para él o ella y para nosotros como forzarle a seguir una carrera en un campo específico. La religión en sí misma está en medio de un proceso de cambio dramático y perdurable. Las decisiones sobre la religión necesitan sufrir cambios similares. El que hayas rechazado las formas existentes de religiones organizadas o que te hayas atado firmemente a una no significa que tus hijos tienen que, o aun debieran, necesariamente adoptar la misma.

Algunos niños —aun cuando estén imbuidos con un espíritu de independencia e individualidad que hará que sus interpretaciones de las enseñanzas religiosas sean altamente personales— pueden escoger lo que nosotros podemos pensar que es una religión extremadamente tradicional o rígida. Hay una razón.

Dejémosles experimentar, aprender, que tomen sus propias decisiones acerca del camino que les lleve a Dios y a la iluminación.

¿Quiere esto decir que la crianza de los hijos en la Nueva Era, o el estilo de los padres en el Nuevo Milenio será que los padres se hagan a un lado y dejen simplemente que sus hijos hagan lo que les parezca? ¡Por supuesto que no! De la misma manera que no permitirías que tu hijo pequeño tocara una estufa encendida para que se quemara y aprendiera de esa manera la experiencia, así tampoco debes permitir que tu hijo vague por la vida sin dirección, sin guía ni ayuda. Un niño aprende a caminar apoyándose en otras cosas, elevándose y dando pasos tentativos. Algunas veces les dejamos que tomen nuestras manos cuando dan esos primeros pasos que les llevaran a ese lugar de la habitación al que no pudieron llegar por ellos mismos. Así también haremos con las lecciones de la vida que podamos compartir con nuestros hijos.

Nuestra misión, una vez que somos padres, es ayudarles y guiarles. Una vez que el niño aprende a caminar no les dejamos que vaya donde quiera, que camine frente a los automóviles o por los bordes de los precipicios. Pero también algún día, debemos estar preparados para seguir a nuestros hijos cuando nos guíen y permitirles tener la oportunidad de conducirnos a algún lugar en el que nunca antes hayamos estado.

11

Preparándote a ti mismo para el nuevo milenio—ahora

El cambio de eras ocurre queramos o no, estemos o no estemos preparados para el cambio. A medida que llega el Nuevo Milenio esparce su manto de energía igualmente por sobre todos nosotros exigiendo que abandonemos las viejas formas de la sociedad y del Ser, y que adoptemos las nuevas. Aquellos que se resisten a su influencia quedarán atrapados en el torbellino, arrojados en turbulencias mientras ven su mundo cambiar y sienten en ellos mismos indefensos para detener ese cambio. El resto de nosotros se encontrará barrido por la corriente de los tiempos, atraídos rápidamente al espíritu de la Era Dorada.

Pero aun aquellos de nosotros que damos la bienvenida a la Nueva Era pudiéramos encontrarnos tambaleando, saliéndonos del control en medio de una tempestad de cambios, en lugar de fluir suave y fácilmente con el espíritu de Acuario. Es cosa tuya. Puedes sentarte y echarte hacia atrás esperando ser barrido como un corcho en una corriente rápida de agua, o puedes prepararte para el cambio, abrirte al cambio, liberándote de las programaciones del pasado, ahora.

Nuestra programación llega a nosotros millones de veces, en millones de formas diferentes. Viene desde el tiempo de nuestro nacimiento, y se va construyendo día a día a través de nuestras vidas. Se coloca la fundación aún antes que entendamos las palabras que son sus ladrillos, mucho antes que se construyan uno sobre otro para formar las inmensas paredes que nos aprisionan. Comienza con las miradas de desaprobación, con los ceños fruncidos, y crece al no atendernos ni alimentarnos cuando lloramos.

Pero los ladrillos y el cemento que conforman las paredes más sólidas están construidos con esta simple palabra: "No." Con esa palabra permitimos que nos juzguen. Con ella, aprendemos a juzgarnos a nosotros y a los demás porque en la raíz de cada pensamiento de desaprobación, en la base de cada expresión de disgusto, en el corazón de cada ejemplo de intolerancia, es la palabra "no" la primera que escuchamos.

Dos pensamientos simples pero inmensamente potentes nos guían en cada acción, o inacción, desde el nacimiento: el miedo al rechazo y el temor al castigo. "No" es la expresión verbal que asociamos con esos miedos, el disparo que suelta una vida completa de impresiones recogidas. "No" vino antes que alguien nos colocara en un rincón, nos mandara a la cama o nos golpeara con una mano enojada. "No" vino antes que alguien nos volviera las espaldas. Juntos el "No" y nuestra reacción a nuestros miedos se convirtieron en la base para nuestras ideas del bien y del mal, de lo correcto y lo erróneo. "No, no hagas eso," "No, detén eso," "No, eso está mal," "No, ellos son diferentes." "No" se equipara con el juicio y el castigo. Aprendemos "¡No, niño malo!" y su opuesto, "Sí, niña buena."

El sistema se acentúa a medida que avanzan los años. En la escuela hay niveles de bueno y malo, de la A a la F, del 1 al 10, pero solamente sirven para reforzar la idea de ser juzgados por otros, de buscar la aprobación. El miedo a la desaprobación, el temor al rechazo, el miedo al castigo, el temor a escuchar "No" mina nuestra capacidad de decidir por nosotros mismos y de aprender por nosotros mismos. El miedo nos cierra a nosotros mismos haciéndonos que nos volquemos hacia afuera, que miremos afuera en vez de adentro de nosotros para encontrar la aprobación, la satisfacción, los valores.

Pedazo por pedazo, día a día, vamos internalizando los juicios y los castigos, convirtiéndolos día a día en los nuestros. Se convierten en el árbitro interno sobre cada una de nuestras acciones y pensamientos, provocando que nos reflejemos en el resultado antes de hacer nada. En su aspecto peor nos paralizan con miedo, nos inmovilizan a la inacción. Aun cuando pensamos que estamos decidiendo por nosotros mismos, muy a menudo es esa voz interna que se dirige a nosotros con la simple pregunta: "¿Les gustará si hago eso?"

El poder erosionante del miedo puede destruir nuestra capacidad para la autorrealización. En su peor expresión puede destruir nuestro sentido de autovaloración. Cuando estamos buscando constantemente que sean otros los que valoren lo que nosotros hacemos, muy a menudo perdemos nuestra propia habilidad de colocar el valor en nosotros mismos. Eventualmente, en lugar de hacer lo correcto porque eso es lo que queremos hacer, hacemos las cosas que los que están a nuestro alrededor quieren que hagamos. Eslabón por eslabón vamos construyendo nuestras propias cadenas.

Maquiavelo diría que este es el ejemplo perfecto del fin justificando los medios. Diría que aunque hacemos el bien porque tememos lo que pasaría si no lo hiciéramos, hacemos el bien de todas formas. Pero esa forma de pensar es probablemente la misma razón por la que el nombre de Maquiavelo se ha convertido en sinónimo de la desconsideración despiadada de los demás y su forma de razonamiento se ha convertido en la justificación para todos aquellos que imponen su voluntad sobre

otros. La diferencia entre la forma pisciana de pensar de
Maquiavelo y el pensamiento de la Nueva Era es la diferencia
que hay entre respirar y estar vivos y el de tomar una respiración
profunda para disfrutar de la crujiente frescura del aire. Es la
diferencia entre estar forzados a nadar para huir de un bote que
se hunde o nadar por el mero placer de sentir el agua deslizán-
dose sobre nosotros. Es la diferencia entre estar encadenados y
estar libres, la diferencia entre la miseria y la libertad.

El miedo nos congela, y terminamos viviendo en el equivalente terreno del séptimo círculo del *Inferno* de la novela de
Dante, dejando fuera todo el esplendor, la vida misma, ence-
rrándonos a nosotros mismos en hielo.

Los manipuladores hábiles conocen el valor de nuestro miedo
y cómo usarlo como un arma contra nosotros. Tristemente,
muchos de nosotros nos permitimos a nosotros mismos convertirnos en esclavos voluntarios, sometiéndonos a las exigencias y
dictados de otros con la esperanza de "caer bien" o por lo
menos de no ser castigados. Somos víctimas de nuestro propio
miedo, y hemos entregado el poder de ese miedo en las manos
de otros, para que lo usen contra nosotros. A través del miedo,
los predicadores y los políticos nos han controlado, acobardado
y atormentado.

En vez de aceptar el hecho que Dios nos ama verdaderamente
a todos y a cada uno de nosotros por nosotros mismos, por lo
que somos, permitimos que nos hagan creer que existe un Dios
terrible, amenazante, que ardientemente llueve fuego y condenación a todos aquellos que no se adhieran estrictamente a las
reglas impuestas por nuestros prelados. Nos inundan de miedo
al Infierno y al Diablo, en lugar de llenarnos con el amor de
Dios y del Cielo.

Desde este punto de vista, Dios siempre está fuera de nosotros, y debemos buscar su gracia. Desde esta concepción, los
niños inocentes nacen trayendo la carga del Pecado Original,

condenados hasta que puedan expiarlo, culpables hasta que se demuestren nuevamente inocentes, y en el momento de nacimiento se nos marca con una mancha oscura a la que debemos dedicar todas nuestras vidas para lavarla. Pero, en su propio rostro esto es absurdo. ¿Cómo puede un maravilloso recién nacido en toda su brillante pureza ser un pecador? ¿Podría Dios, el mismo que dice en la Biblia "Dios es Amor", permitir semejante cosa? ¿Cuando un niño recién nacido muere trágicamente poco después de nacer, está realmente condenado a la perdición o cuando menos al purgatorio, mientras que de alguna manera, una vez que los niños se bautizan en una ceremonia que posiblemente no entiende ningún niño, se le confiere de repente la admisión en el cielo?

No, no hemos nacidos manchados con ningún Pecado Original, nacimos brillantes con la Bendición Original. Hemos nacido llenos de la chispa divina de la vida, y es la mancha del miedo la que empaña nuestra imagen de la belleza eterna y lentamente nos va cerrándonos del espíritu universal. Nacemos llenos de ilimitadas posibilidades, y los límites se van imponiendo a medida que crecemos.

Los políticos destilan propagandas diseñadas a hacernos creer en monstruos y víctimas. Sus discursos están llenos con el tema de los "valores" y de "proteger nuestros valores". Pero ¿de qué están hablando realmente cuando hablan de "nuestros" valores? ¿O están realmente hablando de "sus" valores e incluyéndonos al resto de nosotros porque saben que como la mayoría de nosotros estamos siempre buscando que los demás nos digan lo que debemos hacer, les vamos a permitir que también nos digan cuáles son "nuestros" valores?

Compartir los mismos valores que otros no es erróneo. Debido a todo lo que compartimos es natural que también sostentemos muchos de nuestros valores como comunes. Pero cada uno de nosotros debe decidir individualmente cuáles son esos valores. Si permitimos que sean otros quienes nos adoctrinen, si no miramos dentro de nosotros mismos, no podemos ver por nosotros lo que es de valor. Aceptar ciegamente los valores de otros basados en "fe" es contrario al espíritu de la Nueva Era. En el Nuevo Milenio, vamos más allá de la fe para encontrar el conocimiento. Quizás terminemos creyendo como hoy creemos, pero lo habremos hecho por nosotros mismos y no porque alguien nos haya dicho que es así.

En la Era de Acuario, conocer es lo que es importante, no simplemente creer ciegamente.

Cuando vas a comprar un automóvil pones a funcionar el motor, lo manejas un poco y miras debajo del capó para ver si está en buena condición— para ver si por el precio tiene un buen *valor*. Sin embargo, cuando estamos hablando de algo tan importante como nuestras propias almas, algo tan vital como nuestra propia salvación, aceptamos cuando nos dicen que no podemos examinar demasiado. Esto, en sí mismo, debe ser una advertencia. No todo aquel que proclama tener la respuesta generalmente la tiene. Si supieran de verdad, estarían en condiciones de responder a tus preguntas.

Debemos ser extremadamente cuidadosos cuando estamos seleccionando la puerta en la que vamos a tocar, el Maestro que vamos a escuchar, en los asuntos de Dios y la espiritualidad. No se le debe prestar atención a quien trate de hacerte dependiente, o trate de llenarte de miedos— miedos de castigos o de un cruel y distante Dios. El deseo de Dios es que todos vivamos en felicidad y en paz, y es solamente a través del amor que encontramos nuestro camino hacia la luz y la unión con el espíritu universal.

Pero muy pocos gurús y predicadores desean verdaderamente que encontremos nuestro propio camino hacia Dios. Muy pocos quieren que aprendamos la divina Verdad porque si lo hacemos, entonces no les necesitaríamos. Alguien que de verdad conoce que tenemos el derecho a convertirnos en uno con Dios, que sabe que el cielo está en nuestros corazones y en nuestras almas, se siente feliz cuando lo descubrimos por nosotros mismos. La gente que conoce verdaderamente el camino del universo sabe que cuando alcanzamos el punto de la Verdad y nos unimos con la conciencia cósmica, también nos unimos más totalmente con ellos. Quienes desean permanecer como nuestros intérpretes pagados del conocimiento temen perder su posición y por eso vuelven nuestros temores contra nosotros mismos, amenazándonos con que si no seguimos su camino no vamos a encontrar la salvación. Ellos insisten en ser nuestros mediadores con Dios, en lugar de nuestros guías en el plano espiritual.

Por supuesto, no es solamente en el plano espiritual en el que permitimos que el miedo nos domine. En casi todo lo que hacemos el miedo se vuelve nuestro motivador, desde afuera y desde adentro. Tememos perder nuestros empleos y por eso aguantamos jefes dictatoriales; tememos perder nuestra libertad y por eso aguantamos gobernantes dictatoriales. Estos son temores verdaderos, pero por el mismo miedo es que buscamos el amor. Buscamos el amor por temor a quedarnos solos, en lugar de encontrar el amor por su propio valor. Creemos que si otra persona nos ama, entonces somos seres dignos de amor. El amor desde el exterior toma el lugar del amor a nosotros mismos. Vamos buscando aprobación en lugar de plenitud.

Y vamos hasta los extremos con tal de encontrar la aprobación. Actuamos como pensamos que los otros quieran que seamos, y perdemos la visión de nosotros mismos. Actuamos con mucha timidez, o nos ponemos máscaras en lugar de actuar de manera natural y ser nosotros mismos. Temiendo ser juzgados por el objeto de nuestro deseo, o que se nos rechaze, tratamos de modelarnos para convertirnos en lo que nosotros pensamos que ellos quieren que nosotros seamos. Asumimos poses, posturas, simulamos, todo para no dejar que los demás vean quiénes somos realmente.

Si tenemos éxito al atraer esa persona, entonces le dejamos controlarnos a través del miedo que si bajamos la guardia, nos va a abandonar. Hemos colocado la trampa, pisado dentro del círculo vicioso por nosotros mismos. Deseando ser amados, actuamos como quienes no lo somos, encontrando a alguien y terminando en una relación que nos fuerza a continuar el acto porque ellos nunca nos amaron realmente por lo que nosotros éramos. ¿Cómo podrían? Para comenzar, nunca nos conocieron. Solamente conocieron la persona que les dejamos ver, la que nosotros queríamos que vieran, para que nos amasen. Y a través de todo esto nos sentimos tremendamente vacíos, pero somos incapaces de poner el dedo en la razón por la cual nos sentimos así. Podemos pasar toda una vida en una relación que nos deja incompletos porque estuvimos buscando el amor fuera de nosotros mismos en lugar de comenzar por amarnos a nosotros mismos.

Y porque buscamos la aprobación de los otros, porque buscamos nuestros valores —inclusive nuestros valores de nosotros mismos— de otros, todo porque tememos el rechazo, tememos sentirnos solos. El miedo se convierte en nuestro grillete en el amor y en la vida.

Algunos que ya han sentido la influencia de Acuario, pero que aún están engañados por la influencia de Piscis, acuden a otros para que les enseñen cómo encontrarse a ellos mismos. Si terminan exitosamente los cursos que enseñan estos autodenominados swamis, reciben un certificado o un diploma que dice, en efecto, que están iluminados. Pero el diploma no es más que un sello de aprobación. Los estudiantes continúan en busca de la sabiduría, o al menos pensando que están buscando la sabiduría, y se van satisfechos al recibir la aprobación del supuesto "Maestro". En efecto, están tan perdidos como antes. Pero evitaron el rechazo y ganaron la aprobación, y eso, para muchos, ya es suficiente.

Si de veras quieres encontrar sabiduría, entonces aprende
esto: ¡Nadie puede enseñarte nada! Pueden mostrarte lo que
ellos saben, o ayudarte a encontrar el camino, pero debes apren-
derlo por ti mismo. El despertar procede de dentro de uno
mismo, y solamente desde adentro de nuestro Ser.

Sin embargo, algo que se ha popularizado mucho entre la
gente de hoy día en estos llamados "viajes de autorealización"
están las caminatas sobre el fuego. Van a seminarios y toman
clases en el arte de caminar descalzos sobre carbones encendidos. La meta, por supuesto, es cruzarlos sin quemarse los pies.
Y se les conduce a creer que si pueden realizar esto, entonces se
volverán "auto-actualizados"— sin que nadie sepa qué significa
esto. Pero el ritual completo de caminar sobre el fuego no es
sobre caminar encima del fuego, es el de vencer o derrotar tu
miedo. Y no tienes que caminar encima del fuego para lograrlo.
Cristo caminó encima de las aguas, la gente paga para caminar
encima del fuego, pero en el Nuevo Milenio caminaremos en el
aire. Al romper tus miedos y creer en ti mismo, al permitirte
conectarte con la unidad universal, no te hundirás, no te que-
marás, no caerás... ¡volarás!

Esta es la lección de la Nueva Era. Esta es la lección que Dios
quiere que nosotros aprendamos. Pero comienza mirando dentro de nosotros mismos, no fijándonos en otras personas para
que nos den las respuestas.

No tienes que compararte con nadie. No necesitas la aprobación de nadie. Necesitas buscar tu propia luz interior. Eso es
la iluminación. Necesitas descubrir y desarrollar tu propia individualidad, tu propia singularidad divina, tu propia divinidad.
Así es cómo encontramos nuestro camino de regreso a la unión
con el universo.

Puede sonar sacrílego, pero todos nosotros somos dioses a
nuestra propia manera. Todos llevamos una chispa de la llama
divina dentro de nosotros. En el principio, los astrónomos nos

dicen que el universo entero surgió de una explosión a partir de un punto infinitesimal, pequeñísimo, único. Todo en el universo, entonces, procede de esa explosión única e inicial de energía. Las estrellas, los planetas, nosotros —todo— se originó en la misma sustancia.

Piensa en esa energía, esa sustancia, como un diamante hermoso. En el momento que estalló hacia afuera envió pequeños fragmentos de sí misma volando a todas partes— para convertirse en la semilla de lo que vendría después. Esa "semilla estelar", esa esencia, ese pedazo brillante de diamante, aún refulge dentro de cada uno de nosotros y dentro de todo en el universo.

Si ese hermoso diamante es lo que pensamos sea la divinidad, el creador de todas las cosas, entonces somos parte de la divinidad, llevando con nosotros la chispa de lo divino.

Al reconocer esto nos acercamos a Dios, y nos acercamos a la unidad una vez más con el espíritu divino del universo que fluye alrededor y encima de todos nosotros y de todo en el cosmos. El reconocer que todos llevamos la chispa divina dentro de nosotros nos permite fluir más libremente dentro de la gran corriente cósmica. En lugar de permanecer alejados de Dios, nos volvemos uno con Dios e inmediatamente empezamos a traer el amor divino, la paz y la armonía a nuestras vidas.

La Biblia habla de la Segunda Venida de Cristo, pero esto no significa necesariamente que Cristo va a descender físicamente de nuevo a la Tierra, con manto y todo. Esto significa que el espíritu de Cristo, el ideal cristiano, reinará sobre la Tierra. El Milenio Dorado comienza con nuestro despertar individual al Cristo que está dentro de cada uno de nosotros, cuando nos damos cuenta que todos somos hijos de Dios, conectados eterna y maravillosamente a la fuente divina.

Somos divinos, y somos inmortales. Procedemos de esa fuente divina y permanecemos como parte de ella y regresamos a ella cuando dejamos este cuerpo.

En su libro *Arcano coelestia*, Emanuel Swedenborg, el matemáti-co y místico sueco, donde él lo dijo así: "No se puede decir en ningún sentido que el cielo está afuera de nosotros, está dentro … y un hombre también, en el momento que recibe el cielo, es un recipiente, un cielo y un ángel."

El darnos cuenta de esto nos libera de nuestros miedos. No podemos siquiera temer a la muerte cuando sabemos que seguimos por toda la eternidad. No podemos temer el rechazo cuando sabemos que todos somos divinos, a nuestra propia manera, y parte de la divinidad. Pero para alcanzar esa reali-zación debemos ir dentro de nosotros mismos, mucho más pro-fundo de lo que hemos ido hasta ahora. Es solamente dentro de nosotros mismos que descubriremos la absoluta verdad, la Verdad Unica.

Podemos comenzar este viaje a la parte más interna de nues-tro propio Ser al abrirnos totalmente al espíritu del Nuevo Milenio. Podemos comenzar plantando los pensamientos que invierten nuestra programación. Como sabes, todo lo que siem-bras lo recogerás. Puedes comenzar a deshacer tus programas en este instante con pensamientos de amor y prosperidad, lo cual es ciertamente lo que Dios desea para todos nosotros. Acuario es la era de la abundancia, para todos. Todos estamos conecta-dos igualmente con el espíritu universal, por lo que es imposi-ble que uno de nosotros merezca más que otros. Todos nosotros tenemos el mismo derecho a la prosperidad y el bienestar, si escogemos ser prósperos y tener ese bienestar, y todos nosotros tenemos el mismo derecho al amor.

Al considerar estos pensamientos, al reconocer que eres parte del orden universal con todo el derecho de compartir toda su belleza, te abres al espíritu de Acuario y te preparas para entrar en el Nuevo Milenio, listo para saborear sus frutos.

Por supuesto, nuestra programación no se nos acumuló de repente. No nos despertamos una mañana buscando desesperadamente la aprobación. Por eso no debes desanimarte cuando no puedas rehacer una vida de programación de una sola sentada. Pero al ir eliminado la base de nuestra programación, al ir cincelando persistentemente en la fundación del miedo que nos limita, podemos lograr que se derrumben las paredes en mucho menos tiempo que lo que tomó construirlas. Al arrojar al miedo fuera de nosotros, les quitamos de las manos el poder de nuestro miedo a aquellos que lo usan contra nosotros. Al eliminar el miedo, nos liberamos para poder pensar por nosotros mismos, sin preocuparnos por lo que otros piensen. Yo no temo tu rechazo, yo no necesito tu aprobación; y si no necesito tu aprobación, estoy libre para decidir por mí mismo— y libre para ser Yo.

En el Nuevo Milenio todos estaremos libres para ser nosotros mismos. Podemos quitarnos nuestras máscaras y ser naturales. Ser natural sigifica ser como son las cosas en la naturaleza, en su estado natural. En la naturaleza los animales no tratan de ser como otros animales. Un gato no trata de ser un perro, y un perro no trata de volar como un ave. ¿Por qué habríamos nosotros de ser diferentes? ¿Por qué querríamos usar la ropa que usa todo el mundo si al usarla no nos gusta como nos queda? ¿Por qué habría de esconder siempre nuestros rostros detrás del maquillaje y el creyón de labios?

Cuando lo quieras, ve adelante. Un pavorreal orgulloso algunas veces nos muestra todas sus brillantes plumas, pero a veces no. Hace lo que hace de manera natural, y así debemos ser nosotros.

Lo que importa es lo que está dentro ya que es allí donde radica nuestra verdadera belleza. Es allí donde nos conectamos con el universo. Nosotros no nos lanzamos a tocar el espíritu universal con nuestras manos. Podemos tocar sus manifestaciones materiales —una flor, una pluma, un copo de nieve— con nuestra manifestación material de su espíritu, nuestras manos. Pero tocar la conciencia cósmica en sí misma solamente se hace con nuestra conciencia, en nuestros corazones y en nuestras almas.

Naturalmente, ninguno de nosotros es perfecto y mientras esto no nos hace menos meritorio de ser amados por quienes somos y por lo que somos, ninguno debe sentirse satisfecho siendo menos de lo que pudiera ser. Para llegar verdaderamente a tu Ser interior tienes que ir pelando las capas protectoras construidas a tu alrededor durante toda una vida de defensas y racionalismos. Para ver tu esencia, debes conocer tu esencia y puede haber algunas cosas que veas, que no te gusten. Eso está bien. Pero lo que no está bien es encoger tus hombros y dejarlas como están. La Ley del Karma nos dice que si no aprendemos nuestras lecciones en esta vida tendremos que repetirlas hasta que las aprendamos. El ciclo termina no porque reconozcamos nuestra conexión con el espíritu divino sino porque hayamos aprendido a emular los ideales espirituales. Dicho simplemente: para ser del Uno, se supone que actúes como el Uno. Afortunadamente para todos nosotros ahora estamos bendecidos por el poder de Acuario y podemos avanzar más lejos en esta sola vida que lo que habíamos logrado nunca antes.

La esencia del espíritu universal es el Amor. Es completo, lo abraza todo, es total, el Amor Verdadero. Relato tras relato, quienes han tenido la experiencia cercana a la muerte, aquellos que han muerto clínicamente en una mesa de operación o en cualquier otro lugar para luego regresar a la vida minutos después, siempre describen dos sensaciones: Una es que ven una luz brillantemente intensa que les atrae hacia ella y dos, describen un sentimiento increíble de amor total, de paz. El sentimiento de amor es tan sobrecogedoramente poderoso que muchos que regresan de la experiencia pasan varios días llorando, preguntándose por qué tuvieron que regresar a esta vida en lugar de permitírseles quedarse allá. Ese amor es la esencia de la divinidad, del espíritu universal. Pero no tienes que morir para conocerlo. Puedes conectarte a él en vida, pero debes estar saturado con el mismo sentimiento, y la única manera de conocer el amor verdadero es comenzar por amarte a ti mismo. Eso, para muchos de nosotros, será la tarea más difícil de todas.

Tenemos una vida de afirmaciones negativas que llevamos a dondequiera que vamos. Tenemos miles, millones de razones para creer que no valemos nada. Nos damos grados a nosotros mismos, nos evaluamos constantemente y constantemente nos juzgamos a nosotros mismos como de poco valor. De la misma manera que nos enfermamos al plantar pensamientos negativos en nuestras mentes, así podemos convertirnos en indignos del amor. "El nunca saldría con alguien como yo," decimos. "Ella no estaría interesada en mí." Lo que estamos diciendo realmente es "Yo no me amo. ¿Cómo podrían amarme otros?" Pero todos somos igualmente dignos de ser amados, si así lo decidimos.

Para amarnos a nosotros mismos debemos comenzar por examinarnos verdaderamente a nosotros mismos. Comienza preparando una lista de tus rasgos negativos, las cosas que no te gustan de ti mismo. Está bien, todos tenemos algunas. Pero ahora estamos hablando de cuestiones del alma, no del cuerpo. Por tanto, debes separar entre las faltas físicas negativas en tu lista y las cosas espirituales negativas. Casi siempre comenzamos a confeccionar las listas de estas cosas con "estoy muy gordo", o "muy flaco", pero todas estas cosas son físicas en naturaleza y no espirituales.

Encontrar nuestras verdaderas flaquezas de "carácter" es mucho más difícil. Inclusive lo que la mayoría de nosotros piensa que son nuestras faltas interiores son percepciones internas de nuestro ser externo. "Me falta autocontrol," dicen quienes quieren realmente decir que piensan haber comido mucho, y que debido a eso están muy gordos. "Soy muy indeciso," dicen quienes realmente quieren decir que dudan antes de tomar cualquier acción física porque están controlados aún por sus miedos. Pero estos no son faltas reales de carácter o espirituales, son simplemente las internalizaciones de las manifestaciones físicas.

Nuestras faltas espirituales son mucho más difíciles de encontrar y definir porque la verdad es que la mayoría de nosotros no tenemos tantas faltas como creemos. ¿Te burlarías de una persona que estuviera impedida físicamente? Eso es una falta de carácter. ¿Te alegras con la desgracia de alguna persona? Aun cuando la merezca, si te alegras, es una falta. ¿Odiaste? ¿Eres intolerante? ¿Te encolerizas fácilmente? Esos son rasgos de carácter, faltas espirituales que debes trabajar para corregir.

Pero, ¿quiere esto decir que te debes amar menos por tener estos rasgos? ¡No! ¡Claro que no! Ellos son parte de tu totalidad, parte de tu esencia, y al reconocerlos como faltas y trabajar para enmendarlas estás anunciando que deseas perfeccionarte, aprender tu lección y unirte con la unidad universal. Pero no tienes que sentirte mal contigo mismo debido a estas faltas. Al hacer las paces con tus demonios internos, esos aspectos negativos de tu carácter, haces paz contigo mismo, y al hacer las paces contigo mismo empiezas a amarte a ti mismo.

Una vez que te amas a ti mismo, comienzas a lanzarte hacia el espíritu universal del amor. Una vez que te amas a ti mismo, puedes amar verdaderamente a los demás. Una vez que te amas a ti mismo, puedes mirar a tu vida de manera diferente y los otros también te mirarán diferentemente. Tu belleza interior y todas las cosas hermosas que tú has estado ocultando debajo de capas de duda y miedo estallan fuera de ti radiando en cada poro— ¡resplandecerás! Y los otros verán que resplandeces y reconocerán tu verdadera belleza. Posiblemente ya hayas encontrado algunas personas así: gente que exuda un cierto *algo* aparentemente indefinible, gente con un cierto *magnetismo.* Quizás no sean "atractivos" en el sentido tradicional y físico de la palabra, pero siempre los invitan a las fiestas y a las comidas, y parecen sentirse igualmente cómodos en un restaurante de cinco estrellas que en el medio del campo mirando las estrellas. Pregúntales acerca de esto, e invariablemente, al principio y al final te sonreirán con una mirada que dice "Gracias, pero no sé de qué estás hablando," pero mira con más atención, en sus ojos que sonríen y verás que ellos de verdad *saben* algo.

Lo que ellos saben es lo que tú puedes aprender: Conocen la paz, saben que se pueden amar a ellos mismos, saben que pueden estar muy cómodos siendo naturales sin ninguna máscara.

Esto no quiere decir que su vida sea un lecho de rosas. Cada ser viviente tiene y ha tenido o tendrá problemas, pero nadie debe permitir que sus problemas le vuelvan amargado. A menudo nuestros problemas vienen de dentro de nosotros, fabricamos nuestros problemas en nuestras mentes, en nuestro pozo de miedos e inseguridades, y a través de reforzamientos constantes cobran forma en el mundo físico. Los convertimos en realidad con el poder de nuestra voluntad. Pero casi nunca pensamos que los hacemos desaparecer de la misma manera. Esas personas que *saben,* los que parecen estar tan cómodos y los que están en paz, saben esto muy bien. Ven sus problemas como retos o experiencias, los ven como lecciones que tienen que ser aprendidas. Continúan amándose, continúan pensando positivamente sobre ellos mismos y sobre la vida y permanecen en paz mientras estudian su situación. Pierden inclusive sus trabajos y continúan pensando que hay una razón, que deben estar destinados para algo mejor. Mientras buscan ese nuevo empleo, se acercan más a sus familias, pasan más tiempo con su pareja y sus hijos. Se percatan que necesitaban más equilibrio en sus vidas, tiempo para sus trabajos y para sus familias. Aprenden una lección positiva y luego tienen un trabajo mucho mejor que el que tenían antes.

Miramos a estas personas y movemos nuestras cabezas: "Siempre pareces aterrizar con tus pies," pero lo cierto es que aterrizan con sus pies porque así lo esperan. Son como gimnastas experimentados que se sueltan libremente de la barra paralela, giran en el aire en una maniobra complicada y caen perfectmente sobre la tierra en una posición perfecta. El gimnasta ha estado practicando este movimiento lo suficiente hasta que espera caer sobre sus pies, y así sucede. Has practicado vivir toda tu vida y esperas caer sobre tus pies, y así será.

Cada día que pasa está perdido. Nunca se puede recuperar. Cada día de tu vida que vives como eres te impide vivir como puedes, y mientras más pronto viajes profundamente dentro de ti mismo y te permitas ver por ti mismo la verdadera belleza que se encuentra en tu interior, mientras más rápido dejes que esa belleza aflore y que otros la puedan ver, más rápido empezarán a pasar cosas maravillosas en tu vida.

Mientras más lejos vayas, más cerca te pondrás en contacto con los espíritus guías que te mostrarán el camino. Llámales ángeles, espíritus de la naturaleza, visiones, voces, pero vendrán a hablar contigo en tu tranquilidad e iluminarán el camino de tu iluminación individual. Incluso, si solamente piensas de ellos como "tu voz interior" los oirás y sentirás y sabrás que estás en el sendero correcto para caminar con confianza y felizmente dentro del Nuevo Milenio y ayudarte a traer paz y amor al mundo.

12

No errores, no accidentes, no límites

Vivir es aprender. Para eso es que estás aquí; para aprender. Por eso es que continuamos regresando a este plano terrestre, tratando una y otra vez, obteniendo oportunidad tras oportunidad, para que aprendamos nuestras lecciones— y lo hagamos bien. Debemos aprender a ser compasivos y vivir en paz y armonía. Debemos aprender a amar verdaderamene. Pero la lección final que se supone que todos aprendamos es que vivamos nuestras vidas al máximo. Se espera que aprendamos a vivir. Y para vivir verdaderamente debemos experimentar con la vida. Necesitamos gustarlo todo en ella, para que podamos saborearla en todo su esplendor.

El castigo de la prisión es que separa a la gente del mundo. Pregúntales a los prisioneros sobre su vida en una celda y lo que más extrañan. Con frecuencia te dirán que extrañan esas cosas como ir a pescar, o caminar descalzos encima de las arenas de una playa. Son cosas muy simples, pescar y caminar en una playa, pero son la esencia de la vida.

Durante un tiempo fue muy popular que la gente pagara mucho dinero para que los aislaran dentro de unas cosas que

llamaban "tanques de privación sensorial". Eran tanques a prueba de sonido, completamente oscuros en los que se encerraban
a las personas, a menudo desnudas, para que se quedaran flotando en un líquido que tenía su misma temperatura corporal para
que ni siquiera quedara el sentido del tacto. La gente emergía de
estos tanques llenos de lágrimas, llorando de alegría, diciendo
que habían visto a "Dios". Quizás algunos lo vieron, pero yo
pienso que muchos otros erraron la experiencia. Salieron pensando que Dios sólo se podía encontrar dentro del tanque y allí
es donde dejaron a su Dios, en lugar de llevar con ellos ese sentido de divinidad dondequiera que fueran a partir de entonces.
Cuando sintieron que habían perdido contacto con esa divinidad, con el "significado de la vida", regresaban al tanque para
buscar nuevamente a Dios. Pero el asunto no era tanto la privación sino aquella inundación de sensaciones que les llegaba en
el momento que salían del tanque y regresaban al mundo. Es allí
donde Dios se puede encontrar: en la vida.

Sin embargo, muchos de nosotros viven en prisiones creadas
por nosotros mismos y que nos privan a nosotros mismos de las
sensaciones reales de la vida. Nos levantamos a la misma hora
todos los días de la semana, bebemos una taza de café exactamente igual a la que bebimos el día anterior y miramos los titulares de la prensa que en general se parecen mucho a los de ayer.
Entonces nos damos una ducha, nos vestimos con ropas muy
similares a las que usamos cuando fuimos a trabajar el día anterior y nos encaminamos al trabajo por el mismo camino que
fuimos el día anterior. Nos encontramos con la misma congestión de tráfico casi exactamente en el mismo lugar, y cuando
finalmente llegamos al trabajo nos estacionamos en nuestro
lugar habitual. El trabajo generalmente se desarrolla más o
menos igual que siempre. Después nos dirigimos a la casa aproximadamente a la misma hora, por el mismo lugar y con la
misma congestión de tránsito— y así sucesivamente.

"Me siento como si fuera esclava de la rutina," decimos, y tenemos razón. Hemos cavado un sendero muy bien trillado y lo seguimos fielmente día tras día, pero nos sentimos demasiado deprimidos para hacer algo para modificarlo, por lo que nos tiramos frente al televisor, dejamos que las imágenes nos laven y enjuaguen hasta que sea la hora de ir a dormir. Luego, al día siguiente nos levantamos para seguir haciendo lo mismo.

O, peor aún, la gente se pierde a sí mismo en las drogas o el alcohol. Lo hacen para amortiguar sus nervios aunque muchos de ellos afirman que las drogas aumentan sus experiencias. Dicen que se sienten más vivos cuando están bajo los efectos de la droga o del alcohol. Eso es lo que sus cuerpos les dicen, mintiéndoles. Cualquier droga, ya bien sea alcohol o marihuana, píldoras o lo que sea, solamente sirve para aplacar la mente. Las drogas te separan de ti mismo, en lugar de ayudarte a conectarte con tu verdadero Ser. Sigues cayendo, pero tus nervios, amortiguados, te mienten y piensas que estás cayendo sobre algodón en lugar de concreto. Y cada día continúa de esa manera y el agujero en que estás cayendo se vuelve cada vez más profundo. Un día, las drogas ya no funcionan más y caes para siempre. ¿No sería mucho mejor dejar de caer completamente y aprender a volar? Para lograrlo debes acentuar verdaderamente la experiencia de la vida, escalar y salir del agujero, escalar y salir de la rutina.

Si estás en un hoyo o en una rutina— ¡Detente! ¡Ahora mismo! Antes que te acuestes esta noche, coloca la alarma de tu reloj unos pocos minutos antes de lo habitual. Cuando te levantes, sal y observa la salida del Sol. Ocurre todos los días, pero cada amanecer es diferente. Déjate asombrar de la maravilla de cómo este gran reloj cósmico funciona con un ritmo tan preciso, de cómo este amanecer maravilloso pinta el cielo con esta increíble combinación de tonos naranja, rojo y amarillo. Cuando estés listo para salir, toma un camino diferente para ir a tu trabajo y permítete ver las casas, los edificios, los árboles y las otras personas que están saliendo a la escuela o a sus trabajos.

Vivir no es siempre estar tirado en una playa abanicado por grandes palmeras. Vivir es la vida, y estar *consciente* de la vida— constantemente. Si tu saboreas la vida, la amarás, y si tu amas la vida, la apreciarás. Apreciarás tu propia vida y la apreciarás en todas las personas y en todas las cosas. Esa es la Gran Lección de la Vida porque si amas y aprecias todas las formas de vida, serás bondadoso y compasivo y cuidadoso hacia todas las cosas.

Por eso no es por error que estás aquí. No hay errores. En el magnífico diseño cósmico, todo sucede por una razón. Toda experiencia, cada suceso, cada momento, es una lección. Se supone que debas experimentarla, para que puedas aprender.

La Tercera Ley del Movimiento de Newton es la Primera Ley del Universo, la ley de causa y efecto: Para cada acción existe una reacción igual y opuesta. En un nivel, es así como aprendemos: Cada experiencia nos hace reaccionar. Si tocas algo caliente, sientes dolor y te retraes. Tienes más cuidado la próxima vez. Aprendiste algo. Lo sabes por tí mismo.

Si alguien te dice algo o te habla de algo, no es lo mismo que si lo conoces por ti mismo. Saber algo por ti mismo es haberlo experimentado por ti mismo. Esto no quiere decir que si alguien te dice que el horno está caliente tengas que tocarlo para sentir el dolor. Si lo haces, es que no habías aprendido la lección la primera vez que te quemaste.

Pero para conocer verdaderamente por ti mismo, tienes que experimentar por ti mismo. Que alguien te diga lo que es nadar, no es lo mismo que nadar tú mismo. Puedes leer todos los libros en el mundo que hablen de la natación y continuar sin saber cómo hacerlo. El día que te sumerges en el agua y tratas de nadar es cuando sabes si puedes o no puedes nadar. O nadas o te hundes. Yo pudiera leer todos los libros del mundo que hablan de la cocina, y esto no quiere decir que pueda siquiera hervir un huevo. Puedo entender la teoría que existe detrás del cocinar o del nadar, o de cualquier cosa, pero hasta que lo haga no lo *sabré.*

Lo mismo ocurre con cualquier cosa en la vida. Nadie puede describirte una puesta de sol mejor de lo que tú puedes experimentarla por ti mismo. Tienes que oler un perfume para saber cómo huele. Tienes que estar profundamente, abrumadoramente, intensamente enamorado para conocer el amor. A veces te gustará el aroma de un perfume y otras veces no. Algunas veces la persona que amas encontrará otro y esto duele. Pero no dejan de gustarte todos los perfumes simplemente porque aquel que oliste una vez no te gustó— buscas un perfume diferente. Y no te niegas a ti mismo la posibilidad de amar nuevamente simplemente porque tuviste una mala experiencia. Hay una *razón* por la cual tuviste que amar a esa persona, y una *razón* por la que se supone que se separaron. Quizás necesitabas aprender a demostrar que te preocupabas más o quizás necesitabas aprender a ser menos dependiente. Cualquier cosa que haya sido, había una razón, y había una lección.

Si quieres pensar que algunas de las cosas que haces en la vida, algunas de las experiencias dolorosas son errores, está bien. Es una palabra que usamos aunque la definición es errónea. Pero independientemente que pienses en ellas como errores o experiencias, tenemos muchas de ellas en la vida. Es la única manera de crecer. El pequeñito que se cae y al hacerlo se da un golpe con el piso más tarde o más temprano aprenderá a caminar por si mismo. Pero observa cuidadosamente y notarás que los peqeñuelos que están aprendiendo a caminar raramente se caen dos veces de la misma manera. Se bambolean a la izquierda, luego a la derecha, vacilan, se tambalean y luego se desploman. Sin embargo, difícilmente caen dos veces de la misma manera. Con cada caída aprenden algo nuevo. Así puedes tú también. Simplemente no sigas cometiendo los mismos errores o teniendo las mismas experiencias dolorosas una y otra vez. Aprende de cada una de ellas. Si no lo haces, te seguirás lastimando o lastimarás a otros, lo que en términos cósmicos es lo mismo que lastimarte a ti mismo.

De nuevo es la Primera Ley del Universo: Para cada acción hay una reacción igual y *opuesta*. Estas son leyes espirituales, no físicas, por lo que la reacción puede que no sea *exactamente* lo mismo que la acción. Si le arrojas una piedra a alguien, la piedra no va a regresar y golpearte, pero algo lo hará más tarde o más temprano. Piensa en esto como en el efecto bumerang: Todo lo que haces afecta a algo que a su vez te afecta a ti. Lo que tú decides hacer, decide el efecto. Por tanto, de la misma manera que no hay errores, tampoco hay accidentes.

Por ejemplo, hay quienes se pasan su vida entera concentrándose, encerrados en sus "problemas". No pueden tomar tiempo para vivir porque están demasiado ocupados preocupándose, sufriendo. Muchos de estos problemas son de naturaleza recurrente: Parecen estar resueltos, sólo para resurgir nuevamente como hierbas malas en el jardín de nuestras vidas. Si se tratan de problemas psicológicos, la gente aplica terapias superficiales sin resultado alguno. Cuando no son las heridas dejadas por aquellos con quienes estuvieron en contacto en el transcurso de una vida, son los temores de lo que no entienden, o son las manifestaciones de estas heridas y temores que frecuentemente resultan en una actitud de renuncia— se rinden a sus problemas y dicen: "¿Por qué preocuparse si siempre es lo mismo?" Esta actitud derrotista les convierte en críticos y cínicos quieran o no, y aleja a la gente de su lado.

Toda la frustración y negatividad que llevamos como un cáncer en nuestros corazones se refleja en la manera que juzgamos a los demás y a nosotros mismos. Es como si nos hiciera feliz o nos hiciera sentirnos superior el atacar, disminuir o humillar a otros. Decimos: "Cualquiera que no haga las cosas como yo pienso que deben hacerse, cualquiera que amenace mi seguridad o mi estado, debe ser golpeado— juzgado." Necesitamos menospreciarnos a nosotros mismos, juzgarnos y siempre lo hacemos de manera muy dura: "Soy tan estúpido. No puedo hacer nada bien."

De esta manera, continuamos atrayendo más problemas. Mientras más juzgamos, más propensos estamos a quedarnos solos. Mientras más solos nos sentimos, más nos quejamos, y el círculo vicioso continúa. Culpamos a nuestros padres o a cualquier otra persona que pensamos para responsabilizarla por nuestros problemas y tragedias personales.

La mente es muy capaz de justificar. Todo puede ser justificado. Inclusive las guerras se pueden justificar; permitimos matar en nombre de ideales políticos y religiosos. Pero mucho más a menudo de lo que pensamos, la raíz de nuestros problemas está dentro de nosotros mismos. No es por accidente que tengamos problemas, los traemos a nosotros mismos. Al proyectar constantemente la negatividad, atraemos la negatividad. En el terreno espiritual, las cosas *iguales* se atraen.

Si eres amargado, tú exudas ese espíritu mezquino. Le gritas a la gente, haces comentarios despectivos de ellos. No les caerás bien a ellos y no querrán estar a tu lado. Inclusive hasta pueden ser mezquinos contigo, pero la culpa sigue siendo tuya. No es un accidente. Tú causaste que ellos fueran así contigo.

Si tú estás encolerizado conduciendo tu automóvil y te llevas una señal de pare y chocas con otro automóvil, la gente dirá que fue un accidente, pero no es así. Tú lo causaste. Inclusive aunque hayas dejado tu casa encolerizado esa mañana y hayas manejado cuidadosamente y detenido en la señal de parada y alguien choca contigo, continúa siendo tu falta. Estás encolerizado, estabas negativo y ese sentimiento se extendió como un magneto gigante que atrajo un evento negativo hacia ti. Trajiste este "accidente", este "problema" sobre ti mismo.

¿Y qué si dejas tu casa feliz y positivo y sintiéndote estupendamente y alguien choca contigo en la esquina? No es aún un accidente. Hay una razón. Tendrás que averiguar cuál fue esta razón. Podría ser que estabas allí para ayudar a que esa otra persona aprendiera una lección y que tu lección era ayudarla o que ese pequeño choque puede haber salvado tu vida y en efecto, la persona que chocó contigo en la esquina te hizo un gran favor porque si hubieras continuado tu camino, habrías tenido un accidente más grave. O puede ser algo que hiciste o pensaste pero que no pensaste en esos momentos que era importante y por eso no te acuerdas.

Por eso es que de la misma manera que aprendimos en el capítulo anterior la necesidad que tenemos de examinar nuestros carácteres para encontrar faltas, necesitamos analizar nuestros problemas. ¿Cuáles son tus quejas? ¿Qué es lo que piensas que te hace eternamente feliz? ¿Qué necesitas sacrificar para ganar lo que siempre has querido? ¿Cuáles son los obstáculos reales y presentes que impiden la realización de tus sueños? Escríbelos y analízalos. Recuerda que las circunstancias no van a cambiar. Todo lo que has acumulado en tu mente y en tu corazón no se puede cubrir o enterrar, pero se puede convertir en el suelo fértil donde siembras las semillas de tu nueva vida, libre de todos esos problemas horribles.

Porque para la gente que está en paz consigo misma, la gente que es verdaderamente feliz y creativa, cada problema es un reto para ayudarles a crecer, para ayudarles a evolucionar. Cada uno de los así llamados "problemas" es una lección, una experiencia, para ayudarles a adquirir sabiduría, y ningún problema puede destruirlos.

Mira a tu lista de problemas. ¿Cuántos se pueden resolver simplemente cambiando tu forma de reaccionar, mudándote, estudiando, preparándote mejor para poder exigir un mejor pago y reconocimiento, atreviéndote a hacer lo que se necesita para hacerte feliz sin dañar a nadie? Para mejorar tu situación real tienes que ser más sincero, honesto y franco contigo mismo. Tienes que dejar de mentirte a ti mismo. Debes rasgar el velo de la fantasía y estudiar la dura realidad.

Vivir es tener problemas. Son la carga que soportamos. Son nuestras lecciones para aprender aunque la lección sea solamente que aprendamos a llevar la carga. Si hubieras aprendido bien todas tus lecciones no estarías aquí. Si hubieras aprendido bien todas tus lecciones, habría terminado tu ciclo de reencarnaciones y ya te habrías unido con el espíritu universal.

Inclusive aún cuando estamos tratando de hacer lo correcto, tratando de ser "buenos", podemos causarnos problemas a nosotros mismos. Piénsalo. ¿Cuántas veces, en un esfuerzo por ser "bueno" te has hecho un mártir a ti mismo o una víctima de alguien que quiere tomar ventaja de ti? ¿Cuántas veces has sentido que tu hijo está malgastando su vida y que por mucho que trates de ser "bueno" ésta es la cruz que tienes que cargar? Si esto te causa dolor, te hará sentir frustrado, se convierte en un problema. Un problema es algo que nos causa angustia, algo para lo que no podemos encontrar solución, algo que nos roba de nuestro sueño y nos paraliza en nuestra vida.

Pero cuánta gente acepta sus llamados problemas, cosas que para otros serían sobrecogedoras con infinita paz y profundo amor. Al aprender a llevar sus cargas, sus cargas se vuelven más ligeras. Al descubrir cuáles son las raíces verdaderas de sus problemas, pueden eliminarlas. Pueden dejar caer la carga, arrojar la cruz al basurero y seguir con sus vidas, pueden continuar con el Vivir.

Esta es tu vida. Nadie puede vivirla por ti y tú no tienes que vivirla por ninguna otra persona. Si ves cada día como una continuación de las tragedias de ayer, llegará el momento en que la carga de la negatividad te aplaste. Cada día debe ser un nuevo estreno. Cada día el telón se levanta de nuevo sobre un espectáculo nuevo, una première. Tú nunca antes habías visto *este* día, es totalmente *nuevo.* ¿Por qué, entonces, vas a tratarlo como todos los otros del pasado? Disfruta este día como algo nuevo y diferente, uno en el que tienes todo el derecho para ser feliz. Esta es parte de la preparación interna que tenemos que pasar para permitir que el espíritu de la Nueva Era fluya dentro de nosotros.

Tenemos que permitir que lo fresco, lo improvisado, lo nuevo, llegue a nuestras vidas. Nos estamos moviendo a una era de originalidad, de ideas frescas, de una nueva forma de vivir en todo un Nuevo Milenio. La carga que hemos llevado por dos mil años —los dogmas, los dictados— pesan demasiado. Para poder volar, para poder ser libres, tenemos que quitarnos la carga. No puedes quedar paralizado en tus viejos caminos, en tu vieja vida, en tu viejo Ser. Ha llegado el momento del despegue, de volar hacia la infinidad.

Si estás envuelto en tus problemas, bloquearás la energía positiva que corre por todos nosotros. Estarás dentro de ti mismo con tus problemas, y el espíritu de Acuario permanecerá afuera, girando en torno tuyo y te lo estarás perdiendo. Si te liberas de tus problemas, el espíritu podrá fluir hacia ti y saturarte.

Empieza por conocer la alegría de vivir. Experimenta con la vida. Una palabra sagrada del Nuevo Milenio es el placer. En la Era de Piscis, muchos placeres eran considerados pecados. Si sentíamos que estábamos disfrutando algo *demasiado,* algo tenía que estar funcionando mal con esto. El sexo siempre ha sido el gran problema en esta manera de pensar. ¿Pero qué hay de malo en disfrutar totalmente y el compartir nosotros mismos y nuestros cuerpos con alguien que de verdad queremos? La unión de dos seres en amor total y sincero no puede estar errada, es la misma esencia de la unidad y la humanidad. Es la misma esencia de la vida— no la única por cierto, pero no por eso menos. Es la vida, y es el vivir, y como todo lo demás en la vida nos

acerca a conocer nuestra conexión con el universo, con el supremo espíritu que fluye a través de todo en el universo, con el
reconocimiento de nuestra propia divinidad.

En la India, es muy común que alguien te diga, "Excúseme
¿pero quisiera ser mi Dios por algún tiempo?" Cuando se acerca otra persona, la persona que está contigo sonreirá felizmente
y dirá: "Estoy con mi Dios." Es sorprendente escucharlo para
nuestros oídos occidentales, pero lo que quieren decir es que
saben que Dios está en cada uno de nosotros. Cuando te hablan,
saben que están hablándole a Dios. Si hablan con ira, eso es lo
que Dios escucha. Si hablan con palabras de amor, entonces eso
es lo que Dios oye.

En el Occidente pensamos de manera similar ya bien sea
cuando hablamos con ira o cuando hablamos con amor, pero
tenemos más dificultades en reconocer que somos seres divinos.
Nosotros "dejamos el espíritu dentro de nosotros y nos convertimos en Uno con Dios", mas nunca nos permitimos vernos
como entidades divinas. Pero lo somos. Somos criaturas divinas
con posibilidades ilimitadas si lo reconocemos y nos dejamos
ser. Somos seres ilimitados en un mundo ilimitado, donde todo
es posible y nada es imposible.

No hay accidentes, no hay errores, no hay límites.

Somos nosotros quienes fijamos los límites para nosotros
mismos, somos responsables de todo lo que hacemos y por todo
lo que nos sucede a nosotros. Si creemos que las cosas malas nos
van a suceder, ellas nos suceden. El mismo poder de nuestros
pensamientos los convierte en algo real y los hace suceder y
suceden por una razón.

Si tú piensas que no te van a dar cierto empleo, entonces,
cuando vas a la entrevista estás incómodo. Juegas con los dedos,
miras a otros lados, evades. Estás vacilante e inseguro y generalmente das la impresión que no eres muy confiable, que estás
mintiendo o ambas cosas. Sería en verdad una increíblemente

buena fortuna para ti obtener ese empleo después de semejante presentación. Algunas veces parece que la gente ve más allá de las "vibras" negativas que estamos proyectando y ven que somos dignos que se nos dé una oportunidad. Pero independientemente que consigas o no consigas el empleo, lo que es más importante es: ¿Aprendiste tu lección?

Esto trabaja igualmente con los pensamientos positivos. No vas a ganar la lotería sentándote y pensando que vas a ganar la lotería, y de nuevo pensando que pudieras ganarla. Pero en última instancia, si piensas verdaderamente que vas a ganar la lotería, posiblemente vas a reírte mucho con ese pensamiento. Cuando saludas a otras personas, vas a estar sonriendo por lo que esperas que ellos también te sonrían como respuesta. Sus sonrisas te hacen sentir un poco mejor y tu sonríes un poco más … y así sucesivamente. Puede ser que no ganes la lotería, pero ganaste un montón de sonrisas y mucho entusiasmo, te enriqueciste en una forma que es mucho más importante que el dinero, pensando solamente que ibas a ganar la lotería. Pensaste que ibas a ganar y ganaste, aunque no exactamente lo que tenías en mente.

Para entrar de lleno en el Nuevo Milenio, para participar en la explosión de creatividad, originalidad, humanidad y amor que trae consigo, debemos liberarnos de las cadenas limitantes de nuestras mentes. Cualquier cosa que creas es posible, y si crees que algo es imposible así será, al menos para ti.

Dentro de las Leyes Universales, esto se puede considerar como el concepto de "lo que piensas es lo que recibes". Y de nuevo, las leyes espirituales se adaptan a las leyes naturales— en este caso algunas de las indicaciones de la teoría de los quanta en física y lo que se conoce como el "principio antrópico". *Antrópico* se deriva del griego, que significa "tiene que ver con el hombre" o la humanidad. Según el principio científico que lleva su nombre, el universo existe porque estamos aquí para verlo. No es una desviación de nuestra imaginación, pero existe en la forma que existe porque nosotros somos los que estamos mirándolo. Algunos irán tan lejos como para sugerir que puede existir únicamente para ese propósito— para que lo observemos. El "fuerte principio antrópico" sugiere, básicamente, que por esto puede ser que Dios creó el Universo en primer lugar, justamente para nosotros. La Biblia apoya esta idea, pero parece terriblemente egoísta que nosotros pensemos que somos la razón para todo lo que existe, considerando la enormidad del universo. Sin embargo, la idea que así parece ser, por ser nosotros quienes lo estamos mirando, puede estar apoyada por la física cuántica.

En la teoría de los quanta existen ciertas condiciones en las cuales es imposible conocer lo que está haciendo un electrón a menos que lo estemos vigilando. Cuando no lo estamos haciendo, ni siquiera es teóricamente posible saber a lo que se dedica. En las leyes universales, las leyes espirituales, esto se extiende: Las cosas se comportan de la forma en que lo hacen por la manera en que las estamos mirando.

En el Nuevo Milenio podremos aprender a escuchar a nuestros cuerpos y ayudarnos a curarnos a nosotros mismos, podemos sanar las heridas de nuestro planeta y podemos extendernos más allá de este mundo para encontrar vida en otros mundos y podemos aprender a usar ese 90 por ciento aún oculto de nuestras mentes. Podemos hacer esto y mucho más, pero debemos empezar con nosotros mismos.

Muy pocos creían que Colón realmente pudiera navegar a través del océano sin caerse en el borde de la Tierra plana. Pero Colón estaba convencido que el mundo era redondo y por eso se lanzó a navegar. Demostró a sí mismo que tenía razón y terminó descubriendo mucho más de lo que había esperado. Pensó que iba a encontrar una nueva ruta de comercio para llevar a su patria las especies procedentes de la India, pero en su lugar descubrió un nuevo mundo entero.

El Nuevo Milenio es un portal a un tiempo de posibilidades ilimitadas. A medida que cruzamos en lo que se encuentra frente a nosotros podemos tener una visión de estas posibilidades. Sin embargo mucho, pero mucho más aún queda por descubrir. Cuando Thomas Alva Edison patentó su kinetoscopio en 1891, hubiera sido muy difícil imaginar las películas de largo metraje en los discos láser y en los discos de computadoras CD-ROM. Cuando miramos a estas cosas hoy día ¿podemos ver a dónde nos van a conducir? Estamos entrando en una era de descubrimiento en cada campo y en cada plano. Si entramos en esta era convencidos que los viejos caminos son los únicos caminos, convencidos que el mundo es plano, nos limitamos en lo que nos permitamos descubrir por nosotros mismos. Y, como te dirán los científicos, la única manera de descubrir es experimentar. Al explorar lo que existe con una mente abierta, te abres a ti mismo a lo que puede ser. La clave es mantener la mente abierta.

El científico que experimenta tratando de demostrar sus ideas preconcebidas corre el riesgo de teñir sus resultados. Los científicos ponen a prueba las teorías, las posibilidades, para ver si son acertadas, pero en el verdadero método científico, los experimentadores deben permanecer abiertos inclusive a la posibilidad de desaprobar sus propias teorías y hasta posiblemente, probar algo que los científicos nunca sospecharon.

Lo mismo ocurre cuando experimentamos con la vida. Lo que tú piensas que debe ser placentero se puede convertir en la peor experiencia de tu vida y viceversa. Lo que es importante es que hayas experimentado, te hayas abierto a ti mismo a las posibilidades y descubierto lo que debías. Cualquier cosa que intentes nunca será un error o un accidente, será una experiencia que abrirá las puertas a más experiencias, y mientras a más experiencias te sometas, menos serán los límites que te impongas a ti mismo.

¿Cuántas personas que conoces dicen que no pueden bailar cuando lo que verdaderamente quieren decir es que nunca lo han intentado o que piensan que no son lo suficientemente buenos para bailar? Esto es un pensamiento limitante. En lugar de permitirse a ellos mismos la experiencia bailando en cada oportunidad que se les presente, simplemente dicen que no pueden. Y al pensar de esa manera, esto es cierto para ellos. No pueden porque no han tratado y nunca tratarán porque piensan que no pueden. Si trataran, podrían descubrir que nunca van a ser lo que otros consideran como "buenos bailarines", pero nuevamente, puede ser que resultan ser excelentes bailarines. E incluso, si la mayoría de ellos continuara como pobres bailarines, al menos habrán aprendido a disfrutar del placer de sentir sus cuerpos en movimiento. O también pueden aprender que simplemente no les gusta bailar. Eso también está bien. Pero al permanecer abierto a las posibilidades esto lo descubrieron por ellos mismos, al experimentar, y lo saben por ellos mismos, y lo saben con certeza.

Prueba y saborea la vida. Ni siquiera tus circunstancias te pueden limitar si tú no lo permites. Algunos de los mejores atletas de nuestros tiempos están confinados en sillas de ruedas. Hoy día los parapléjicos y cuadrapléjicos no permiten que su incapacidad física les limite. Juegan baloncesto, nadan, corren, hacen pesas, trabajan y tienen familias. ¡Viven! Las heridas y lesiones que hace poco menos de una generación o dos habrían sido el equivalente a una sentencia en prisión aislando a sus víctimas para siempre de todas las oportunidades de la vida, ahora se consideran como desafíos. Aquellos que han quedado paralíticos por cualquier razón no podrán experimentar la experiencia de la vida de la misma manera que otros lo hacen, pero también pueden experimentarla y saborearla. Esta es la energía positiva del Nuevo Milenio en acción. Y si la gente con retos físicos se puede abrir a este reto— ¿por qué no habrían de ha-

cerlo quienes tienen el uso completo de sus cuerpos? Si la gente
en silla de ruedas puede permitir que el poder de sus mentes
supere los retos físicos— ¿por qué no el resto de nosotros?
Ellos saben que no son sus cuerpos, sino sus mentes, que
pueden encadenarles, pueden limitarles, y todos nosotros
debiéramos darnos cuenta de lo mismo.

13

Bailando al ritmo de las estrellas

La Nueva Era está estallando con la energía de la libertad. Libertad significa que no hay límites. Significa posibilidades infinitas y oportunidades sin fin. Mientras más pronto te des tú mismo a la tarea de abrirte verdaderamente a ese espíritu —mientras más rápido eliminas tus límites autoimpuestos— más pronto serás capaz de absorber totalmente la energía del Nuevo Milenio. Al abrirte a él por ti mismo, te abres a ti mismo a una explosión de creatividad, de originalidad y de invención.

Ya has dado los primeros pasos hacia esa meta maravillosa al comenzar a cincelar tus programaciones y tus miedos, y experimentar con la vida, pero para completar el proceso de eliminación de tus limitaciones y abrir el camino para el enlace con la tremenda corriente de energía que fluye alrededor de nosotros, debes aprender el significado de *ser*.

Si el espíritu de la Nueva Era va a fluir hacia ti, lo primero que debes hacer es vaciarte a ti mismo para que lo puedas recibir. Para estar verdaderamente *en* el Nuevo Milenio, debes aprender a estar aquí y ahora; porque si no puedes aprender a vivir en el presente, cuando el futuro se convierta en hoy, no podrás ser totalmente una parte del mismo. El espíritu del Nuevo Milenio no es algo a lo que se aspira, sino algo que comienza a sentirse desde ahora. Si siempre estás mirando al futuro, mirando hacia adelante esperando que llegue, serás como un caballo con visores que le impiden ver a los lados; sin mirar nunca alrededor para darte cuenta dónde estás, hasta es probable que ni siquiera te des cuenta que la Era de Acuario ya está aquí.

Ese tiempo va a llegar, estemos o no estemos preparados. En alguna parte, más allá del borde de nuestra conciencia, las fuerzas celestiales tocan su eterno ritmo en un complejo concierto cósmico. Somos bailadores en este concierto cósmico. Y de la misma manera que los bailadores se mueven a la música de una composición aquí en el plano terrenal, podemos marcar el paso con ritmo o simplemente tambalearnos de manera burda contra él. Mientras más cómodos nos encontremos con el ritmo, con más naturalidad y más gracia fluiremos aprendiendo incluso a inventar partiendo de los pasos básicos, a deleitarnos con la música y el baile.

Así, también, con la música celestial que se toca constantemente alrededor de nosotros.

El famoso astrónomo Johannes Kepler comenzó sus estudios intensivos de astrología en 1600, en un esfuerzo por desacreditarla de una vez y para siempre. Su maestro, Tycho Brahe, era un fervoroso creyente en la astrología, y el joven y brillante estudiante y su igualmente brillante maestro discutieron con todas sus fuerzas el efecto de la rotación de los planetas. Sus argumentos eran tan intensos que muchas veces se herían con sus palabras y se retiraban no hablándose por semanas en muchas ocasiones. Luego hacían las paces y continuaban su trabajo hasta que nuevamente se lanzaban al debate sobre la influencia de las estrellas y renovaban sus rencorosas peleas.

Con el deseo de emplear el peso indiscutible del hecho científico para fortalecer sus evidencias contra su maestro, Kepler se sumió intensamente en un estudio detallado y agotador de las estrellas. Este estudio es el que haría que Kepler se convirtiera en un astrónomo famoso, pero también le haría un converso, forzándole a renunciar a su posición anterior. A medida que crecían sus cálculos y observaciones, el peso de la evidencia científica obligó a Kepler a convertirse en un creyente tan profundo de la astrología como su maestro en lo que él dio por llamar la "verdadera astrología".

Entre sus múltiples observaciones, Kepler observó un patrón en los ángulos planetarios astrológicamente importantes —cuadratura, trino, conjunción, oposición, sextil, etc.— relacionado con el número total de grados en el círculo. Al expresar su descubrimiento en fracciones decimales, la relación proporcional, dijo, era de ½, ⅔, ¾, ⅘, ⅚, ⅓ y ⅞, y descubrió que si enderezaba el círculo como una cuerda de violín, los ángulos astrológicos correspondían a las divisiones en que se basan las harmónicas.

"La música que Dios hizo durante la Creación," escribió, "también se la enseñó a tocar a la naturaleza; en efecto, la naturaleza repite lo que Dios le tocó a ella."

Kepler desarrolló aun más su teoría en el concepto de la resonancia de la creación: la idea que Dios crea a los humanos con el don de poder leer la armonía matemática de la mente de Dios. A través de esto, decía, podemos descubrir el plan de Dios.

Por eso, debemos aprender a bailar.

Esto se vuelve cada vez más importante en la Nueva Era ya que se trata de un tiempo de armonía —y de vivir armoniosamente— en todos los sentidos de esta palabra. El individuo acuariano es famoso por su individualidad, pero la Era de Acuario es también una época para que se junten los individuos, un tiempo de unidad. Aunque pudiera parecer una contradicción, no lo es porque sólo cuando el individuo tiene armonía interior, armonía individual, es que él o ella puede vivir en armonía con los demás.

Mientras más profundamente nos movamos dentro de la Nueva Era, notaremos con más agudeza quienes están marcando un paso fuera del ritmo de las estrellas, porque no todos podrán captar ese ritmo de repente. Para cada cual, será su decisión el participar, unirse suavemente a la era que llega o resistirse al cambio. Algunos serán barridos en ese cambio, sintiéndose perdidos en un mundo cambiante y una forma cambiante de pensar. Ocasionalmente se encontrarán a ellos mismos moviéndose con los tiempos, suavemente con el devenir pueden disfrutar lo que está sucediendo a su alrededor, se pueden beneficiar personalmente, inclusive tener ganancias económicas, encontrarse agradeciendo a sus "estrellas de suerte" cuando el desastre parecía inminente y de alguna manera no perecieron, pero siempre se sentirán raros e incómodos, tambaleando cuando más esperaban proseguir, porque para quienes se resistan habrá dificultades, problemas en la vida y hasta dolor y sufrimiento.

Nadar contra la corriente es como luchar contra una corriente de arrastre en el océano que te está alejando de la costa. Como cualquier buen nadador conoce, luchar contra la corriente es perecer. Luchar contra su atracción es debatirse inútilmente hasta agotarse y luego hundirse bajo la superficie hasta ahogarse. Si fluyes con ella, te halará suavemente a alguna distancia de la costa y luego te soltará. Sobrevivir una corriente de arrastre depende de que nos relajemos y dejemos que nos lleve. Así es también con el espíritu de la Nueva Era.

La diferencia estará en quienes escojan participar. Para ellos la transformación será como deslizarse con la corriente de agua fresca, pacífica y sin dolor. Para emplear nuevamente la analogía con el mar, piensa como los deslizadores o "surfers" aprenden a viajar con las olas en lugar de dejar que les golpeen caprichosamente. Así también ocurrirá con quienes opten por viajar con la corriente de la Nueva Era.

Pero aún queda la cuestión de aprender a bailar, mejorándola constantemente hasta que se convierte en algo sin esfuerzo, al igual que un músico debe aprender primero a leer la música y practicar constantemente con escalas musicales sencillas hasta que parece —y en efecto lo es— algo sin esfuerzo. A medida que mejoran tus capacidades y destrezas más placer recibes de ellas. Mientras más te encuentras en tono con ellas, mejor te sientes.

No es una cuestión de intelecto. Es de entendimiento. Viene desde adentro. Al igual que aprender los nombres de las notas en una escala musical no te hará escuchar la música en tu mente, el análisis y la razón por ellos mismos no te traerán el entendimiento. Te pueden ayudar para que veas lo que está sucediendo, pero no a *sentirlo.* Debes ir más allá, debes ganar visión interna, conocimiento por encima del intelecto. Debes avanzar por encima del conocimiento hacia lo que es conocer.

En Siddha Yoga el mantra es la base para conocer a Dios. Las escrituras del Shaivismo dicen *mantra maheshwara,* "Mantra es el Señor Supremo." Swami Muktananda Paramahansa, quien trajo al mundo occidental el Siddha Yoga, enseñó en su obra *Yo soy eso,* que "la base del mantra es el sonido, y el sonido es el origen del Cosmos".

Spanda o vibración es el sonido primordial en el que Dios se manifestó a sí mismo. Creó el universo, y continúa vibrando, pulsando continuamente a través del universo y a través de nosotros mismos. Repetir un mantra nos ayuda a ponernos en sintonía con esa vibración, en sintonía con nosotros mismos y en sintonía con el universo. Es aprender a bailar en ritmo con las estrellas.

Pero esto no quiere decir necesariamente que te debas sentar y mirar una pared, cantar frases o sonidos que no tienen ningún significado para ti. Los mantras funcionan para muchas personas, pero tú no necesitas el mantra; el poder no está en el mantra, el poder está en ti. El mantra puede ayudarte a ponerte en sintonía con el universo, puede ayudarte a relajarte para que puedas sentir el espíritu del universo vibrando dentro de ti, pero de la misma manera que no necesitas ser un cantante para poder escuchar y apreciar la múscia, tampoco tienes la necesidad de repetir un mantra incesantemente para sentir la vibración del universo. El mantra no es el único camino, es un instrumento. La clave para la meditación es vaciar la mente, hacerse totalmente presente en el momento, dejar que las sensaciones y las imágenes fluyan dentro de ti y a través de ti.

Y esa sí *es* la meta. La Nueva Era es una era de espiritualidad sin esfuerzos, de unirse con Dios, el espíritu del universo, de encontrar la divinidad dentro de nosotros mismos y alrededor de nosotros.

En las palabras del gran místico y poeta William Blake:

> *Ver el mundo en un grano de arena*
> *Y un cielo en una flor silvestre,*
> *Sostener la infinidad en la palma de tu mano*
> *Y la eternidad en una hora.*

—DE *AUGURIOS DE INOCENCIA*

Cada uno de nosotros nace con una chispa divina que nos enlaza con el universo y con Dios.

Para ponerte en contacto con esa vibración interior, para tocar la chispa universal, debes liberarte del autoengaño y la ira. Debes abrirte a ti mismo a las posibilidades— y vivir abierto a lo aparentemente imposible. Debes aprender a mirar dentro de ti mismo. El sendero está en la reflexión, en la meditación. Si vas al río, al mar, a las montañas, o miras las nubes, puedes meditar. No es una cuestión de dónde estás sino de lo que haces. Tú no puedes pensar, tú debes meditar realmente. Pensar no es meditar. Cuando piensas estás planeando o recordando. La meditación es el punto cero, la esencia. Es hacer *nada* y dejar que el momento ocurra por sí mismo. No es pensar sobre el futuro porque el futuro es improbable, no ha sucedido aún. No es pensar en el pasado porque ya ocurrió y no hay nada que puedas hacer con él excepto tratar de aplicar la sabiduría de la experiencia, la lección que aprendiste. La meditación es dejar de pensar y simplemente *ser*. Es una parada en el tiempo, tener tiempo y disfrutar. Si oyes algo, si hueles algo, si tocas algo, es hermoso.

Comer una fruta es meditación, si dejas que así sea. Si te dejas a ti mismo sentir la frescura de una manzana en tu mano y contra tus labios antes de morderla, si te dejas a ti mismo sentir cómo tus dientes van penetrando la piel de la manzana, cómo se van hundiendo dentro de la carne jugosa de la fruta, y oyes el sonido que procede con esa mordida, si puedes saborear el jugo de la manzana, sentirlo en tu boca cuando la masticas, y si te dejas ir con esa manzana a través de tu garganta cuando tragas— eso es meditación en acción. Esto significa entregarte totalmente al momento, en el aquí y el ahora. Estás saboreando la experiencia de comer una manzana y estás saboreando la vida.

Si piensas en esto, los sonidos y las sensaciones, se convierten en un experimento científico en lugar de una meditación. Pero si simplemente dejas que pase sin pensarlo, si te permites a ti mismo maravillarte con la inundación de sentimientos y sonidos y gustos, entonces eso es meditación.

Muchas personas van al museo del Louvre de la misma manera que yo antes lo hacía— miran a una pintura, luego van a la otra y la otra, y la otra y así van corriendo hacia ellas para poder verlas todas. Nunca se detienen para disfrutar la pintura que tienen frente a ellos. Están pensando cuántas más quedan por ver y cuánto tiempo les queda para poder verlas todas. Esa no es la forma en que los pintores esperaban que tú contemplaras sus obras. Tampoco es la manera en que la vida espera ser vista. El artista puso su alma en esa pintura para capturar lo que él o ella estaba tratando de decir en esa obra de arte. Pero no es un telegrama, es una novela. Es un poema épico, es algo que te está pidiendo que te sientes y consideres. Es algo para saborear. Está allí para que estudies el juego entre la pintura y la sombra, la composición, la forma— ¿qué era lo que la Mona Lisa estaba pensando realmente cuando dibujaba esa sonrisa enigmática en sus labios?

Si no tomas el tiempo para saborear una pintura, todo el tiempo que se necesite, la habrás visto —y como corres de pintura a pintura en el museo, habrás visto el Louvre— pero no lo conocerás y mucho menos lo habrás entendido. La vida es de la misma manera. La meditación es de la misma forma. Es tomar una pausa para saborear, deleitarse en este momento sin preocuparse por el que ya pasó o por el que va a pasar. La vida está concebida para ser saboreada. Y cuando tú puedes meditar en este momento, cuando puedes vaciar tu mente y disfrutar la nada, y la belleza, y el vacío y la plenitud, todo de repente —sin pensar en ello— entonces serás capaz de saborear la vida y saborear cada momento de ella.

Para que tú puedas absorber una obra de arte, o disfrutar una partitura de música —cualquier cosa de la vida— no es el fin, sino la jornada, disfrutar el camino, no anticipar el destino.

Tanto los hombres como las mujeres están acostumbrados a ir corriendo al final de todo lo que hacen. La meta casi siempre es más favorecida que el viaje. Y a menudo, al llegar a ella, la encontramos defectuosa. Pero si tomamos el tiempo para mirar a nuestro alrededor podemos apreciar grandemente donde estamos cuando llegamos, porque sabemos mucho mejor dónde hemos estado.

De nuevo, podemos aprender mucho de los niños. Para ellos, el mundo está lleno de posibilidades. No saben lo que es imposible para ellos hasta que tratan, y para ellos cada evento, cada objeto, *todo* es una fuente de fascinación absoluta.

Vienen al mundo completamente abiertos a todo y aprenden de todo. Obsérvalos. Estudiarán una hoja de hierba con la misma fascinación con la que un adulto estudia una película particularmente absorbente. Se pierden en la hoja de hierba, la sienten, la prueban.

Así, muchos maestros de meditación te dicen que tienes que poner tus manos de cierta forma, o sentarte de cierta forma. Tratan de hacerlo como una fórmula— una fórmula para lograr la meditación perfecta. Pero la meditación verdaderamente perfecta no requiere más que tu presencia total en el presente. Es el vacío lo que permite la plenitud. Es estar totalmente consciente. Es *ser*.

Los maestros Zen lo comparan con vaciar una taza. Si la taza de té está llena, no puedes echarle más té, por supuesto. Cuando tratas de verter en ella un té nuevo o diferente, se derrama de la taza, en lugar de caer dentro. Lo mismo ocurre con tu mente. Si estás lleno de pensamientos del ayer y del mañana, si estás pensando lo que debías estar haciendo o lo que no has hecho, lo que otros pueden pensar, tu mente está llena y no hay lugar para las impresiones del momento. Estás presente físicamente en el aquí y el ahora, pero tu mente está a "kilómetros de distancia" como suele decirse. Tu espíritu y tu cuerpo físico no están en sincronización, y esto hace que para ti sea imposible ponerte en sincronización con la energía cósmica a tu alrededor. Por eso algunos escogen los mantras. Cualquier cosa repetitiva —cantar mantras, rezar un rosario— primero ocupa la mente bloqueando los pensamientos distantes del momento, y finalmente embota la mente, permitiendo que se relaje y enfoque solamente en el instante que tiene en sus manos. Pero tú puedes bailar, girar felizmente hasta que caigas exhausto físicamente, y encontrar la misma relajación. Repetir mantras, entonces, no es más que un instrumento.

Si te molesta hacerlo, si estás incómodo en la posición que te dijeron que te sentaras, no lo hagas. Eso no es meditación. La meditación no se fuerza, es soltarse. Es entrar en la corriente de la vida y dejar que esa corriente te lleve y fluya a través de ti. La meditación es el vacío divino. Es el trueno del silencio. Al aquietarte a ti mismo, al aquietar tu mente, te abres a ti mismo al concierto que se está tocando a tu alrededor.

Puedes meditar con música, perderte totalmente en una buena pieza musical —cualquiera que ésta sea para ti— es una meditación maravillosa. Audiencias enteras han irrumpido en llantos al escuchar la "Oda a la Alegría" de la IX Sinfonía de Beethoven. Han quedado tan transportados, tan cautivados con el poder creciente de las voces, los instrumentos, y la música les lleva a una cima de emoción tan alta que solamente puede ser liberada con una lluvia de lágrimas gozosas.

Eso es meditación en acción, pero ¿cuántas personas que conoces están caminando constantemente con los audífonos de su radio portátil estéreo conectados a sus orejas, escuchando su música tan alto que la puedes oír aun sin los audífonos? Si esto sirve para meditar algunas veces entonces es maravilloso, pero estar constantemente abrumando los sentidos con una música estridente es mucho más probable que sea su llanto de dolor. No pueden encontrar paz y por eso tratan de bloquear el caos a su alrededor. Es como tener a alguien batiendo un tambor cerca de tu cabeza cuando estás tratando de dormir. Es imposible tener paz sin saber cómo encontrar la quietud.

Ese es el problema con algunos cantadores de mantras. No están buscando sintonizarse con su instrumento interno y usar el mantra para que les guíe a ponerse a tono con la vibración del cosmos; están bloqueando el mismo sonido que buscan. ¿Cómo puedes escuchar el canto de un pájaro si estás cantando o repitiendo constantemente "Om" o "Ham" o algo similar? El pájaro está en sintonía perfecta con el universo, pero eso nunca lo sabrás porque estás demasiado ocupado tratando de ahogar su canto con una frase que no tiene ningún significado para ti.

En lugar de cantar, debieras escuchar con todo tu ser. El canto del pájaro es la magia del universo llegando hacia ti. Es un ser mágico llegando a ti que también eres otro ser mágico. La magia está en el aire y en todo tu alrededor, y está dentro de ti, en tu corazón y en tu mente. Al permitirte a ti mismo llegar a ser parte de la energía que fluye alrededor de ti cargarás tus poderes mágicos. Pero esto es como la brisa. Si estás corriendo siempre atolondradamente, pensando en otras cosas, nunca sentirás el suave aliento del viento tocando tu piel. Debes estar tranquilo, quieto y centrado en este momento. Entonces participas de lo que yo llamo una pausa en la eternidad. No hay futuro, no hay pasado, solamente hay un ahora.

Al llegar a ese momento te conviertes en uno con el universo. Te abres a ti mismo al fluir de la energía y te abres a ti mismo al fluir del conocimiento, de la sabiduría del *conocer* que fluye con éstos. La Era de Acuario es la era de la verdad y de la sabiduría— de la verdadera sabiduría. Es la sabiduría que procede de tu propio conocimiento personal. Al abrirte a ti mismo a cada momento en su totalidad, te abres a ti mismo a la experiencia —totalmente— en todo, te abres a ti mismo para que conozcas por ti mismo.

El *conocer* es muy importante en el Nuevo Milenio. Este es el tiempo para que nosotros cesemos de estar creyendo ciegamente lo que nos han dicho. Este es el momento para nosotros ir más allá de las creencias. Es el momento para que nosotros desafiemos todo lo que se nos ha enseñado a aceptar sin preguntar y construir nuestras creencias por nosotros mismos, basados en nuestro conocimiento personal. Ya no confiaremos más en otros para que nos interpreten las palabras sagradas a nosotros.

Miraremos y aprenderemos y conoceremos por nosotros mismos. Al vaciarnos nosotros mismos y al aprender a estar totalmente presentes en este momento, nos abriremos para desarrollar el conocimiento por nosotros mismos. Mientras más nos volvamos presentes y conscientes en cada momento, más nos volveremos presentes y conscientes de cada momento. Y mientras más nos volvamos conscientes de todas las cosas, más sabremos por nosotros mismos.

Y cuando estás plenamente en este momento, simplemente ser, sin pensar, entonces estás libre.

En ese momento, cuando no estás consciente de ti mismo, cuando no estás pensando como puedes lucirle a otra persona, estás totalmente en sintonía con la naturaleza y eres totalmente natural. Cuando no estás pensando, sino simplemente *siendo*, entonces no piensas como te queda la ropa, o como luces, o lo que otra persona esté pensando. En ese momento te permites a ti mismo *ser*— con el universo y contigo mismo. Y muy pronto, la conexión se vuelve obvia. No estás separado del universo, no eres un visitante tratando de ver a qué se parece, sino que eres una parte del mismo. Y así, tan divino como el universo, también eres tú. Tú eres una parte del universo perfecto, y tú eres perfecto. En esta manera, al poner a la meditación en acción nos ponemos en paz con nosotros mismos. Y esto abre la puerta para que nosotros podamos estar inundados con la paz que permea esta era dorada.

Como puedes ver, todo comienza a interactuar, y, al final, el todo es mucho más que la suma de las partes. A medida que aprendemos a *ser*, encontramos paz y empezamos a *saber*. Cuando sabemos más encontramos más paz y aprendemos aún más a estar a tono con la energía del Nuevo Milenio.

Cuando llevas contigo ese momento en todos y cada uno de tus momentos, entonces eres libre totalmente.

14

El amor en la nueva era

De todos los cambios que se están agitando alrededor de nosotros a medida que nos movemos al Nuevo Milenio ninguno es más fundamental y profundo que los cambios evolutivos en nuestros conceptos y nuestras formas de amar.

Estamos entrando la Era del Amor, y en ella las relaciones entre los hombres y las mujeres, entre los hombres y los otros hombres, entre las mujeres y otras mujeres —aun lo que llamamos "familias"— se alterarán dramática y permanentemente. Cada interacción entre cada uno de nosotros estará basada en amor y amistad puros. Las cadenas que nos ataban quedarán rotas. Las amistades y las relaciones basadas en la conveniencia o en el beneficio personal llegarán a su fin. Ahora es el momento para que todos nosotros busquemos y encontremos nuestros gemelos espirituales, para unirnos con almas similares o con aquellas que hemos conocido en el pasado para que podamos movernos a nuestro futuro combinado.

Ahora es el momento para que cada uno de nosotros encuentre el *verdadero* amor, el amor total que no está limitado por las tradiciones ni restringido por las convenciones.

Esto también causará tumulto y dificultad antes que se entienda y se acepte. Nuestros cambiantes conceptos del amor

estremecerán nuestras relaciones presentes y nuestras instituciones actuales. Nosotros y nuestras instituciones nos veremos
obligados a adaptarnos a estos cambios o a ser destruidos por
ellos. Ya no nos apoyaremos más en pedazos de papel expedidos
por el estado o en sellos de aprobación de líderes religiosos que
"santifican" y cementan nuestra unión. Las uniones fuera de la
ley o fuera del matrimonio no se considerarán más inmorales o
sacrílegas, sino aquellas uniones que se hagan sin amor.

Y así debe ser en esta era que llega. Cada gran era de la Tierra
está afectada por su signo opuesto, por su polaridad. Aries estaba
tocado por Libra y donde Aries enfatizaba el ego individual, el
"yo", Libra acentuaba la unidad de los deseos. Debido a esto
vimos la continuación de las guerras en la Era de Aries, cuando la
gente buscaba imponer su voluntad y su ego sobre los demás, pero
también vimos el gran avance cultural de los griegos, el equilibrio
de Libra y la gracia que mostró a sí misma en el arte y la arquitectura. La poderosa determinación de Tauro trajo con él el sentido de "Yo deseo" y las sólidas pirámides que aún permanecen
erguidas como símbolos de permanencia y de aspiración humana.
Pero su complemento, Escorpión, influyó tremendamente con su
epíritu de dominación, su sentido de "yo poseo". Ahora viene la
Era de Acuario, de unidad y de humanidad, pero esa energía se
multiplica en el Nuevo Milenio porque el aspecto positivo de
Acuario se magnifica en su polaridad, ya que el signo opuesto de
Acuario es Leo, el corazón— el amor.

Por eso es que se llama la Era de Amor, Paz y Unión. En ella
nos encontramos a nosotros mismos capaces de dar y recibir
amor incondicional. Abandonaremos el amor que se expresa a sí
mismo en "yo te amo si…" No habrá condiciones, no habrá
exigencias. El amor se dará y se recibirá porque se siente, no
porque se necesita o porque queremos algo a cambio.

Puede ser difícil concebir que este amor de fábula se convierta en realidad. El amor, en sí mismo, es una palabra que se ha

empleado tan mal que es sumamente difícil recordar y entender lo que realmente significa.

Para muchos, el amor es solamente una manera de dominar a otra persona. Parecen estar diciendo: "Te seguiré amando si haces esto por mí." Para estos, el amor es solamente una manera de controlar a otros, de lograr que hagan cosas, o que den cosas. Pero eso no es amor, es prostitución emocional. Quienes usan estas tácticas están cambiando su así llamado amor por algo, ya bien sean cosas materiales o servicios. Su expresión de amor solamente es una moneda que usan para comprar estas cosas o servicios.

La otra cara de esa moneda es la persona que acepta este amor como pago. Las personas que son así son quienes están tan desesperados por ser amados que tratarán de comprar el amor con regalos y acciones. No hay nada malo, es más es todo lo contrario, en darle un regalo a una persona que amamos. Pero hay algo definitivamente erróneo cuando damos el regalo solamente como una forma de decirle a alguien que "te amo".

El verdadero amor no requiere regalos ni servicios, ni siquiera palabras. El verdadero amor, el que surge de la unión de almas que se complementan y del compartir la energía mutua, se conoce sin necesitar expresarlo. El amor verdadero es así: es verdadero, y la verdad no necesita ser hablada.

Muchos de nosotros decimos "te amo" sólo para escuchar que la otra persona también nos lo diga a nosotros. Lo decimos para poder oírlo. Lo decimos sin sentido porque de alguna manera pensamos que cuando lo escuchemos de vuelta entonces es verdadero. No hemos aprendido a amarnos a nosotros mismos y queremos que otros lo hagan por nosotros.

Pero todos sabemos cuando alguien realmente nos ama sin tener que escucharlo. Una madre que siente amor por su hijo no tiene que hablar de ese amor a su hijo. Lo demuestra en la forma que toca suavemente con una palmadita amorosa los cabellos de su hijito una vez que se ha dormido. Lo demuestra al quedarse despierta toda la noche junto a su hijo y abrazarlo cuando está sudando con fiebre y llorando lleno de incomodidad. No se habla una palabra de amor, sino se arrulla, y los arrullos calmantes de la madre dicen más que lo que pudieran lograr un millón de "te amos".

De manera similar, sabemos que somos amados realmente cuando nos volteamos y encontramos a nuestra pareja sonriendo simplemente con ese brillo especial en sus ojos que nos dice exactamente cómo se siente. Sabemos que nosotros amamos cuando nos encontramos mirando cómo duerme alguien que queremos, con una sonrisa en nuestros labios, sin que esa persona siquiera sepa que la estamos mirando. Y muchas veces, para mostrar el poder de nuestros pensamientos, podemos ver la misma sonrisa satisfecha dibujarse a sí misma a través de los labios de esa persona que duerme mientras la contemplamos.

No hay nada equivocado en decir "te amo" cuando de veras lo sientes y quieres decirlo. ¡Por supuesto que no! A menudo nuestros sentimientos forman pensamientos que se derraman en palabras mucho antes que ni siquiera nos demos cuenta que estamos hablando. Pero existe una enorme diferencia entre las expresiones simples de nuestros sentimientos porque son lo que estamos sintiendo y el tratar de construir sentimientos repitiendo palabras una y otra vez.

El amor en el Nuevo Milenio es un amor que se experimenta. No tiene demandas. No necesita expresión o palabras. Se siente con la misma alma porque viene de la misma alma. Al sentirlo, se reconoce y se siente por otros. Es un amor que abarca mucho más y no está limitado solamente a una persona. El amor verdadero —el amor en el Nuevo Milenio— es mucho más abierto. No es exclusivo. Puedes amar a tu pareja y amar tu carrera y amar a Dios y amar a tus amigos. La idea de "tú me perteneces" está muerta. Por tanto, la idea de "ya que sufres por mí debes amarme" también está muerta. El amor no lastima, sino enriquece.

Cuando se juntan los espíritus complementarios, es la unión del yin y del yang. Multiplica la energía de cada dador-recipiente. Dar amor no nos agota nuestro reservorio de energía sino que lo expande. Dar amor nos da fuerzas. Dar el amor sin exigencias, sin condiciones, nos trae no solamente en unión con otra alma, sino más cerca a la unión con el espíritu universal. Dar amor ayuda a conectarnos con este vasto depósito de energía que es la conciencia cósmica, la esencia de la existencia, el manantial de todo el poder y conocimiento.

El dar nos permite recibir, y a medida que permitimos que el espíritu de la Nueva Era fluya dentro de nosotros nos encontraremos cada vez más capaces y dispuestos a rendirnos al amor sin temerlo. No necesitamos tener nuestro amor certificado por un documento firmado que nos obliga uno al otro. No necesitaremos intercambiar votos. El amor en la Era de Acuario es un amor sin límites. Es un amor sin barreras, es un amor que va más allá de la carne, más allá de los conceptos físicos de belleza y de fealdad, más allá de la edad— más allá de todo.

En el Nuevo Milenio aprenderemos que el amor verdadero simplemente *es*. Existe por sí mismo. Es una realidad. No necesita ser examinado, cuestionado, demostrado o puesto a prueba. No enceguece ni limita, libera. Si yo te amo y tú estás conmigo es maravilloso, si no, aún puedo amarte y tú puedes seguir con tus asuntos y está bien igualmente. El amor tampoco se mide o se debilita por la distancia. Si nos amamos unos a otros, nos seguiremos amándonos tan intensamente ya bien sea que nos estemos tocando o que estemos separados por los océanos. No habrá necesidad ni lugar para los celos. Nos amaremos los unos a los otros, aún, sin importarnos con cuál otro pudiéramos estar en ese momento.

Esta forma cambiante de pensar no va a abrir las puertas a una era de lo que suele llamarse el "amor libre" en la que saltamos de pareja en pareja experimentando con el sexo. En su lugar, buscaremos y encontraremos el amor espiritual. El sexo se convertirá en lo que es: una forma de expresión física de ese amor espiritual, y perderemos nuestro sentido de culpa asociado con el amor y el sexo.

En los años 60 los hippies hablaron de la Era de Acuario y del "amor libre". Se suponía que todo el mundo se sintiera libre para amar a cualquier otro sin restricciones o limitaciones. Pero la palabra "amor" en esa acepción, pronto se convirtió simplemente en sexo. El amor perdió su significado espiritual, e inclusive su significado físico se redujo a ser simplemente un sinónimo para el acto de la procreación, en lugar de una expresión de un sentimiento espiritual mucho más profundo.

En muchas formas, el movimiento del "amor libre" de la juventud del mundo de esa época no era más que una manera de rebelarse contra las formas de ser de sus padres. A través de la Era de Piscis, el amor y el sexo se llegaron a ser separables. Podía haber, según esa forma de pensar, una pareja para amar y otra para hacer el sexo. Sin embargo, en muchas ocasiones, los niños de la década de los años 60 vieron a sus padres atados en matrimonios sin amor. Para empezar, muchos de estos matrimonios ni siquiera habían surgido del amor. Podían haberse realizado por conveniencia o algo que se considerara sensato. Las familias ricas alentaban a los hijos para que se casaran entre sí, una variante moderna del anticuado concepto de unir reinados mediante el matrimonio.

Aun cuando estos matrimonios estuvieran basados en el amor, frecuentemente no estaban basados en la igualdad. La institución del matrimonio perpetuaba la dominación de los hombres, con todo el respaldo de los dictados de la iglesia y las leyes gubernamentales. Inclusive en nuestras normas sociales se relegaba a la mujer a la casa mientras los hombres salían a conquistar en el mundo de los negocios.

Ahora, en la Era de Acuario, los hombres y las mujeres mismos están cambiando. Las mujeres están saliendo ya finalmente de la sombra dominante de los hombres, despojándose de sus papeles de poco menos que sirvientas en el pasado e insistiendo en ocupar el lugar que por derecho les corresponde en el orden universal como iguales. Obviamente, esto ha estado ocurriendo desde hace mucho tiempo. Las mujeres han estado peleando y ganando sus derechos por décadas, pero ahora están salvando ya el último obstáculo, los vestigios de la dominación patriarcal. Sus victorias son victorias para ambos géneros, ya bien sean reconocidas como tales o no.

En el orden natural del universo, la energía fluye con fuerza tanto masculina como femenina, en combinación. El yin y el yang, la Madre Tierra y el Padre Cielo, todos son iguales y todos igualmente merecen nuestro respeto. Ninguno es más poderoso que el otro. Son fuerzas complementarias que actúan al unísono para traer equilibrio al universo.

En las primeras sociedades agrícolas, la gente veneraba tanto los aspectos femeninos como los masculinos por igual, adjudicándole las estaciones de siembra y cosecha a la Madre femenina y los fríos inviernos cuando la tierra se encontraba adormecida al poder del Padre. Pero bajo la influencia patriarcal de Piscis las fuerzas femeninas cayeron en desgracia subyugadas por la imagen de un Dios masculino. En la tradición judeocristiano, el nacimiento de Eva de una costilla de Adán preparó el escenario para que las mujeres siempre estuvieran en segundo lugar detrás del hombre, en los ojos de Dios y en los de los hombres; su seducción en el Jardín del Edén añadió la culpa permamente de la responsabilidad del Pecado Original a la carga que se esperara que soportaran las mujeres, relegándolas durante todo el tiempo desde entonces a una posición de inferioridad. Los hombres tomaron sus papeles "masculinos", usando azul en vez de rosado y nunca dejándose ver llorar. Las mujeres se quedaban en la casa para cuidar a los niños.

Ahora viene el tiempo de integración entre lo masculino y femenino una vez más. La energía unificadora de Acuario pone fin a la dicotomía del pasado. No habrá más diferencias, más diferenciaciones, más opuestos. Ahora, no sólo las mujeres quieren ser vistas como iguales a los hombres sino los hombres también quieren recapturar ese aspecto de su naturaleza. De nuevo una vez más se produce la fusión de ambos aspectos de la divinidad dentro de cada uno de nosotros para el beneficio de toda la humanidad.

Y a medida que nosotros cambiamos es también natural que nuestras relaciones también cambien.

Todas nuestras relaciones en la Era de Piscis estaban teñidas con el espíritu negativo de la era. Las relaciones entre hombres y mujeres no fueron diferentes. Muy a menudo los matrimonios se convertían en caricaturas de lo que se suponía que fueran. Prácticamente seguían un curso escrito con hombres y mujeres, cada uno desempeñando su papel en una obra teatral.

Piénsalo. En el principio, la mujer era perfecta, virgen inmaculada; el hombre igualmente perfecto y masculino. Todo era perfecto en los primeros meses. Se llamaban uno al otro "mi querido", "mi amor". Entonces, a medida que pasaba el tiempo, las máscaras empezaban a quebrarse y a caer. Ya no era necesario montar una escena para atraer a alguien, ya estaba atrapado. El hombre comenzaba a caminar en la casa en su ropa interior, la mujer en una bata sin maquillaje. La brillantez de aquel primer encantamiento comenzaba a menguar a medida que la realidad se iba abriendo camino y entraban en la fase de los compromisos. Decían: "Tú eres así y yo soy así, pero vamos a tratar de llevarnos. Yo sé que ronca, pero puedo irme a dormir a otra habitación o hacerle que se mueva a un lado si me molesta mucho."

Entonces ocurría lo que se llama la "comezón del séptimo año", cuando el hombre y la mujer se decían a ellos mismos que ya habían tenido bastante. Estaban hartos. El sexo se había reducido a un acto aburrido y repetitivo entre parejas que o bien tenían miedo o eran incapaces de experimentar y descubrir. En cierto momento las sumisas mujeres tenían que soportar abusos verbales y físicos. La "comezón" enviaba tanto al esposo como a la esposa a buscar gratificación fuera de su matrimonio, clandestinamente. Tenían aventuras y escapadas con otros. Sin embargo, la dualidad de la Era Pisciana, el conflicto constante entre el espíritu y la carne, causaba que la mayoría mantuviera una fachada de armonía en el hogar. Las parejas que caían víctimas de esta dolencia no buscaban arreglar su unión, ni disolverla. Simplemente vivían mentiras cómodas, o incómodas —como todas las mentiras— que arrojaban discordias internas y sentimientos de culpa dentro de la parte "engañada" o eventualmente se derrumbaban y quedaban expuestos.

Al ver esto, la juventud de los años 60 dirigió parte de su rebelión al amor en sí mismo y se planteó una revolución sexual. Terminaron echando abajo las barreras victorianas y resquebrajando los preceptos piscianos, pero la victoria fue hueca. En cierta manera la devastadora plaga del SIDA, que aún nos aflige, es el resultado directo de la mal guiada revolución de los 60. Como el concepto de "amor libre" se convirtió en un clisé vacío para la promiscuidad, el péndulo cósmico de causa y efecto eventualmente se movió hacia atrás para forzarnos a reflexionar en lo que los proponentes del movimiento habían logrado— una enfermedad de la carne relacionada con el sexo, en términos kármicos, era la manifestación de una enfermedad del espíritu relacionada con el sexo. En otras palabras, haber ignorado la espiritualidad del amor cambiándola por el placer físico del sexo, nos atrajo una enfermedad física que nos forzó a aminorar el paso y considerar nuestra espiritualidad.

Eso no quiere decir bajo ningún concepto que quienes padecen del SIDA están siendo castigados, ni mucho menos que están "condenados" por sus acciones pasadas. Eso es un concepto pisciano para invocar la vergüenza o el miedo en lugar del entendimiento. Pero el hecho queda, y la enfermedad nos ha forzado a ser más cuidadosos en nuestras expresiones físicas de nuestras urgencias sexuales y considerar más la expresión espiritual de nuestro amor.

Ahora viene el tiempo de descartar las viejas ideas de sexo y amor. El sexo, en y de por sí, no es amor. Puede ser una manera de expresar ese amor, pero uno no depende del otro. Compartir los sentimientos en términos físicos es una forma de mostrar que nos preocupamos, que queremos. Pero también puede ser un simple compartir del placer físico. Podemos amar a alguien sin tener sexo con él o ella. Podemos tener sexo sin amar al otro. El sexo y el amor no se deben enlazar juntos como restricciones o definiciones uno del otro. Ninguno tampoco tiene que ser restringido por sentimientos de culpa o de obligación. No se te debe exigir tener sexo con otro simplemente porque lo ames, pero tampoco el sexo debe ser una frontera, una línea divisoria entre los conceptos de pureza e impureza. El sexo es puramente físico; el amor —en su forma más verdadera— es puramente espiritual.

Ahora nuestra espiritualidad que está despertando, nos lleva más allá de pensar en el amor en términos de un acto puramente físico, y más allá de pensar que solamente podemos amar a una sola persona. En el Nuevo Milenio buscaremos el amor con nuestras almas y encontraremos al amor llevándonos a unirnos en nuevas uniones de almas similares. Con mucha frecuencia serán almas que hayamos conocido antes.

Ya puedes estar encontrándote con personas que sientes haberlas conocido antes, gente con la que inmediatamente sientes una relación de parentesco. O puedes encontrarte a ti mismo buscando gente así, sintiéndote incompleto con tus relaciones y tus amistades. Este es el espíritu de la Nueva Era fluyendo a través de ti, enviándote en busca de aquellas parejas de alma a las que necesitas enlazarte una vez más para que puedas pasar a través de este tiempo de transición. Este es el tiempo para que nosotros nos reunamos en familias espirituales que vayan mucho más allá de meras uniones de sangre y carne.

Nosotros nacemos en una familia, nacemos de una sola unión de un hombre y una mujer. Y hay una razón. La familia en la que nacemos es nuestra familia kármica. Es esta, nuestra primera familia en este plano, venimos para aprender o para ayudar a dar una lección. Y como regresamos a este plano solamente para continuar aprendiendo, nuestra primera familia puede estar conformada por aquellos a quienes hemos causado mal en el pasado, o aquellos a quienes hemos ayudado en el pasado. Si, por ejemplo, tuvimos dificultades para controlar nuestra ira en un momento y la descargábamos en nuestros hijos, podemos regresar en esta ocasión para ser el niño, y nuestros padres en esta vida pueden haber sido nuestros hijos antes, para que todos aprendamos a perdonar y a amar sin ira. O podemos regresar como un padre para el mismo hijo, para que todos tratemos en esta ocasión de vivir en amor sin ira.

En una oportunidad puedes haber sido rico, con muy poca o ninguna compasión por los menos afortunados. Esta vez, puedes regresar en una familia pobre pero rica en amor para que puedas aprender el valor del amor y la razón para la compasión. O puedes haber sido pobre antes y regresar a una familia de riqueza relativa para que puedas demostrarles a ellos el valor de lo que aprendiste en tu vida previa.

El ciclo de las encarnaciones existe solamente para lecciones. Una vez que son aprendidas, los ciclos terminan y podemos continuar para unirnos permanentemente con el espíritu universal. La familia en la cual nacemos existe para ayudarnos con esa lección. Pero esto no significa que siempre nacemos en la misma familia, ciclo tras ciclo. Puede ser que hayas venido a una familia que existe para ayudarte a prepararte para lecciones posteriores en la vida, para alistarte para encuentros con otras almas que ya antes hayas conocido. La lección para las almas que son padres puede ser aprender a cuidarse unos a otros. La lección para ti puede ser aprender de esto y usar el conocimiento en tu unión con otros, más tarde en la vida. El intolerante debe aprender tolerancia, el egoísta debe aprender a compartir y así sucesivamente.

Pero independientemente que hayas nacido en una familia de almas que hayas conocido antes o no, te hallarás a ti mismo encontrándote con almas que ya has conocido a medida que avances en tu vida. Y, en el Nuevo Milenio, no solamente las encontrarás, sino que te unirás con ellas. Con cada día que pase estarás más sintonizado, más capaz de reconocer esas almas y más capaz de reconocer por qué se supone que debas unirte con ellas.

De esta manera, te encuentras a ti mismo formando uniones espirituales con otros, formando las familias espirituales que constituirán la base de nuestras relaciones en la Nueva Era. A medida que te abres más a ti mismo al espíritu de la Nueva Era, también te encuentras a ti mismo reconociendo espíritus afines contigo y uniéndote con ellos. Estos puntos de luz que ahora están brillando aquí y allá se verán ellos mismos aproximándose entre sí para iluminar el camino a otros.

Este es el significado y el propósito de las familias espirituales. Venimos juntos no por la atracción física o la necesidad sino debido a sentimientos y pensamientos mutuos. Nuestras uniones entonces llegan a ser como un magneto que nos atrae a otros y atrae a otros a nosotros. De esta manera, el espíritu acuariano de unidad y espiritualidad crece para abrazarlos a todos.

El mismo Jesucristo condenó el concepto de la supremacía de las familias biológicas de líneas de sangre más fuertes que los lazos espirituales. Aun cuando sus palabras se han estado repitiendo durante dos mil años en defensa de la santidad de la familia, en efecto fue un oponente vigoroso y revolucionario de la familia tradicional y un abogado de las uniones de almas afines en familias espirituales.

En Marcos 3:31–35 nos dice como Jesús predicaba en la sinagoga cuando se le dijo que "sus hermanos y su madre" estaban afuera esperándole. Su respuesta comenzó con una pregunta: "¿Quiénes son mi madre y mis hermanos?... aquellos que hagan la voluntad de Dios, ese mismo es mi hermano, y mi hermana y mi madre."

Cuando estaba muriendo en la cruz, Cristo repitió el mismo tema cuando María fue a verlo. Cristo le dijo a uno de sus discípulos que la aceptara como su nueva madre y a María que tomara al discípulo como a su hijo. Cristo les estaba diciendo a ambos que se vieran cada cual como parte de la misma familia espiritual, que María era la madre de todos los hombres y que el discípulo debía ver en cada madre, la suya.

Ahora al hacer el mensaje de Cristo de amar a nuestro prójimo una realidad, también convertimos en realidad su abogacía para uniones de familias más grandes, espirituales. En esta nueva manera de pensar identificaremos a todos los espíritus afines que encontremos como nuestros hermanos. Los amigos que hagas a lo largo del camino llegarán a ser tanto como un hermano como una hermana, o una hija o un hijo de sangre, y les reconocerás como tales. Les abrirás tu casa a ellos y ellos abrirán las suyas para ti. Estos espíritus afines buscarán también otros espíritus afines para estar con ellos y también te atraerán hacia ellos. Sus parejas, entonces, se convertirán también en parte de tu familia como tales. Y los hijos que ellos tengan juntos serán tanto tuyos como de ellos.

Muy pronto, esta red de uniones crecerá en comunidades — una especie de comunas— en las que todos compartirán las preocupaciones mutuas y los bienes también. De la misma manera que no le negarías el alimento a un miembro de tu propia familia, tampoco se lo negarás a los miembros de tu familia espiritual. De la misma manera que se espera que todos dentro de una familia hagan su parte por la familia, así también se esperará que todos los que están dentro de la familia espiritual contribuyan con su parte al mejoramiento de todo en ella.

Yo sé que esto suena alarmantemente como las fallidas comunas de los años 60, o peor aún, como el comunismo— ¡no hay nada más lejos de eso! El comunismo, como todos los "ismos", implicaba una imposición de la voluntad sobre otros, implicaba la dominación, implicaba el control. Y se convirtió en una trampa. Una vez nacido en él, no podías escoger y dejarlo. Las comunas de los años 60 estaban basadas en el rechazo de casi todo lo que la sociedad moderna tenía que ofrecer, tanto lo malo como lo bueno. A menudo significaba vivir en barracas construidas de despojos, viviendo "de la tierra" y rechazando todas las formas de tecnología. Se convirtieron, a su manera, en una imposición de voluntad similar a la que estaban tratando de dejar detrás.

Pero en la familia nos sentimos complacidos igualmente cuando uno de nuestros hijos escoge ser un abogado y otro escoge ser un granjero. Nos sentimos igualmente complacidos cuando uno encuentra el placer o una vocación con una computadora y el otro con el pincel del artista pintor. Nosotros no forzamos —o al menos no debiéramos forzar— a nadie en nuestra familia para que rechaze los bienes mundanos, ni a que se dedique a adquirirlos. En vez de eso compartemos —o por lo menos debiéramos de compartir— un amor que nos una independientemente de las particularidades de nuestras vidas individuales.

Así ocurre también con las familias espirituales. No son uniones comerciales, ni órdenes religiosas. Las familias espirituales son uniones siempre en crecimiento de almas semejantes que se han unido por el amor, donde todos somos hermanos y cada niño es el hijo de todos. Podemos escoger el vivir juntos en una casa, o preferir construir nuestras casas juntas en comunidades. O como ocurre en las familias biológicas, podemos mantener nuestra unión a través de los continentes, con algunos de nosotros viviendo en un lado y otros viviendo en otros. Ciertamente, nuestra afinidad por la compañía de los otros nos hará querer compartir nuestro tiempo juntos, pero el enlace de amor entre nosotros permanecerá siempre fuerte no importa dónde escojamos vivir o cuán cerca o cuán lejos estamos uno del otro.

Este es un concepto totalmente nuevo de amor y de familia, lo sé. Pero en el espíritu de la Nueva Era no estaremos obligados a abandonar nuestra individualidad por la unidad del grupo ni tendremos que abandonar la unidad para poder retener nuestra independencia. Lo que lograremos será libertad compartida basada en el amor.

1 5

Las siete claves

No importa quién seas, no importa de dónde vengas, no importa el camino que escojas para llegar al camino de Acuario, debes aprender las siete claves para vivir en el Nuevo Milenio.

Ellas son las claves para desarrollar a la nueva persona, la persona que puede apropiarse del verdadero significado de la Nueva Era y darse cuenta de la plenitud de su humanidad. Son los principios que nos guían en cada momento del Nuevo Milenio, y están tan interrelacionadas unas con otras al igual que todo está interrelacionado con todo en el tapiz cósmico del espíritu universal. Hacer de las siete claves los principios guías de tu vida es abrirte a ti mismo al potencial total del Nuevo Milenio y darte cuenta de tu propio potencial en el mismo para que puedas transmitir esa energía de regreso al universo y añadirla al poder creciente de la Nueva Era.

Las claves son sencillas, y están enunciadas simplemente, pero convertirlas realmente en los principios guías de tu ser es algo como entender el verdadero significado de un koan Zen— la lógica puede ayudarte a comprender el significado intelectual, pero "agarrarlo" de verdad viene de algo que está mucho más allá de la lógica. ¿Adónde va mi puño cuando abro mi mano? ¿Qué es el sonido de una mano que aplaude? Hay expli-

caciones lógicas que pueden producir respuestas intelectualmente satisfactorias, o por lo menos, intelectualmente suficientes. Pero la *verdadera* respuesta no se puede explicar. La
tienes o no la tienes. Es similar a lo que George Bernard Shaw
dijo una vez para explicar un chiste: "Es como disecar una
rana," dijo, "entenderás cómo funciona, pero muere en el proceso."

Ocurre lo mismo con las siete claves para vivir en el Nuevo
Milenio. Puedes conocerlas, puedes entenderlas intelectualmente, pero hasta que no se conviertan en esa parte de ti que
existe sin que tengas que pensar en ellas, sin forzarte a ti mismo,
hasta entonces no las habrás "agarrado". Debieras, y tienes que,
practicarlas cada día. Entonces, un día, te darás cuenta que ya no
estás pensando más en ellas sino que las estás viviendo. Pero
debes practicar. De esa manera, aprender a hacer las siete claves
una parte de tu vida es como aprender a nadar. Primeramente
pasas el tiempo pensando cómo retener el aliento, luego cómo
colocar tus manos y brazos en el agua y cómo patear. Es torpe,
y a menudo frustrante. Entonces, para algunos con más rapidez
y para otros más lentamente, los movimientos comienzan a estar
coordinados. Dejas de pensar en tu respiración y te concentras
en colocar tus manos precisamente en el ángulo correcto para
obtener el máximo impulso. Y entonces, un día, te das cuenta
que ya no estás pensando más en el acto de nadar, en vez de eso
te encuentras a ti mismo pensando hacia dónde vas a nadar, o
de dónde vienes, o simplemente disfrutando de la delicia cabal
de deslizarse a través del agua.

Así también ocurre con los principios guías que ya se están
convirtiendo en parte de tu vida. Cada día, cuando te levantas
por la mañana, debes mirarlos y hacer la simple afirmación que
hoy vas a vivir con esos principios. Cada noche, antes de irte a
dormir, debes revisarlos y recordarte a ti mismo de dónde y
cómo fue que triunfaste. Eso es todo lo que es. Pero al igual que

aprender qué es verdaderamente el sonido de una mano que aplaude, es un proceso difícil con una solución sencilla.

Aquí, entonces, están las siete claves:

1. Valor
2. Amor
3. Verdad
4. Meditación
5. Admiración o asombro
6. Osadía
7. Virtud

Primero, el principio guía que abrirá el camino para todo el resto es el valor. Con valor, coraje, valentía nos podremos dejar escapar del miedo que nos ha mantenido en sus garras a través de toda la Era de Piscis. Al dejar ir el miedo podremos abrirnos a las nuevas lecciones que nos esperan. Si nos pegamos a nuestro miedo, no nos permitiremos preguntarnos a nosotros mismos, y si no preguntamos, no podemos aprender. Esto es fundamental. La Nueva Era estará construida por aquellos que no solamente aceptan los hechos que se les han dado, que no confían solamente en la fe, pero que construyen su fe sobre la fundación sólida del conocimiento personal. Aquello que nosotros sabemos por nosotros mismos que es cierto, no se puede cuestionar.

Piensa en el cielo. *Sabemos* que el cielo es azul, no sólo porque alguien nos ha dicho que es azul sino porque lo vemos por nosotros mismos. Si alguien nos dijiera que el cielo es rojo sabríamos que no es cierto. Las verdades que buscamos en la Nueva Era también deben proceder del conocimiento personal, de modo que no estemos siguiendo ciegamente las enseñanzas de cualquier grupo o persona. La Era de Acuario es la Era de la Luz. No puede haber ceguera. Es el tiempo para todos nosotros de ver por nosotros mismos. Armados con este nuevo conocimiento iremos a entender por nosotros mismos el verdadero significado de las enseñanzas de la Biblia, el Bhagavad-Gita, el Corán. No necesitaremos que otros nos las interpreten para nosotros. Sabremos los principios de los mandamientos desde adentro de nuestros corazones. Sabremos la verdadera diferencia entre lo correcto y lo incorrecto, entre lo que está correcto y lo que está erróneo sin necesitar que otra persona nos lo diga. No necesitaremos que alguien nos diga la ley, sabremos la propia ley desde adentro de nuestro propio Ser.

Esto es un pensamiento que asusta a muchas personas. Es un pensamiento que asusta a las instituciones que obtienen su fuerza de nuestras dudas y miedos. Trata de imaginarte un mundo sin cortes o jueces y podrás ver que la mera idea de perder estas instituciones es aterradora. Esperamos que alguien nos diga lo que tenemos que hacer, cómo comportarnos. También esperamos decirles a todos los que están alrededor de nosotros cómo deben conducirse porque es la única manera que conocemos para interactuar. Pero en la Era de Acuario cada uno de nosotros conocerá lo que está correcto o errado por nosotros mismos. Nuestras reglas personales y nuestras reglas sociales serán las mismas. Esto no pasa de la noche a la mañana. No podemos, y no debemos aún descartar nuestras instituciones o nuestras leyes. La anarquía no es la respuesta, pero a medida que todos penetramos y nos afinamos con el espíritu de los tiempos, cuando todos encontremos nuestra propia espiritualidad, entonces encontraremos que estas reglas y leyes escritas son superfluas. Y las cortes y los jueces se irán apagando por falta de uso. Solamente son necesarios cuando la gente está en desacuerdo. Una vez que todos vivamos con las mismas reglas, las que vienen de dentro de nosotros —las reglas que tienen a la humanidad en la consideración suprema, las reglas que son por naturaleza humanitarias— no tendremos las discordias que hacen necesarias las cortes. Acuario es el signo de la armonía. La desarmonía es lo que hace necesarias las cortes, las leyes y los jueces.

Pero tomará verdadero valor, coraje individual y colectivo poder pisar más allá del predio seguro y de la sociedad conocida para forjar la sociedad del mañana. Pisar dentro del mundo desconocido del futuro, sin postes guías que nos dirijan, requiere alcanzar nuestros manantiales internos de conocimiento, encontrar la fuerza que procede de saber que lo que estamos haciendo es, en todas sus formas, lo correcto.

Habrá esa gente y grupos, como sabes, que resistirán las enseñanzas de la Nueva Era por todo el tiempo que puedan. Y habrá muchos que, perdidos en sus dudas y miedos personales, buscarán a líderes autonombrados, sin aceptar que el único sendero que hay que seguir es el que dictan nuestras mentes y nuestros corazones.

Pero el camino hacia el descubrimiento se encuentra mirando hacia adentro, no mirando hacia afuera, no importa cúan tentadora sea la atracción. Solamente entonces, una vez que hayamos viajado profundamente dentro de nosotros mismos, podemos mirar afuera con el nuevo conocimiento que hemos ganado y vernos a cada uno de nosotros como realmente somos, aceptando nuestras diferencias y nuestras faltas. Requiere coraje, precisa valor, desafiar las enseñanzas de toda una vida, especialmente cuando estas enseñanzas nos han sido legadas de generación en generación y están defendidas por instituciones poderosas, iglesias y templos.

Pero mira a las crueldades en el nombre de la fe y alístate. Los americanos nativos fueron quemados en hogueras para obligarles a adoptar la fe de los misioneros. Los que no eran católicos fueron torturados por los tribunales de la Inquisición. Al llegar Piscis a su cenit celestial, los horrores del así llamado bien sobre el imaginado mal de la época también llegó a su cenit. Ahora es el momento para que lo verdaderamente bueno prevalezca. La

Era de Acuario nos llevará a considerar lo bueno en términos de toda la humanidad. Sin embargo, eso no es simplemente una cuestión para la mente, una cuestión de intelecto. El bien procede del corazón que debe estar guíado por el segundo principio del Nuevo Milenio: el amor.

Este principio, el amor, es tan importante que le dediqué totalmente un capítulo anterior a cómo cambiaría en el Nuevo Milenio. Pero, como principio, esta clave significa el amor en el sentido físico, amor en el sentido espiritual, amor hacia nosotros mismos, y amor para otros. Una vez más el sendero del descubrimiento comienza con una jornada hacia adentro. Si nos amamos verdaderamente a nosotros mismos, podemos amar verdaderamente a los demás. Si no hemos aprendido a amarnos a nosotros mismos, entonces sacamos a nuestras parejas de esta necesidad. Buscamos a alguien que nos llene, en lugar de llenarnos a nosotros mismos y encontrar a alguien que quiera compartir aquí nuestro propio Ser y nuestro tiempo.

Cuando nos amamos a nosotros mismos en todo lo que esto significa, amamos nuestras faltas y nuestras debilidades, entonces también podemos ver la verdadera belleza que brilla dentro de cada uno de nosotros. Mirar hacia afuera, hacia las definiciones físicas de la belleza como patrones de belleza impuestos por los anuncios y la crianza, es mirar solamente los aspectos superficiales de nosotros mismos, en lugar de la totalidad de nuestro Ser. En la Era de Acuario primero encontraremos el amor verdadero dentro de nosotros mismos, y entonces miraremos hacia afuera para ver la belleza de aquellos que nos rodean.

El amor trae compasión. Nadie es perfecto. Ni ahora ni en el Nuevo Milenio. Pero al igual que el amor hacia nosotros mismos nos permite aceptar nuestras propias flaquezas y faltas, el amor verdadero nos permite aceptar a los demás por lo que son, con todas sus faltas también. Amamos a nuestros hijos aunque se pongan insoportables y nos enojemos con ellos. Podemos amar a otros de la misma manera. Puede ser que no aceptemos o que no nos complazca todo lo que hagan, pero por eso no les amaremos menos. Y nuestro amor mutuo nos hará que tratemos un poco más de no molestar o perjudicar a los otros porque nos preocupamos lo suficiente por ellos y no queremos verlos perturbados.

Tercero, y ligado fundamentalmene a los otros principios, se encuentra el principio de la verdad. Este principio es tanto la meta y la base para todos los otros en la Nueva Era. Buscamos y descubriremos el amor verdadero. Buscamos, y descubriremos, el verdadero valor. Con estos, nos prepararemos a nosotros mismos para descubrir la verdad. La verdad también procede de adentro, más que de afuera. Está fundada en el conocimiento personal. Y, en vez de separarnos, nos une porque la verdad es innegable. No existe tu verdad y mi verdad. Existe solamente la verdad. A medida que cada cual mire dentro de sí mismo para encontrar esa verdad, nos encontraremos a nosotros mismos descubriendo las cosas que todos nosostros sabemos que son verdaderas.

¿Necesitas realmente que alguien te diga que es equivocado matar? No, por supuesto que no. Otras verdades no son tan obvias, pero son tan fundamentales. Cuando miramos profundamente dentro de nosotros mismos encontramos que "hacer para otros" es más que un refrán, es realmente lo que todos deseamos y merecemos. En la Nueva Era estaremos libres para vivir de esta manera porque cada uno de nosotros encontrará las verdades que compartimos. Estas son verdades universales. En algunos casos todas éstas serán nuevas verdades. Las cosas que no podemos imaginar hoy, sabremos que son ciertas en el mundo del mañana. Pero entonces, si alguien les hubiera dicho a los Peregrinos que algún día íbamos a volar, en cuestión de horas, a través del océano que les tomó semanas cruzar, ellos pensarían que estábamos mintiendo, o que estábamos locos. Si alguien le hubiera dicho a Mozart que un día, los astronautas iban a escuchar su música cuando estuvieran pisando la Luna, Mozart habría dejado de escribir mientras se preguntaba si la demencia era de él, o de nosotros. Pero ahora sabemos que tanto volar como ir a la Luna son no solamente ciertos, sino algo común. Por muy increíble que puedan parecer a partir de la perspectiva de lo que hemos conocido en la larga Era de Piscis, serán evidentes por sí mismas en el Nuevo Milenio, la Era de Acuario.

Ya quizás puedes haber atisbado algunas de estas verdades, y te habrás estremecido pensando que es imposible. Pero en la Nueva Era que tenemos por delante podemos hacer posible lo imposible, si pensamos que puede ser y lo creemos lo suficiente. Esto ha sido cierto en cualquier era, pero ahora mucho más.

Los grandes pensadores del pasado han visto las cosas que solamente ahora es que se están convirtiendo en realidad. Piensa en da Vinci, o en Julio Verne. Da Vinci dibujó el proyecto de un helicóptero, un artefacto que no volaría hasta quinientos años después de su muerte. Verne nos visualizó viajando por debajo de los océanos de la Tierra y viajando hacia la cara de la Luna en un avión cohete, y sus escritos fueron llamados ciencia ficción. Ahora, por supuesto, no nos asombra cuando cada semana despega un cohete que lleva satélites para que den vuelta al globo, o cuando se llevan los seres humanos a laboratorios orbitales durante meses al mismo tiempo.

No es por accidente que ahora estas cosas estén ocurriendo. La Era de Acuario es la era de la tecnología y de la exploración espacial.

Pero habrá muchos que resistirán la verdad de la Nueva Era. Primero tratarán apelando al sentido de auto-duda que existe dentro de cada uno de nosotros. La auto-duda existe solamente porque hemos permitido por tanto tiempo que sean otros quienes definan nuestra realidad, que ya no sabemos más lo que es real. Cuando miramos dentro y atrapamos la primera visión de lo que *es* real, y si esto no concuerda con lo que nos han dicho y dicen quienes nos rodean en esos momentos, lo descartamos. Dudamos de nosotros mismos porque hemos permitido que sean otros quienes nos digan qué es la verdad. Pero a medida que nos lanzamos más profundamente dentro de la Nueva Era, también nos lanzamos más profundamente dentro de nosotros mismos por la verdad. Y cuando aprendemos la verdad, no necesitamos ni queremos más que sean otros quienes la interpreten para nosotros. Esto causará fricciones entre quienes defienden las instituciones con las que se sienten muy cómodos, las instituciones a las que se pueden agarrar como una manta de seguridad en un mundo en el que realmente no se sienten muy seguros en general. Aquellos que no pueden, o que no se atreven, a mirar dentro de ellos mismos en busca de la verdad serán quienes presenten la mayor resistencia al resto de nosotros. Serán los que más nos retarán. Serán quienes tratarán de hacer pensar al resto que estamos equivocados porque ellos desean desesperadamente creer que tienen la razón y porque saben que una vez que su fe se haya estremecido ya no tienen nada más a que agarrarse. Pero cuídate mucho de aquellos que te exigen que tengas fe ciega en lo que te están diciendo. Si no permiten el escrutinio, es probable entonces que sus creencias no puedan resistir el escrutinio. Y cuando aquellos que se esconden dentro de las instituciones porque no se atreven a mirar dentro de ellos mismos sienten que están perdiendo su poder sobre el resto de nosotros, ellos van a pelear.

En la Nueva Era, también, no caeremos presas de la culpa. La verdad nos liberará. La culpa es el concepto basado en el miedo, en permitir que sean otros quienes decidan nuestras verdades para nosotros. Solamente tiene poder sobre nosotros si dejamos que otros tengan poder sobre nosotros. La culpa es una admisión de que son otros quienes están fijando las reglas de nuestro comportamiento. Pero también es una admisión de que no nos hemos aceptado aún a nosotros mismos como nuestros guías. Es una admisión que no podemos decidir por nosotros mismos lo que está correcto, y lo que está equivocado, que solamente estamos tratando de evitar lo que otra persona ha decidido que está mal. Una vez que nos damos cuenta de la verdad por nosotros mismos, perdemos nuestra duda y nadie nos puede hacer sentirnos culpables.

Esto no quiere decir que podemos pretender conocer la verdad cuando realmente no la conocemos y usar esto como un pretexto para nuestra conducta. Conocer la verdad no nos permite actuar de una manera que sea ofensiva a otros. Conocer la verdad nos pone en sintonía con la verdad cósmica. Mientras más y más personas se afinen, notaremos que nuestros comportamientos coinciden sin necesidad de imponer reglas de conducta en nadie. Deben encontrarla por ellos mismos. Si nos vemos tratando de que los demás se acomoden a nuestros moldes, entonces aún no hemos encontrado la verdad. Esto es lo mismo que ser forzados por otros para ajustarnos a sus moldes preestablecidos, que es exactamente en contra de lo que nos estamos rebelando.

En la Nueva Era, cada uno debe seguir el sendero dictado por su corazón. *Sabremos* lo que está correcto, y al saberlo no permitiremos que otros traten de arrastrarnos a su concepción de lo que está bien o mal. Al saberlo por nosotros mismos, no solamente nos sentiremos apenados por quienes aún no han visto la luz, nos sentiremos apenados por aquellos que aún no han encontrado la verdad que el resto de nosotros conoce.

La cuarta clave para vivir en el Nuevo Milenio nos ayuda a encontrar la verdad, el amor y el valor y todas las otras claves que necesitamos. La cuarta clave es la meditación.

Cada momento, cada día, debemos estar totalmente, plenamente conscientes de ese momento preciso. Para hacerlo, debemos poner en acción la meditación, debemos ponernos a nosotros mismos en ese estado tranquilo de hiperrealización que nos permite sentir y experimentar verdaderamente lo que está ocurriendo en ese instante. Debemos estar total y absolutamente presentes en el aquí y el ahora de modo tal que podamos saborear cada maravilla del universo. Es así como reconocemos, no solamente el esplendor y la magnificencia de todo alrededor de nosotros, pero también reconocemos nuestra conexión con todo.

Una puesta del sol es hermosa, lo baña todo con un resplandor naranja y dorado de luz y calidez. Nos lava por encima y por dentro, y a todo lo que nos rodea, una luz de los cielos que llega a través de la inmensidad del espacio para bañarnos con la misma esencia de la vida. Es de esa luz que procede la materia prima que suministra el combustible a las plantas que alimentan a los animales— y a través de las plantas y los animales, nos alimenta a nosotros. Al estar de pie en su medio, esa luz de vida fluye a tu alrededor y a través de ti. Se convierte en parte tuya y tú en parte de ella. Este momento del crepúsculo es más que simbólico— es un testamento absoluto de nuestra interconexión con todo y con todos alrededor de nosotros, de tu lugar dentro y como parte del universo entero. Al meditar en esto, no solamente te abres a ti mismo para reconocer la inmensidad del enlace enterno entre la esencia del universo y todo lo que se encuentra dentro del mismo, pero ayudas a fortalecerlo. Tu meditación no solamente abre tus percepciones y los poderes de tu mente a nuevos alcances insondados aún, pero te conecta con el poder absoluto e ilimitado del Uno Universal.

Poner la meditación en acción, en cada momento, te permite reconocer que todo es sagrado dentro del universo. La tierra que pisas es sagrada. Las hojas de los árboles son sagradas, tú eres sagrado. Todo es sagrado, y todo es divino porque todo está conectado a la esencia poderosa del Ser.

Vivir completamente en cada momento, vivir cada momento al máximo a través de la meditación, es abrirte a ti mismo para encontrar la maravilla del universo y abrirte a ti mismo hacia la quinta clave de vida en el Nuevo Milenio: la admiración o el asombro.

Vivir en admiración es permitirte maravillarte con todo lo que te ofrece el universo, lo grande y lo minúsculo. Hay tanto para admirar en el trabajo de una hormiga como en la maravilla del Gran Cañón. Ambos son el trabajo increíble del espíritu universal a través de los eones, ambos son los desarrollos perfectos del diseño cósmico.

Al igual que existe una razón para que ocurra cada evento, existe una razón para que todo sea exactamente como es y cuando es. Esto solamente nos debe inspirar admiración— saber que todas las fuerzas del universo han trabajado juntas para crear este gran escenario del cual eres parte. Este plan perfecto ha abierto un lugar para ti para que seas tanto actor como audiencia, ser tanto participante como espectador.

Pero vivir con admiración o asombro no significa estar sobrecogidos por la belleza y maravilla del universo, ni estar asombrados por lo infinitamente complejo y simple que es al mismo tiempo, sino respetar esa maravillosa interconexión e interrelación de todo dentro del universo, incluyéndote a ti.

Vivir en admiración significa reconocer la divinidad que fluye a través de cada partícula pequeña del universo, incluyéndote a ti mismo y reconocer la maravilla infinita de la Divinidad Universal que es su fuente— y estar inspirado por ella. Tú eres una parte integral del todo, del Uno, y cada una de tus acciones y pensamientos impactan al todo, enviando afuera ondas a través de toda la integridad del cosmos como una piedra lanzada en un estanque. Igualmente, cualquier ondulación en el estanque mayor también te afecta.

Pero vivir en admiración no significa estar mirando con la boca abierta maravillados de la enormidad del todo, sino permitirte a ti mismo maravillarte de sus componentes más diminutos y en cada instante en su infinidad de ser. Por eso es que vivir en admiración y poner en acción la meditación están tan íntimamente vinculados como claves para vivir en el Nuevo Milenio.

Como te dije antes, si no te dejas a ti mismo vivir en el momento, si siempre estás mirando al futuro, terminas viviendo como el caballo con los visores puestos — siempre mirando hacia adelante, hacia algo que va a llegar, y nunca reconociendo lo que está a tu alrededor. Permitirte a ti mismo vivir en sobrecogimiento te abre para que te maravilles de la corriente cambiante de energía cuando fluye dentro y alrededor tuyo y te permite ser una parte de ella.

Esto no es una carrera, pero mientras más abierto estés para unirte al flujo del espíritu que llega rápidamente con la Nueva Era, más pronto serás capaz de reconocerte a ti mismo fluyendo con él. Recibes calma y energía vigorizante del espíritu universal y transmites tu propia calma y energía vigorizante dentro de él. Vivir en sobrecogimiento, como uso esta palabra, entonces te permite no sólo ser testigo del acto de la vida a medida que se desarrolla, sino también reconocer tu papel activo en la vida y en la eternidad. Tus pensamientos, tus sentimientos, tus acciones, todas constituyen una influencia poderosa en el Nuevo Milenio al igual que la influencia de la Nueva Era lo es contigo, lo que nos trae a la sexta clave para vivir en el Nuevo Milenio: osadía.

La Era de Acuario es la Era de la Luz, la Era de Iluminación, la Era de Sabiduría y la Era de Amor. Pero debes atreverte a dejar que estas cosas entren dentro de tu vida para que puedas participar de la nueva vida que tienes por delante. Esto requiere coraje. También requiere osadía.

Para participar totalmente en todo lo que el Nuevo Milenio tiene que ofrecer debes correr riesgos— debes experimentar con la vida. La vida es una aventura, y si no eres aventurero, si no eres osado, entonces no saborearás todo lo que la vida tiene que ofrecerte. Cada uno de nosotros podemos escoger el permanecer encerrados dentro de nuestras casas y encerrados dentro de nosotros mismos. De esta manera, podemos racionalizar que nos estamos protegiendo a nosotros mismos de los peligros que nos acechan desde afuera. Encerrados dentro de nosotros mismos, nos escudamos para protegernos del dolor posible del amor perdido. Si no dejamos que nadie entre, entonces no existe el peligro de que nos enamoremos y que fracase nuestra relación.

Pero como dijo el poeta: "Es mejor haber amado y perdido, que nunca haber amado." Al encerrarnos dentro de nosotros mismos evitando los riesgos, nos perdemos la aventura de la vida. Salimos de la obra y nos sentamos con el público. Esta es la diferencia que existe entre contemplar a otros comer y tomar un gran bocado por ti mismo. No importa lo bien que los demás describan la experiencia, no importa qué placer o disgusto recibamos al verlos comer, nunca será lo mismo que participar tu mismo del banquete.

Y la vida es un banquete dispuesto para que todos nosotros tomemos parte de él. Está ahí para nuestro placer, y nuestra sabiduría. Si tú nunca corres riesgos, si tú nunca te permites a ti mismo experimentar con la vida, entonces nunca podrás conocer su plenitud. Si te colocas una coraza para protegerte a ti mismo de las frustraciones y la desesperación, también te estás protegiendo de la emoción y el éxtasis. La mera razón por la que nos subimos a una montaña rusa es porque queremos experimentar la emoción de las subidas y las bajadas, de los giros y vueltas; no importa cuánto tiempo estés de pie mirando a los demás en la montaña rusa— nunca será lo mismo.

Si no experimentas, no tendrás experiencias. Es por eso que debes ser osado. Esto no quiere decir que ahora todos tenemos que salir y tirarnos al vacío colgados de un elástico o irnos a domar leones mañana. Significa tener la osadía de mostrar tus emociones, la osadía de permitir que la gente entre en tu corazón, la osadía de sumergirte en el extremo más profundo de un estanque frío y dejar que el choque de la frialdad del agua te golpee con todas sus fuerzas. Significa abrir tu mente y dejar que su poder te lleve mucho más allá de donde estás, dentro de lo desconocido. Así es como te abres verdaderamente a las maravillas de la vida y a las maravillas del universo.

Atreverse a vivir significa dejar que tus miedos se escapen. Si amas y la persona que amas se va, que así sea. Piensa en todo lo que habrías perdido si nunca hubieras dejado a esa persona en tu vida— la intimidad, la oportunidad de tomarse de las manos y caminar descalzos sobre la arena húmeda de la costa, la oportunidad de reír a carcajadas de algo que ambos comparten.

Atreverse a vivir significa abrirte a ti mismo a las oportunidades. Si no te atreves a ir a la fiesta, nunca conocerás a la persona de tus sueños. Quizás no esté en la fiesta, pero tus sueños ciertamente no se van a materializar de repente en la rutina que hay caminando desde tu televisor hasta tu refrigerador.

Y atreverse en el Nuevo Milenio significa atreverse a ser tú mismo. Significa ser lo suficientemente atrevido para despojarse de las fachadas, las máscaras, los ardides, y dejar que los demás te vean tal cual eres. Significa atreverse a ser natural. Dejar que los otros vean la alegría que recibes de las cosas más simples— desde el vuelo de un pájaro o la forma de una nube, hasta las frases de una pieza musical o el movimiento de tu propio cuerpo. Requiere osadía dejar caer los ardides de toda una vida que hemos aprendido a usar para proteger nuestro Ser interno y ocultarlo del exterior, dejar caer las capas de conducta protectora que hemos desarrollado como los callos en las manos de un trabajador, arrancarnos las máscaras que usamos para actuar la parte que nos hemos preparado para nosotros en la vida, y dejar que los demás ya vean no al actor en la obra sino a la persona que eres realmente.

A todo el mundo no le va a gustar lo que ve cuando te atreves a ser tú mismo. Que así sea. Habrá muchos, pero muchos más que amarán lo que ven. Habrá muchos que se sentirán atraídos a tu ingenuidad, tu honestidad, tu propia osadía en sí misma.

El séptimo y final principio guía del Nuevo Milenio es la virtud. Este es el principio dorado de la Nueva Era, la clave que reúne juntas en armonía a todas las demás claves.

Vivir en virtud significa vivir con honestidad, con respeto, con compasión y con tolerancia. El Nuevo Milenio, como bien sabes, es la era de la unidad y la individualidad. Por eso, para participar plenamente en el cambio de la era que está despuntando, debes dejar que tu individualidad se muestre honestamente y debes ser honesto en todo lo que haces y dices.

La honestidad comienza siendo honesto contigo mismo. Puedes leer este libro cientos de veces, miles de veces, pero si no te abres honestamente a los principios que están contenidos en él, quedará simplemente como una colección de palabras y páginas. Si buscas el amor por el amor mismo, para llenar una necesidad en ti mismo en lugar de abrirte honestamente a tu interior comenzándote a amarte a ti mismo, entonces nunca encontrarás el amor verdadero.

La honestidad es el lugar de partida para todas las virtudes, la que te abre el camino para que te conozcas a ti mismo, para que conozcas a otros, y para conocer el poder totalmente abarcador y la belleza del espíritu universal.

Al mismo tiempo debes respetar la individualidad de los demás, respetar su honestidad, respetarles. También debes respetar la naturaleza, el universo y todo lo que hay en él. La hormiga es tan importante, tan majestuosa como un árbol; la belleza y prodigio del Sol naciente es tan maravillosa como el milagro del nacimiento y la hermosa perfección de un bebé. Si no tienes el adecuado respeto para cada uno de los milagros de la vida, los grandes y los pequeños, entonces aún no te has permitido a ti mismo ver completamente la maravilla del universo, y no te has permitido a ti mismo tomar parte plena en su prodigio.

Cuando hayas adoptado verdaderamente estas virtudes primarias de honestidad y respeto encontrarás de manera natural más virtudes que emergen de ellos. La compasión y la tolerancia por los demás proceden de nuestra honestidad y respeto por nosotros mismos y por los otros. Una vez que nosotros respetamos honestamente los derechos de cada cual y de cada cosa en el universo, automáticamente nos volvemos más tolerantes hacia ellos y automáticamente nos encontramos sintiendo más compasión hacia ellos. Al saber que todos somos dignos de ocupar nuestro lugar en el universo, que todos tenemos derecho al mismo, comenzamos a sentir de manera más personal las vicisitudes de cualquier otro. Cada imposición sobre otros, cada acto de intolerancia se convierte en una afrenta personal, en nada diferente a una afrenta que estuviera dirigida a nosotros mismos.

Vivir virtuosamente también implica vivir espiritualmente. A medida que nuestra espiritualidad ya despierta crece con fuerza con cada día que pasa, nos encontraremos que estamos orientando sin esfuerzo alguno nuestras acciones con principios de compasión, respeto, honestidad y tolerancia. Estos son los mismos principios enunciados en cualquier religión, por cualquier dirigente religioso. Mientras más permitimos que los misterios antiguos se despierten dentro de nosotros, más podremos recordar las memorias olvidadas de nuestro pasado eterno antes de esta vida, más llegaremos a estar unificados con el espíritu universal, y más nos uniremos con la gente que nos rodea.

Al hacerlo, encontraremos que al mismo tiempo también se abren los poderes de nuestra mente, alimentados por nuestro contacto con nuestro Ser interno y por nuestra conexión al manantial de energía que existe en forma de conciencia cósmica.

Con tu práctica diaria de recordarte las siete claves cada mañana y de revisar lo bien que lo has hecho antes de irte a dormir cada noche, encontrarás que todos los siete principios claves están intrínsecamente entretejidos, aunque estén separados. Que están unidos, sin embargo son independientes, así como seremos todos en la Era Dorada que ya está llegando.

Y descubrirás que tu esfuerzo cotidiano no solamente refuerza tus capacidades y abre el camino a nuevas oportunidades y nuevos poderes, sino que también refuerza la energía de la era. Cada acción repercute en todo el universo— tanto las positivas como las negativas. Mientras más acciones positivas viertas en tu pozo, más se llenará tu manantial con acciones positivas y habrá más regresos positivos hacia ti.

Así se realiza el plan perfecto del universo, cuando das tus pasos totalmente, divinamente y majestuosamente en el Nuevo Milenio.

Abraza la divinidad dentro de ti mismo.

Despierta el Cristo Cósmico en tu propio corazón.

Abraza con amor y compasión infinitos la parte más oscura de tu naturaleza. Enfréntala, conócela, y transmútala.

No la reprimas, no la escondas. ¡Sé completo!

Sigue tu visión, sigue tu corazón— nadie es un experto para manipular tu vida.

Tú eres el capitán de tu nave espacial.

Sé relajado, sé espontáneo, sé diferente, sé tú mismo.

No importa cuál sea la situación externa, tú eres el Rey o la Reina de tu propio universo.

No repitas como un papagayo las palabras o las ideas de otro, no importa que se llamen a ellos mismos maestros o autoridades.

Deja que tu individualidad brille a través de ti. Para lo mejor o para lo peor, tú eres único e irrepetible.

Siéntete orgulloso de quien tú eres.

Mis palabras han sido como un dedo que señala el camino. Ahora en las alas de la inspiración de mi Dios vuela al nuevo mundo. ¡Buena suerte en tu viaje!

Amor y Más Amor
Walter